Les débuts de la Troisième République
1871-1898

Du même auteur

AUX MÊMES ÉDITIONS

La Séparation de l'Église et de l'État
Julliard, « Archives », 1966
2e édition, Éditions ouvrières, 1991

Un prêtre démocrate,
l'abbé Lemire (1853-1928)
Casterman, 1968

Des partis catholiques
à la démocratie chrétienne
(XIXe-XXe siècles)
A.Colin, 1980

La Vie politique
sous la Troisième République
Seuil, « Points Histoire », 1984

Catholicisme social et démocratie chrétienne
Principes romains, expériences françaises
Cerf, 1986

La Question laïque
Fayard, 1997

EN COLLABORATION

L'Histoire du christianisme
tome 12 : Guerres mondiales
et totalitarismes, 1914-1918
Desclée-Fayard, 1990
tome 11 : Libéralisme, industrialisation,
expansion européenne, 1830-1914
Desclée, 1995

Jean-Marie Mayeur

Nouvelle histoire
de la France contemporaine

10

Les débuts de la Troisième République

1871-1898

Éditions du Seuil

En couverture :
« La République », place de la Nation,
photo Catherine Arvay

ISBN 2.02.005216.4 (éd. complète)
ISBN 2.02.000670.7 (tome 10)

Avant-propos

La République née le 4 septembre 1870 de l'effondrement de l'Empire devient, après des années d'incertitude, le régime légal. Pour la première fois, le régime républicain s'enracine et dure. Bien plus, la République résiste aux crises, trouve place dans le concert des grandes puissances, étend le domaine colonial. La société française change peu, mais elle s'émancipe de l'influence de l'Église et prend une allure plus démocratique. Le régime parlementaire, l'école gratuite, laïque et obligatoire, la presse à bon marché, le chemin de fer, le service militaire égal, autant de réalités qui s'imposent dans les premières décennies de la IIIe République, autant d'acquis durables.

L'histoire de cette période a été profondément renouvelée depuis une quinzaine d'années : les archives sont désormais pleinement accessibles et amplement exploitées, le champ d'investigation s'est élargi. L'évolution de l'économie et des groupes sociaux, la diversité régionale, les grandes crises du régime ont fait l'objet de travaux d'importance. Pourtant, des zones d'ombre demeurent, considérables : l'histoire politique et l'histoire des idées, victimes d'un excessif discrédit, restent négligées. Cette constatation, valable pour d'autres périodes de l'histoire, est plus particulièrement fondée dans le cas de la République opportuniste. Ce que l'on sait le mieux, c'est le commencement, et le récit des luttes qui menèrent de la « République des ducs » à la « République des républicains ». Au-delà s'ouvrent ces « temps obscurs » dont parlait Daniel Halévy. Des années 1880 au début du siècle, une époque pourtant essentielle de l'histoire de la France contemporaine demeure frappée d'un relatif ostracisme. Ce monde libéral, anticlérical, « démocrate à l'ancienne » (Louis Girard) n'attire guère. Sans doute souffre-t-il d'avoir été élevé à la hauteur d'un mythe et de ne plus guère s'accorder avec les courants dominants de notre temps. L'historiographie privilégie de façon significative, en France comme en Italie, le mouvement catholique ou socialiste, ceux qui refusèrent la société libérale. Réhabilitation légitime des exclus de l'histoire « républicaine ». Elle ne devrait pas mener toutefois à la vision anachronique d'un régime, d'un temps et d'une société volontiers qualifiés de bourgeois sans que cette épithète épuise leur originalité.

On s'est efforcé de suggérer celle-ci, tout en disant la signification des événements majeurs et l'importance des crises. Un récit de l'histoire politique générale était d'autant plus indispensable qu'il doit être réécrit en tenant compte de l'apport de l'histoire sociale et des suggestions de la science politique. La politique « extérieure » et l'expansion coloniale n'ont pas été traitées pour elles-mêmes, mais abordées à l'occasion de leur lien avec la politique intérieure, afin de déceler les interactions, souvent méconnues, entre l'une et l'autre. On ne s'attendra donc pas à trouver ici l'histoire des territoires coloniaux sous domination française, même lorsqu'il s'agit des départements d'Algérie[1]. La question coloniale ne figure qu'à propos des attitudes de l'opinion métropolitaine ou des initiatives de politique internationale.

L'histoire de la fin des notables et de la victoire des républicains imposait un premier chapitre. Il fallait ensuite présenter l'économie et la société de cette France des dernières décennies du XIXe siècle. Après l'évocation de l'œuvre des républicains opportunistes, on a été conduit à se demander si les systèmes de valeur chers aux fondateurs du régime ont modifié l'univers spirituel et culturel des Français. Aux alentours de 1885, et dans les années suivantes, la République paraît menacée par le nationalisme et le socialisme; pourtant les modérés semblent avoir surmonté ces difficultés, quand survient la révolution dreyfusienne...

1. Le volume suivant de cette collection fera une place à ces questions.

1

La fin des notables 1871-1879

1. La République de M. Thiers : de la répression de la Commune au 24 mai 1873

Après le désastre.

« Juin 1871 : que sentaient les Français? L'Allemand occupait leur pays depuis la frontière jusqu'à Saint-Denis et Vincennes, leur capitale déshonorée gardait une odeur de sang et de fumée. Lyon, Marseille, Toulouse, Bordeaux, Limoges, Périgueux, toujours armés, couvaient peut-être une explosion nouvelle. La tristesse, le silence, la stupeur régnaient partout. Cet ordre obtenu par la force, comment le fixer enfin, le rendre stable? La précarité de toutes choses faisait peur, et à l'angoisse, à la fatigue éprouvées, se mêlait un sentiment de repentir. » Observateur incomparable des débuts de la IIIe République, Daniel Halévy a su rendre à merveille, dans *la Fin des notables*, le climat des lendemains de la défaite et de l'insurrection de la Commune. Celui-ci associe des données diverses, sur lesquelles il est indispensable de s'attarder quelque peu, tant la double catastrophe — Sedan et la Semaine sanglante — affecta, et pour longtemps, les esprits. La défaite, sanctionnée par l'annexion de l'Alsace et de la Moselle, par le versement d'une indemnité de cinq milliards, par la présence d'une armée d'occupation dans une vingtaine de départements, fonde une commune affirmation de patriotisme, un même attachement à l'armée, « arche sainte » tenue en dehors des débats de la politique, à laquelle tous, républicains ou monarchistes, vouent un même culte. Le 29 juin, cent mille hommes défilent à Longchamp;

Thiers exalte ainsi la renaissance de l'armée, qui vient d'écraser la Commune. Au cri de « Vive la France » se mêle celui de « Vive la République ». Un rite est créé, auquel s'associent républicains et monarchistes, unanimes à vouloir le redressement militaire.

Sans doute Thiers et les esprits modérés, soucieux de mettre fin à une guerre coûteuse et sans espoir, s'étaient-ils opposés à Gambetta, et à ses amis, acharnés à la poursuite de la « défense nationale ». Dans sa grande majorité, le pays, en février 1871, avait donné raison aux premiers. Dans la Haute-Loire, les amis de Thiers avaient clairement marqué le choix qui s'offrait : « Ceux qui voudront la guerre à outrance voteront pour la liste jacobine qui... veut faire tuer jusqu'au dernier homme et faire dépenser jusqu'au dernier écu. Ceux qui veulent une paix honorable votent pour la liste de la paix. » L'une des raisons fondamentales du succès des conservateurs lors des élections à l'Assemblée nationale fut bien d'avoir pris parti pour la paix. Mais ce réalisme prudent va de pair avec un patriotisme intense, qui fonde la volonté de refaire la France et son armée. Refus du bellicisme et des provocations, refus du pacifisme et des humiliations, tel allait bien être le maître mot du régime en politique extérieure.

Autant que le mot de « paix », les mots d' « ordre » et de « travail » disent fort bien la tonalité du moment. Sur ce point encore, guère de désaccord entre républicains et monarchistes. Les républicains les plus avancés, même lorsqu'ils s'efforcèrent de faire prévaloir la conciliation entre Paris et Versailles, ont vu dans la Commune une aberration ou une utopie. Leurs adversaires conservateurs s'efforcèrent en vain de les faire passer pour les alliés des communards : le pays ne s'y trompa point. En vérité, la Commune vaincue ne suscite qu'hostilité et répulsion et ses partisans se terrent. La faveur de l'opinion ira à ceux qui sauront, tout en s'affirmant républicains, prendre leurs distances vis-à-vis de l'insurrection. Dans une lettre capitale, Eugène Spuller, l'ami de Gambetta, se félicite du silence de l'organisateur de la Défense nationale qui garde alors la retraite à Saint-Sébastien : « Dans cette mêlée furieuse, il ne pouvait pas y avoir de place pour nous, ni de rôle à prendre dans cette partie insensée d'où la raison et la pitié étaient bannies de part et d'autre et où tout était laissé aux hasards de la force et de la brutalité », mais il ajoute, conscient des chances d'une République modérée, comme des aspirations du pays : « La République seule peut nous donner la paix, le travail, l'ordre. » Si la Commune et son échec permettent aux républicains de se séparer des révolutionnaires, les conservateurs monarchistes prétendent voir en eux les fourriers du radicalisme, du socialisme, du communalisme. A plusieurs reprises, le 24 mai 1873, lors de la chute de Thiers, le 16 mai 1877, lors de la dissolution de la Chambre, ils s'efforcèrent d'alarmer l'opinion et de jouer de sa peur. On n'a pas suffisamment observé que l'appel à la peur sociale n'a pas eu les conséquences escomptées : n'est-ce pas, comme l'avait constaté à l'époque un esprit aussi lucide que Gaston de Saint-Valry[1], parce que cette peur fut surmontée rapidement, beaucoup plus que lors de l'insurrection de juin 1848? Alors la guerre sociale avait paru ébranler les systèmes de valeurs des classes dirigeantes et mis en cause l'optimisme de la bourgeoisie. Tels ne semblent pas les sentiments de ceux qui, bourgeois, membres des classes moyennes, paysans, vont faire la République : plus que la peur, compte la volonté de fonder un ordre républicain. Or leurs adversaires conservateurs, tout aussi attachés à l'ordre, souhaitent un « ordre moral ».

Là encore on touche à l'une des composantes essentielles de l'esprit du temps. En quelque façon, une unanimité prévaut pour, après la « fête impériale », faire régner une moralité austère, provinciale. Tel fut bien le ton des dix premières années du régime. Mais « moral », dans le terme « ordre moral », signifie bien autre chose que moralité. Il renvoie en fait à une société dominée par les principes religieux, il affirme une volonté de repentir, de pénitence et d'expiation. Ainsi l'adjectif, anodin en apparence, qui connote cette notion d'ordre que tous approuvent, fait-il affleurer la ligne de clivage qui oppose deux France, celle républicaine, libre penseuse, libérale en tout cas, qui a pour idéal la société sécularisée issue de la Révolution française, et celle pour qui l'Évangile est le principe directeur des sociétés et Dieu le maître de l'histoire. Certes, tous les conservateurs ne sont pas, loin de là, des catholiques militants, mais tous estiment que l'influence de la religion est capitale pour le destin des sociétés et la défense de

1. Dans ses *Souvenirs et Réflexions politiques*, Paris, 1886.

l'ordre social. Certes, et l'on y reviendra, des conflits inexpiables opposent catholiques intransigeants, hérauts du *Syllabus* et de l'infaillibilité pontificale, et catholiques libéraux, soucieux de conciliation avec le monde moderne, que leurs adversaires jugent « bien pires que les communards ». Mais, là encore, les uns et les autres ont en commun la même image d'une France où l'Église exercerait une magistrature d'influence et où sa préséance serait reconnue.

Tous dans le monde conservateur s'attachent à lire les « signes du temps ». Paris, la moderne Babylone, n'a-t-elle pas expié, dans les flammes du siège et de la guerre civile, les fautes de la France pécheresse? L'heure ne s'ouvre-t-elle pas de la repentance et de l'attente d'une régénération, qui verra le retour de la France à la religion et la restauration de la monarchie chrétienne? Les temps sont proches... Ainsi parlent évêques et prédicateurs. *Gallia poenitens et devota :* ce retour vers les autels et cette invite à la pénitence accompagnent d'ordinaire les grandes crises. Mais, en 1871, le phénomène bénéficie du renouveau religieux et de l'évolution de la spiritualité des années 1860. Religion sensible au cœur, piété mariale, culte du Sacré-Cœur, ultramontanisme : cette religiosité qui s'affirme à la fin de l'empire s'épanouit après 1871. C'est l'heure des pèlerinages à Lourdes, à La Salette, à Paray-le-Monial, à Pontmain, près de Laval, où la Vierge est apparue en janvier 1871.

En marge de ce grand mouvement, mais inséparable de lui, se multiplient révélations, prophéties, miracles. Dans *le Pèlerin*, né depuis quelques mois à peine, le père François Picard, assomptionniste, constate en 1874 : « Le surnaturel et le merveilleux ont envahi la société et préoccupent de nos jours les esprits les plus rebelles aux pensées de la foi. Depuis les prophéties plus ou moins claires qui ont circulé en France pendant toute la guerre de Prusse jusqu'aux apparitions plus ou moins vraies qui étonnent l'Allemagne et l'Alsace, tout révèle un état nouveau de la société, tout manifeste une véritable fièvre de prodiges et de miracles. » Aussi l'organe du Conseil général des pèlerinages (*le Pèlerin* est en effet au départ un simple organe d'œuvres), s'il pose des règles de prudence, est-il « heureux de se faire l'écho du surnaturel ». Les choses en sont au point que l'évêque d'Orléans, le prudent Mgr Dupanloup, juge indispensable de publier au début de 1874 une *Lettre sur les prophéties contemporaines* : « De toutes parts aujourd'hui, Messieurs, il n'est bruit que de miracles et de prophéties », il constate que toute une génération « se repaît de chimères ». Cette attente millénariste est profondément liée aux espérances d'une restauration du comte de Chambord; elle est partie intégrante, souvent oubliée, de la mentalité du temps.

A ces observations sur l'état des esprits dans cette France de 1871, il importe d'ajouter une constatation capitale : la fluidité et la mobilité de l'opinion. La chose n'a rien de surprenant, en une période de crise, apte à l'oubli comme à de prompts enthousiasmes, riche de contradictions. On en reverra maints exemples. Quel contraste entre les élections de février à l'Assemblée nationale qui donnent la victoire aux conservateurs et, quelques mois plus tard, les élections partielles de juillet, qui sont un éclatant succès républicain! Quel contraste encore entre le discrédit de l'Empire après Sedan, et la victoire de candidats bonapartistes à des élections partielles au printemps de 1874, victoire assez inquiétante aux yeux de la droite orléaniste pour mener au vote des lois constitutionnelles. Autre sujet de surprise : l'émotion du peuple de Paris aux obsèques de Thiers le 8 septembre 1877. Gambetta s'émerveillait de « cette foule passionnée du peuple de Paris bombardé, mitraillé, saigné à blanc par M. Thiers, il y a six ans, et puis trouvant dans sa raison et son patriotisme le courage d'amnistier le vainqueur et de lui décerner l'apothéose ».

Aussi, dans cette période confuse qui s'ouvre à l'été 1871, le succès va-t-il aller à ceux qui, successivement, sauront répondre aux aspirations de l'opinion.

Les forces politiques.

On a évoqué [1] les élections du 8 février 1871, faites sous le régime de la loi de 1849 : au scrutin de liste dans le cadre départemental. La campagne avait été brève, les circonstances étaient dramatiques. Les conservateurs avaient remporté un succès massif. Les républicains, en force dans l'Est, le Sud-Est, les grandes villes, étaient en

1. Cf. A. Plessis, *Nouvelle Histoire de la France contemporaine* 9.

minorité. Sur 645 élus [1], les monarchistes sont 400. Les ruraux ont voté pour les notables, garantie d'ordre et de paix. Les bonapartistes ne sont qu'une vingtaine. L'Assemblée nationale est formée d'un personnel nouveau — 27 % des élus ont l'expérience d'une assemblée législative — mais guère rajeuni : la moyenne d'âge est de 53 ans. Près de la moitié des élus (250) sont des propriétaires fonciers. C'est bien la France traditionnelle qui revient aux affaires. Il faudra plusieurs mois pour que la physionomie politique de l'Assemblée se précise.

Au début de juillet 1871, deux événements, les élections partielles du 2, le manifeste du comte de Chambord du 5, vont donner une image plus précise des forces politiques et permettre de prendre une plus juste mesure aussi bien de l'importance relative des différents courants que de leur attitude sur la question capitale de l'avenir du régime.

A cause des élections multiples et des démissions, 114 sièges devaient être pourvus, dans 47 départements. Plus de la moitié du pays, dont Paris, votait au scrutin de liste : la consultation avait une dimension nationale. Les républicains l'emportèrent dans 39 départements, ils eurent une centaine d'élus, dont 35 radicaux, contre 12 royalistes. Les abstentions étaient de plus du tiers. Seuls les républicains avaient mené une campagne active.

Le pays votait pour la République conservatrice de Thiers, qui assurait l'ordre et la paix. Mais le scrutin portait d'autres enseignements. Il marquait la rentrée politique de Gambetta. Celui-ci quitte Saint-Sébastien où, démissionnaire de son siège de député du Bas-Rhin, il s'est retiré, après les préliminaires de paix; où il s'est tu pendant la Commune. Le 26 juin, à Bordeaux où, quelques mois plus tôt, Jules Simon lui avait retiré ses pouvoirs, l'ancien chef de la Délégation invite l'opposition républicaine à la patience. Le parti républicain doit être un « parti de gouvernement », « ennemi des chimères », il doit entreprendre l'éducation politique des campagnes. Le vaincu de février, le « fou furieux »

1. Sur 753 sièges républicains, 78 ne sont pas pourvus à cause des élections multiples. Il faudra défalquer en outre les sièges des départements annexés. Cf. R. Rémond (52)*.

* Le chiffre entre parenthèses renvoie à la bibliographie générale.

que dénonçait Thiers, amorce une étonnante remontée, et Paris va l'élire, avec quatre autres radicaux. Le scrutin démontre en effet, malgré la Commune, à laquelle les conservateurs s'efforcent de l'identifier, la force de l'extrême gauche radicale. Si Paris, à peine un mois après l'écrasement de l'insurrection, élit en majorité des amis de Thiers, les radicaux ont, dans la France du Sud-Est et du Midi, une trentaine d'élus. Plus généralement, et contrairement à l'attente des monarchistes, la Commune n'a pas nui à l'idée républicaine. Au contraire, sa répression démontre l'aptitude de la République à maintenir l'ordre; en même temps elle rend indispensable de donner du moins satisfaction à la revendication fondamentale des insurgés du 18 mars.

Au moment même où le pays faisait connaître son sentiment, échouait la fusion monarchiste. Les lois d'exil avaient été rapportées. Les Orléans acceptaient de reconnaître le comte de Chambord : à sa mort le trône leur reviendrait, le comte n'avait en effet pas d'héritier. Mais l'exilé de Frohsdorf entendait affirmer ses principes. Rentré à Chambord, il publia le 5 juillet un manifeste qui fut une provocation pour les orléanistes, une déception douloureuse pour les légitimistes modérés. La conclusion était un témoignage de fidélité romantique au drapeau blanc : « Il a toujours été pour moi inséparable de la patrie absente; il a flotté sur mon berceau, je veux qu'il ombrage ma tombe. » Par-delà ce symbole, affirmation du droit divin face à la souveraineté populaire, l'ensemble du document révélait l'hostilité à la France issue de la Révolution française et le refus de tout compromis : « On n'échappe pas par des expédients à des vérités éternelles. »

Certes, le comte de Chambord parlait de « libertés publiques », mais le terme désignait, comme dans la pensée d'un Fénelon, une société fondée sur les corps, la décentralisation et les « franchises locales ». A cet idéal les orléanistes n'étaient pas étrangers, mais le prince ne disait mot du régime parlementaire cher à leur cœur. Il n'est pas jusqu'à la référence à ses études sur les « classes laborieuses », à la lettre sur les ouvriers de 1865, qui ne pût inquiéter : ne s'y était-il pas montré favorable à des corporations, allant à l'encontre des idéaux du libéralisme économique?

Le 9 juillet, à l'invite de Falloux, la majorité des députés royalistes, tout en affirmant sa « déférence » au comte de Chambord, affirma sa fidélité au drapeau tricolore « devenu, par opposition à l'étendard sanglant de l'anarchie, le drapeau de l'ordre social ». Mais, à la conservation et au compromis, le comte de Chambord avait préféré la réaction et l'intransigeance. Un conflit d'idées, plus âpre que tout autre, séparait les deux droites. Il pèserait de façon décisive sur le sort des travaux de l'Assemblée.

Les élections du 2 juillet, et celles qui suivirent l'échec de la restauration, donnèrent seulement à l'Assemblée nationale sa véritable physionomie. Jusque-là, entre les extrêmes, « blancs » et « rouges », les camps sont mal dessinés, une forte masse conservatrice se cherche. Désormais des groupes vont se former. Certes ces groupes, qui n'ont pas de réalité juridique, ne réunissent pas tous les députés; les doubles appartenances sont possibles. Cependant ces amitiés politiques esquissent une carte qui n'est pas infidèle des nuances de l'opinion politique. Deux absences pourtant, ou presque : celle des vaincus de la Commune et de Sedan. Le socialisme confondu avec le radicalisme est représenté par un Louis Blanc; le bonapartisme ne compte guère plus d'une vingtaine de fidèles venus des bastions de la Corse ou des Charentes.

A l'extrême droite, environ 80 légitimistes n'ont pas suivi la droite sur la question du drapeau. Ils se réunissent dans une salle, impasse des Chevau-légers. Le nom, fruit du hasard, convient à merveille pour ces nobles, un Carayon-Latour, un La Rochette, un Cazenove de Pradines, ou ces bourgeois catholiques comme l'avocat lyonnais Lucien Brun, le Béarnais Chesnelong. Ils constituent le roc le plus résistant du monarchisme et de la contre-révolution. Ils professent l'idéal d'une société hiérarchisée, fondée sur des corps intermédiaires, qui romprait avec le libéralisme religieux, politique, social. Ils sont liés à l'œuvre des Cercles catholiques d'ouvriers que fonde en décembre 1871 un officier légitimiste, Albert de Mun. Admirateurs du *Syllabus*, ultramontains, ils vouent un même culte au comte de Chambord, l'exilé de Frohsdorf, et à Pie IX prisonnier au Vatican. Ils veulent la restauration du roi et du pouvoir temporel. Leur force se limite à cette France rurale qui, dans les pays bocagers de l'Ouest ou les montagnes du Massif central, n'a pas renoncé à subir l'influence des presbytères et des châteaux. Étrangers à la politique, hommes de principes, ils seront des alliés incommodes au sein des coalitions d'union des droites. Accoutumés à lire dans les événements les décrets de la Providence, ils ne craindront pas de pratiquer à l'occasion la politique du pire, convaincus que la catastrophe sera la condition du renouveau de la France chrétienne.

On mesure la distance qui les sépare des légitimistes modérés : un Falloux, un Charles de Lacombe[1], un de Meaux. Ceux-ci, malgré leur attachement à la branche légitime, sont des conservateurs libéraux, comme les orléanistes de la droite, présidés par le général Changarnier, ou du centre droit, qui a à sa tête les ducs : Broglie, Decazes, Audiffret-Pasquier. Tous aspirent à la fois à l'ordre et à la liberté, considèrent, comme le dit Augustin Cochin, que le régime parlementaire et le libéralisme politique sont le plus haut degré de la civilisation. Plus que les légitimistes, ils siègent dans les conseils d'administration. Ils ne doutent pas des vertus du libéralisme économique tempéré par le patronage et la bienfaisance. Ils ont souvent renoncé au ton voltairien des années 1830. Nombre d'entre eux sont des catholiques libéraux. La Rome de Pie IX les a frappés, proclamant le *Syllabus* et l'infaillibilité qu'ils jugeaient à tout le moins inopportune. Dans la revue *le Correspondant*, dans le journal *le Français*, ils proposent à des lecteurs infiniment cultivés des analyses nuancées, d'un ton juste milieu. Mais leur faiblesse est là : il est un peuple légitimiste, comme il est un peuple républicain. Il n'y a pas de peuple catholique libéral ou orléaniste. Vaincus du suffrage universel sous l'Empire, les ducs ont dû leur élection au climat de février 1871. Retrouveront-ils un électorat de centre pour soutenir le régime qu'ils veulent fonder?

Une fraction du personnel orléaniste forme le groupe du centre gauche, dont le rôle va être décisif. Il est difficile de distinguer ce qui le sépare du centre droit, au point que certains historiens n'ont vu que faux-semblant dans ces divisions, et pourtant on touche là à l'une des clefs de l'histoire du régime. Chez les uns et les autres même libéralisme, même foi dans le parlementarisme. Si le centre gauche, avec Thiers, sceptique sur les chances de la monarchie, se rallie à la République conservatrice, cela même n'est pas un

1. Son *Journal politique* demeure une des sources les plus remarquables pour la connaissance de l'Assemblée nationale, tout comme les *Souvenirs politiques (1871-1877)* du gendre de Montalembert, le vicomte de Meaux.

critère décisif de classement, tant il est vrai que l'orléanisme ne se définit pas d'abord par le principe dynastique, mais est un état d'esprit, qui s'accommode de bien des ralliements. En vérité, c'est bien sur la question religieuse que se fait la coupure. Les hommes du centre gauche, même catholiques (il en est parmi eux, comme Dufaure), ne désirent pas que l'Église imprime son influence sur la société civile et conserve « un privilège de déférence » (D. Halévy). Or les catholiques libéraux si puissants au centre droit, un Mgr Dupanloup ou un Falloux, s'ils acceptent les « libertés modernes », n'en estiment pas moins que l'État doit faire respecter l'Église. A la fin de 1871, l'élection du positiviste Littré à l'Académie indigne l'évêque d'Orléans : l'épisode démontre la présence d'une faille dans le monde orléaniste. Elle explique la difficulté de toute conjonction des centres; bien plus, cette faille s'approfondira devant l'agitation cléricale et l'agitation radicale. Une lente dérive séparera des hommes fort proches en apparence les uns des autres, voués dès lors à des coalitions difficiles, union des droites et union des gauches.

Le groupe dit de la gauche (environ 150 députés) réunit les républicains modérés. Il a à sa tête Jules Grévy, Jules Ferry, Jules Simon, Jules Favre. Favorables à la paix, ils se sont opposés à Gambetta. Ces bourgeois arrivés, enracinés dans leurs provinces, ont en horreur le débraillé des gambettistes qui, à leurs yeux, font figure de parvenus, avocats sans cause et journalistes sans avenir venus à la politique sous l'Empire dans les brasseries du Quartier latin. Pourtant l'homme du programme de Belleville se range et se modère sur les conseils de son ami Spuller et de sa maîtresse Léonie Léon, « la sage Minerve ». Avec ses amis de l'Union républicaine, que l'on appelle aussi l'extrême gauche, il fonde à l'automne 1871 un journal grave, au titre anodin, *la République française*. Autour de lui sont réunis Freycinet, Challemel-Lacour, professeur de philosophie exilé sous l'Empire, préfet du Rhône sous la Défense nationale, Ranc, Allain-Targé, Paul Bert, Scheurer-Kestner, l'industriel alsacien qui a fourni une partie des fonds et réunit les collaborateurs du journal autour de choucroutes mémorables. Gambetta définit une politique « radicale », mais « pondérée » : il importait, rappelle Freycinet dans ses *Souvenirs*, « de ne pas rendre impossible la conjonction avec les modérés du parti et même avec les amis de M. Thiers ». Mais ne nous y trompons pas : à cette date, Gambetta, s'il s'assagit, n'a rompu en rien avec la famille radicale. Il fait figure de chef du radicalisme, répandant dans le pays la parole républicaine par ses discours dans les réunions publiques, les banquets lorsque les réunions sont interdites. Il enthousiasme les militants provinciaux, réunis dans des comités, des sociétés locales, comme l'Alliance républicaine dans le Rhône, la Loire, le Var. Aussi bien, s'il n'y a pas d'organisation nationale des radicaux non plus que des républicains modérés, aurait-on tort de sous-estimer le rôle de ces comités républicains, infiniment plus actifs que les comités conservateurs, et où se retrouvent, comme dans les loges maçonniques, médecins et négociants, petits industriels et artisans.

Thiers et son œuvre.

Le 17 février 1871, à Bordeaux, l'Assemblée nationale avait nommé Thiers « chef du pouvoir exécutif de la République française ». Il devait exercer ses fonctions « sous le contrôle de l'Assemblée et avec le concours des ministres qu'il aura choisis et qu'il présidera ». C'était le régime parlementaire, vœu commun des adversaires de l'Empire, monarchistes libéraux ou républicains, mais ce n'était la République qu'à titre précaire. Un considérant au décret nommant Thiers précisait que l'Assemblée nationale « dépositaire de l'autorité souveraine » agissait « en attendant qu'il soit statué sur les institutions de la France ». Thiers avait formé un gouvernement qui associait au personnel orléaniste trois membres du gouvernement de la Défense nationale, qui s'étaient opposés à la politique de Gambetta, Jules Favre aux Affaires étrangères, Ernest Picard à l'Intérieur, Jules Simon à l'Instruction publique. Il appelait l'Assemblée à une œuvre de réorganisation, avant de trancher la question du régime : ce fut le « pacte de Bordeaux », qui prétendait rassurer à la fois royalistes et républicains.

L'échec de la fusion royaliste, après le manifeste du comte de Chambord du 5 juillet 1871, rendait improbable dans l'immédiat la perspective d'une restauration. Il fallait mettre fin à une situation peu claire : Thiers souhaitait le titre de président de la République, la prorogation de son mandat, des garanties face à l'Assemblée qui se défiait de lui. Des pétitions, émanant des municipalités républicaines — l'initiative est prise par le conseil municipal de Toulouse dès le 20 juin 1871 —, l'appuient. Rivet, un élu du centre gauche, ami de Thiers, dépose une proposition de loi qui donne à Thiers le titre de président de la République, mais l'Assemblée affirme son « droit d'user du pouvoir constituant ». Les institutions demeurent « provisoires ». Thiers exerce « sous l'autorité de l'Assemblée, tant qu'elle n'aura pas terminé ses travaux, les fonctions qui lui ont été déléguées ». Thiers reste « responsable devant l'Assemblée ». Somme toute, il est « à la fois président de la République, président du Conseil des ministres, membre de l'Assemblée » (Seignobos). La loi fut votée le 31 août : la gauche par la bouche de Gambetta avait en vain combattu le pouvoir constituant et réclamé la dissolution d'une Assemblée qu'elle disait ne plus répondre au sentiment du pays. La conjonction des centres assura le vote de la loi Rivet par 491 voix contre 94, venues surtout de l'extrême droite. On restait dans le provisoire, mais prolonger l' « essai loyal » commencé à Bordeaux fortifiait en fait les chances de la République. Entre Thiers et l'Assemblée, le conflit ne tarderait guère à reprendre.

Thiers s'efforça d'obtenir au plus vite la libération du territoire. L'évacuation des départements occupés devait être faite à mesure qu'interviendraient les versements de l'indemnité de 5 milliards, dont les dernières échéances étaient prévues pour mars 1874. Thiers, désireux de mettre fin aux risques de conflit dus à l'armée d'occupation et de rendre à la France sa liberté d'action, anticipa, grâce aux succès des emprunts, le paiement. Le dernier milliard fut versé entre juin et septembre 1873. Dès juillet, l'Allemagne avait évacué les derniers départements occupés. Cet aspect primordial de la politique de Thiers trouva un soutien unanime.

En revanche, qu'il s'agisse de la réforme de l'administration locale, de la loi militaire, de la politique financière, Thiers se trouva en conflit avec l'Assemblée nationale, à laquelle il imposa des solutions moins novatrices à bien des égards que celles qui auraient convenu à la majorité des députés.

Sous l'empire, royalistes et républicains avaient réclamé la décentralisation administrative : le programme de Nancy, en 1865, avait associé Ferry et les conservateurs libéraux. L'urgence — la nécessité de répondre à la Commune de Paris — entraîna le vote de la loi municipale dès le 16 avril 1871. Thiers, à l'encontre de l'Assemblée, voulait la nomination du maire par le gouvernement : il l'obtint dans les chefs-lieux et les villes de 20 000 habitants. Mais dans les bourgs et les villages, les conservateurs, confiants dans leur influence, obtinrent, comme sous la IIe République, l'élection du maire. Le conflit est d'importance : il oppose l'historien du Consulat, héritier de la tradition centralisatrice, aux notables qui voient dans l'élection la garantie d'une magistrature que la nomination risque de leur enlever. Le conflit reparut à propos de la réforme départementale. Thiers s'efforça de réduire le rôle de la commission départementale, élue par le conseil général pour surveiller l'exécution de ses décisions, à l'instar de la Belgique. Thiers y voyait « une seringue dans le derrière des préfets. Il n'y aura pas moyen de gouverner ». La loi du 29 août 1871 — elle resta en vigueur tout au long du régime, et au-delà — n'accroît guère en définitive les pouvoirs du conseil général. Mais la commission départementale exerce un certain contrôle sur le préfet. Surtout, le conseil général élit son bureau et son président, ses séances sont publiques, le compte rendu en est publié. Même si les vœux politiques sont interdits, les conseils généraux vont constituer un centre de discussion politique et les élections — les premières, en octobre 1871, confirment la montée de la République — sont un test politique appréciable. Mais les pouvoirs restaient bien au préfet.

La réorganisation de l'armée pressait : la menace allemande demeurait; bien plus, Bismarck ne se privait pas de laisser entendre qu'il pourrait reprendre les armes si cela était nécessaire. La défaite avait démontré la supériorité du service universel sur l'armée de métier. Gauche et droite se retrouvaient pour voir dans le service obligatoire « la meilleure école sociale », selon Freycinet, l'ancien délégué de Gambetta à la guerre, « la grande école des générations futures », selon le duc d'Audiffret-Pasquier. La France allait rompre avec deux institutions caractéristiques du premier XIXe siècle : l'armée de métier et la garde nationale. Certes, des raisons politiques poussaient à dissoudre la garde nationale qui, dans les villes autres que Paris, restait armée. Il demeure que le suffrage universel et le service universel portaient condamnation d'une institution liée au régime censitaire et à l'armée de métier. Thiers, réticent, dut accepter en août 1871 la dissolution progressive des gardes nationales « à mesure que les progrès de l'armée sur les bases de la loi de 1868 le permettront ».

La loi militaire, discutée en mai 1872, établit le principe du service obligatoire : « Tout Français doit le service militaire personnel », mais l'application du principe n'était pas possible. A Thiers, qui voulait le service de sept ans, l'Assemblée, favorable aux trois ans, accorda le service de cinq ans. Il n'était pas question d'incorporer tout le contingent; le tirage au sort distingua deux portions du contingent : l'une devait cinq ans, l'autre un; en fait, elle ne faisait que six mois. Des dispenses étaient accordées largement aux fonctionnaires, élèves des Écoles, ecclésiastiques. Les jeunes gens de la bourgeoisie, s'ils devançaient l'appel, ne faisaient qu'un an, à l'exemple prussien. Ils devaient être bacheliers et verser pour leur équipement une somme de 1 500 francs. Thiers avait tourné le principe pour satisfaire la bourgeoisie libérale. Le service égal, jugé démocratique, allait devenir une revendication des républicains avancés.

En même temps est entreprise une œuvre militaire considérable. Elle trouva son aboutissement, après la chute de Thiers, par le vote, le 24 juillet 1873, de la loi sur la réorganisation générale de l'armée, qui met sur pied les réserves et les conditions de la mobilisation. La réfection du matériel — le fusil Gras à cartouche de métal (et non de carton peu résistant à l'humidité) remplace le chassepot —, la création d'une nouvelle artillerie, avec les pièces d'acier à culasse mobile du colonel de Bange, la création de l'École de guerre en 1875 sont autant d'aspects d'une œuvre accomplie « dans une atmosphère d'unanime résolution » (Charles de Gaulle). Même unanimité pour voter en 1874 les lois qui prévoient l'exécution du système de fortification : camps retranchés et lignes défensives, prévu par le directeur du génie, le général Séré de Rivière.

La politique financière fut marquée de prudence, et dominée par la fidélité aux règles d'or de la bourgeoisie. Pour payer l'indemnité à l'Allemagne, des emprunts sont émis en 1871 et 1872. L'emprunt de 1871, de deux milliards, devait être émis en mars. A cause de la Commune, il est émis en juin. Le ministre des finances,

Pouyer-Quertier, important filateur normand, a traité avec la haute banque de Paris et de Londres, derrière les Rothschild. La rente 5 %, que le public achète 82,50 francs, revient à la haute banque à 77,70 francs. Les banques d'affaires et les banques de dépôts n'ont pas été mises au courant. Comme l'écrit Jean Bouvier [1], « les anciennes maisons entendent traiter les affaires en vue avec le gouvernement français à la mode des années 1815-1818 sans se soucier des nouveaux types de banque ». Tout au plus, le Crédit lyonnais et ses alliés parviennent-ils à obtenir quelque part des profits de l'affaire. Le Crédit lyonnais, outre une commission de garantie, « miette » laissée par la haute banque, a retiré à la fin de 1871, près de 3 900 000 francs de la vente au prix moyen de 91 francs de son 5 % émis 82,50 francs. L'emprunt avait été couvert près de deux fois et demie. Les banques de dépôts, sauf la Société générale, et les banques d'affaires s'unirent par un accord en vue des emprunts ultérieurs.

Le groupe Rothschild et celui des établissements de crédit se partagèrent l'emprunt de juillet 1872; 64,3 % des profits de commission vont au premier, 35,7 % au second. L'emprunt, souscrit à 84,50 par le public, fut couvert treize fois. Mais ce succès pour le crédit national ne peut masquer la réalité, qu'observe une note du siège social du Crédit lyonnais : « Les souscripteurs sérieux ont été sacrifiés à la spéculation du fait des ‘ facilités excessives ’ accordées à celle-ci. »

Les dépenses de la guerre et les intérêts des emprunts rendaient nécessaires de nouveaux impôts. L'Assemblée eût souhaité frapper par l'impôt direct la fortune mobilière. Avec la gauche, les propriétaires fonciers, en majorité à l'Assemblée, nombreux sur les bancs de la droite, sont favorables à un impôt sur les revenus du commerce et de l'industrie. Casimir-Perier, le banquier Henri Germain, l'économiste Léonce de Lavergne montrent que l'impôt sur le revenu est pratiqué dans les pays étrangers. En vain. Thiers voit dans la déclaration obligatoire des revenus le péril « socialiste ». Fidèle à la tradition, il ne toucha pas au système fiscal hérité de la Révolution et releva les impôts indirects. D'autre part, il releva les tarifs douaniers pour des raisons fiscales et pour protéger

1. (59).

l'industrie. Là encore il trouva l'hostilité de l'Assemblée qui fit écho aux doléances des chambres de commerce. Mais sur ce point comme sur les autres, Thiers s'entête. Peut-être exprime-t-il « l'instinct profond de la paysannerie, de la bourgeoisie française » (D. Halévy). Retour au protectionnisme après la parenthèse libre-échangiste du second Empire, refus de l'inquisition fiscale : pour paraître routinières, les formules de Thiers avaient pour elles l'avenir. Défenseur des quatre contributions ou des préfets, l'ancien ministre de Louis-Philippe maintenait dans la France du dernier quart du XIXe siècle les cadres du début du siècle. J'étais, dira-t-il, le « vrai conservateur ». Son œuvre est « faite pour satisfaire le possesseur d'offices, de biens immobiliers et de rentes », non les grands capitalistes, aux vues souvent plus audacieuses. Elle révèle « une France mal dégagée encore du vieux fonds terrien et artisanal [1] ». Mais n'était-ce pas rendre rassurantes ces institutions républicaines dont il s'était dit prêt à faire l' « essai loyal » et comprendre les aspirations profondes de ceux qui, après lui, allaient fonder une République modérée?

La chute de Thiers.

Le 31 août 1871, la loi Rivet, sans mettre fin au provisoire, avait paru ouvrir la voie à une République conservatrice avec Thiers à sa tête. Moins de deux ans plus tard, l'Assemblée mettait Thiers en minorité par 362 voix contre 348. La « conjonction des centres » avait échoué, la droite, des légitimistes au centre droit, s'opposait à la gauche, du centre gauche aux radicaux. Plutôt que de relater les conflits entre l'Assemblée et le président de la République, qui jalonnent ces vingt mois, il suffit d'en marquer les raisons. La première tient à ce que Thiers et ses amis du centre gauche voient dans la République « la seule forme de gouvernement possible », quand les droites ne renoncent pas à toute espérance de restauration. Mais cette donnée n'est pas suffisante : ni les bonapartistes, qui ont formé avec Rouher au début de 1872 le groupe de l'Appel au peuple, ni les orléanistes, qui savent qu'il n'y a rien à attendre de l'intransigeance du comte de Chambord,

1. R. Schnerb (54).

ne croient proche une restauration. Le reproche fait à Thiers va plus loin : le président penche vers les républicains, gouverne avec des ministres et des préfets incapables d'arrêter les progrès des « radicaux » : bref les « honnêtes gens » sont menacés. Le 9 juin 1872, les élections partielles dans le Nord, la Somme, l'Yonne entraînent le succès de républicains avancés. *Le Journal des débats* y voit non seulement « une défaite pour la monarchie, mais aussi et surtout pour la République modérée ». Voici que dans les campagnes, et au nord de la Loire, le radicalisme s'implante. A Grenoble, le 26 septembre, Gambetta invite le « parti radical » à la « sagesse ». Mais de ce discours qui se veut rassurant les conservateurs retiennent avec effroi l'appel « à un nouveau personnel de suffrage universel », à l'avènement d'une « couche sociale nouvelle ».

Albert de Broglie qui a démissionné en mai 1872 de l'ambassade à Londres prend la tête de l'opposition contre Thiers. Orléaniste, conservateur libéral, il attache moins de prix à la forme du régime qu'à l'existence d'institutions qui assurent le primat des classes dirigeantes, aristocratie et clergé. L'évolution de Thiers vers les républicains menaçait l'ordre de la société. Broglie prit la tête d'une coalition à laquelle la mort de Napoléon III en janvier 1873 permit l'appui des bonapartistes.

Thiers ne désespère pas d'un compromis : il accepte de ne plus communiquer avec l'Assemblée que par des messages comme un chef d'État dans un régime parlementaire. Mais deux faits vont précipiter sa chute : la signature, le 15 mars, de la convention d'évacuation ne rend plus indispensable vis-à-vis de l'étranger la présence de Thiers aux affaires. Surtout, le 27 avril, l'élection dans la Seine de Barodet, le maire suspendu de Lyon, radical, qui triomphe du ministre des Affaires étrangères Charles de Rémusat, atteste l'impuissance de Thiers face au radicalisme. Le peuple de Paris donne plus de 180 000 voix à Barodet, contre 135 000 à Rémusat, et 26 000 au bonapartiste Stoffel. C'est la consternation chez les conservateurs, la panique : « On croyait assister à la résurrection de la Commune », écrit Broglie dans ses *Mémoires*. C'est une « Commune légale » que dénonce la presse de droite, de *l'Écho de la Dordogne* à *l'Espérance de Nancy*.

Thiers refuse de remanier son ministère dans un sens conservateur; bien plus, il l'oriente vers le centre gauche. Il présente un projet de loi pour l'organisation définitive de la République. C'en est fini de l'alliance avec le centre droit : Thiers va tomber à gauche. A la rentrée de l'Assemblée nationale, une interpellation réclame une politique « résolument conservatrice ». Broglie dénonce le parti radical, « parti social » qui « menace la société actuelle dans ses bases ». Il stigmatise ces « nouveaux barbares » qui retourneront à Paris « aux acclamations d'amnistiés de la Commune ». La défection d'un petit groupe charnière, le groupe Target, fort de quinze membres, scelle la défaite de Thiers. La loi Rivet lui permettait de rester président, mais, fidèle aux usages parlementaires, il démissionna.

2. L'ordre moral et la restauration manquée

Victoire des droites sur Thiers le 24 mai, essai et échec de la restauration monarchiste, vote, grâce à un retour à la conjonction des centres, des lois constitutionnelles qui fondent une République conservatrice, ultime tentative des « notables » le 16 mai 1877, avènement enfin de la République des républicains : en un peu moins de six ans, de l'élection de Mac-Mahon à celle de Grévy, se joue un drame aux péripéties complexes. Ces quelques années sont déterminantes dans l'histoire de la France contemporaine, elles ont fourni les images et les références sur lesquelles la culture politique française vivra longtemps. Il est donc indispensable d'en dessiner la trame, avant d'essayer d'expliquer les raisons de la défaite des conservateurs et du succès des républicains.

Le soir de la démission de Thiers, le maréchal de Mac-Mahon est élu président de la République. D'origine légitimiste, mais étranger aux luttes politiques, il nomme vice-président du Conseil des ministres Broglie, qui forme un ministère à l'image de la majorité : aux orléanistes s'adjoignent deux légitimistes, de la Bouillerie et Ernoul. Magne, ancien ministre de l'Empire, est aux Finances. L'un des membres du groupe Target, le neveu de Schneider, l'industriel Alfred Desseiligny, aux Travaux publics. C'était « le retour au bercail orléaniste d'une partie des gens d'affaires » (J. Bouvier.) D'emblée une vingtaine de préfets républicains sont destitués ou remplacés. Le 25 mai, Mac-Mahon définit la politique du ministère : « Avec l'aide de Dieu, le dévouement de notre armée qui sera toujours l'esclave de la Loi, l'appui de tous les honnêtes gens, nous continuerons l'œuvre de la libération du territoire et du rétablissement de l'ordre moral dans notre pays. Nous maintiendrons la paix intérieure et les principes sur lesquels repose la société. » Ce langage conservateur, Thiers aurait pu le tenir, et lui-même, le 12 juillet 1872, s'était engagé à défendre cet « ordre moral » qui allait pour l'histoire désigner le nouveau gouvernement. Deux nuances pourtant, mais elles sont d'importance et aident à comprendre tout ce qui sépare le centre gauche du centre droit. Thiers employait volontiers l'adjectif « conservateur », mais au féminin, associé à République; surtout Thiers restait discret sur l'aide de Dieu. Thiers est libéral, comme Broglie, mais le premier incarne le libéralisme anticlérical fils de la Révolution, le second un libéralisme aristocratique et catholique.

Unie pour la défense de la hiérarchie sociale, des classes dirigeantes et de l'Église, la coalition de l' « ordre moral » manque singulièrement d'unité. Les bonapartistes sont des alliés peu sûrs, attachés à la cause du prince impérial. Ceux qui furent leurs adversaires sous l'Empire craignent les penchants autoritaires de tous, et démocratiques de certains. Les orléanistes se défient des exagérations ultramontaines et des manifestations religieuses provocantes des catholiques intransigeants qui font leur la cause légitimiste. S'ils souhaitent l'influence de l'Église dans la société, ils se défient d'une « politique tirée de l'Écriture sainte ». Attachés aux « libertés modernes », ils n'acceptent pas la condamnation qu'a portée contre elles le *Syllabus* en 1864, ou plutôt ils font leurs les observations nuancées publiées alors par l'évêque d'Orléans, Mgr Dupanloup, l'ami des plus éminents d'entre eux. Fidèles au régime parlementaire, ils n'accepteront pas une restauration qui serait un retour sur ce qui leur paraît le signe le plus haut de la civilisation. Pour les légitimistes intransigeants, ces « libéraux » sont les fourriers de la Révolution : ils transigent avec le mal. Ne refusent-ils pas de consacrer la France au Sacré-Cœur, comme l'a demandé, à Paray-le-Monial, le 29 juin, devant cent cinquante parlementaires, le baron de Belcastel? Ne s'opposent-ils pas à ce que, lors de la fondation de l'Église élevée à Montmartre en signe d'expiation, l'Assemblée fasse « hommage » au Sacré-Cœur, selon le vœu de Belcastel et de Cazenove de Pradines, l'ancien zouave pontifical, le héros de Patay? Mais ces oppositions, considérables, n'apparaissent guère aux républicains qui retiennent la déclaration d'utilité publique de la « construction de l'Église... en l'honneur du Sacré-Cœur », qui retiennent la phrase de Mgr Pie à Chartres : « La France attend un chef, elle attend un maître », ou les cantiques de pèlerins : « Sauvez Rome et la France au nom du Sacré-Cœur. »

Divisées, les droites retrouvent leur unité pour combattre le radicalisme : Broglie frappe la presse républicaine, usant des lois de l'Empire et de l'état de siège. Il obtient de l'Assemblée nationale l'autorisation de poursuites contre Ranc, accusé d'avoir pris part quelques jours à la Commune. L'ancien collaborateur de Gambetta à la Défense nationale, qui venait d'être élu député de Lyon, est condamné à mort par contumace, s'exile à Bruxelles. La commémoration du 14 juillet est interdite. Dans le Midi rouge, les Mariannes, les bustes de la République, sont chassés des mairies. Les enterrements civils sont prohibés : à Lyon, haut lieu de l'anticléricalisme, le préfet, par arrêté, interdit, après sept heures du matin, « les inhumations faites sans la participation d'aucun culte reconnu par la loi ». Contre la République, le socialisme, la libre-pensée, la droite fait front. Pour tenir le pays, elle renonce à ses idéaux de décentralisation. Le 20 janvier 1874, malgré les réticences de la majorité de l'Assemblée, le chef de l'État et les préfets reçoivent le droit de nommer les maires dans toutes les communes. Cette mesure fut fort mal reçue dans les campagnes : « La loi des maires, écrit Gambetta à Ranc, a mis le sceau à la popularité des hommes et des idées de notre parti [1]. » Par ses mesures autoritaires et maladroites, « l'ordre moral » favorisa la propagande républicaine.

Cependant, sur l'initiative des légitimistes, fut tentée la restau-

1. Le 21 avril 1874.

ration monarchique, différée depuis deux ans. A la faveur des vacances de l'Assemblée, du 29 juillet au 5 novembre furent entreprises les négociations qui devaient être décisives. L'échec final de l'entreprise ne suffit pas à démontrer qu'elle n'avait aucune chance de réussite : le 24 mai et l'avènement de l' « ordre moral » n'avaient pas soulevé de réactions bien vives dans un pays las et fatigué du transitoire. Les élections aux conseils généraux du 4 octobre 1874 marquent un léger succès de la droite qui détient 52 présidences. Le moment n'était donc pas défavorable et le pays, sans être monarchiste, eût peut-être accepté une restauration qui ne remît pas en cause tout l'acquis du libéralisme. Lorsque les orléanistes et les hommes du centre gauche qui ont abandonné Thiers pour se rallier à Mac-Mahon exigent des garanties — le régime parlementaire et le drapeau tricolore — ils parlent en effet au nom de cette France de notables, de juristes, de hauts fonctionnaires et de militaires disposée à accepter un roi qui ne gouvernerait pas et ne serait pas le champion de la contre-révolution religieuse, politique, sociale.

Mais le comte de Chambord avait-il évolué? Le duc de Broglie n'en était pas convaincu, pourtant il laissa faire, sans prendre parti; il serait toujours temps en cas d'échec d'avancer la solution qu'il tenait en réserve : la prolongation de la présidence de Mac-Mahon. Le 5 août, le comte de Paris se rendit à Frohsdorf et reconnut le comte de Chambord comme « représentant du principe monarchique de la France ». En cas de restauration, le comte de Chambord monterait sur le trône. Comme il n'avait pas d'enfants, un Orléans serait son héritier. Mais cette « réconciliation » maintenait l'incertitude : qu'en était-il du drapeau et du régime parlementaire? Aux envoyés qui le supplient de tenir compte des sentiments du pays, le prince refuse tout engagement. Cependant les semaines passent et l'absence de décision nuit au projet. Chesnelong, avocat d'Orthez, catholique venu au légitimisme, est adressé au comte de Chambord par les groupes royalistes de l'Assemblée.

Entouré du Lyonnais Lucien Brun, de Carayon-Latour, de Cazenove de Pradines, il est reçu à Salzbourg. D'une très longue entrevue, Chesnelong retient les déclarations qui vont dans le sens souhaité, non les autres. A son retour, la réunion des bureaux des groupes monarchistes approuve le projet de restauration et dans une note publiée affirme le maintien du drapeau tricolore qui ne peut être changé « que par l'accord du roi et de l'Assemblée ». La restauration paraît proche, malgré l'hostilité des groupes républicains et des bonapartistes. Mais le 29 octobre le comte de Chambord faisait publier dans *l'Union* une lettre qui voulait mettre fin aux « malentendus ». Il refusait d' « inaugurer un régime réparateur par un acte de faiblesse ». Il refusait « conditions » et « garanties »... « Ma personne n'est rien, mon principe est tout... lorsque Dieu a résolu de sauver un peuple, il veille à ce que le sceptre de la justice ne soit remis qu'en des mains assez fermes pour le porter. » Convaincu que sa mission était de rétablir la monarchie chrétienne dont le cardinal Pie, évêque de Poitiers, avait esquissé l'image idéale, l'exilé de Frohsdorf persistait à attendre l'heure de la Providence...

Broglie alors sortit de son silence. Habile manœuvrier, il profita du désarroi des légitimistes pour proposer la prolongation des pouvoirs de Mac-Mahon, solution qui à terme laissait la possibilité d'une restauration orléaniste. Il dut accepter un compromis avec le centre gauche : la prolongation pour sept ans, et non pour dix, avec le titre de président de la République, la création d'une commission de 30 membres pour examiner les lois constitutionnelles. Une assemblée monarchique fondait le septennat. Pendant les débats, le comte de Chambord s'était rendu en secret à Versailles; il espérait que Mac-Mahon se rallierait à sa cause et que l'Assemblée le reconnaîtrait comme roi. Cet épisode dérisoire, qui donne la mesure de l'aveuglement du comte de Chambord, fut ignoré des légitimistes, qui, sauf sept d'entre eux, votèrent le septennat.

Cependant, aux yeux des plus intransigeants, Broglie et les orléanistes, responsables de l'échec de la restauration, devenaient les premiers adversaires. Dès novembre, les deux ministres légitimistes quittèrent le gouvernement qui fut remanié dans un sens orléaniste. Broglie devait lutter sur deux fronts, contre les républicains et contre l'extrême droite. Le journal de Veuillot, *l'Univers*, fut suspendu deux mois pour avoir publié un mandement de l'évêque de Périgueux qui dénonçait le *Kulturkampf*. Le ministre des Affaires étrangères Decazes critiqua les manifestations pour le pouvoir temporel et justifia l'envoi d'un ambassadeur auprès du roi d'Italie. Au conflit sur la politique religieuse s'ajoutait le conflit sur l'interprétation du septennat. Broglie le jugeait « au-dessus de toute contestation », quand les légitimistes n'y voyaient qu'un expédient. Le 16 mai 1874, les « chevau-légers » votèrent avec les républicains et les bonapartistes contre le gouvernement, renversé par 381 voix contre 317. Ils préféraient à l'union des droites pour la défense sociale, la coalition des extrêmes. De la politique du pire, sortirait, croyaient-ils, la restauration. Ce fut la République...

Dès lors, une partie du personnel orléaniste songe à une conjonction des centres, mais la droite n'est pas prête à accepter la constitution immédiate de la République, que réclame le centre gauche, ni à renoncer à la politique de combat contre les républicains. Mac-Mahon forme un ministère de droite et de centre droit autour du général de Cissey, ministre de la Guerre. Une élection partielle va précipiter le reclassement des forces politiques et l'évolution vers les lois constitutionnelles : celle, le 24 mai 1874, d'un ancien écuyer impérial, le baron de Bourgoing, dans la Nièvre. Un an plus tôt, l'élection de Barodet révélait le péril radical, voici que reparaissait le fantôme de cet Empire, auquel quatre ans plus tôt très exactement plus de sept millions de Français avaient apporté leurs suffrages. Le bonapartisme gardait des sympathies dans les campagnes, l'armée, l'administration, la magistrature. L'échec de la restauration monarchiste, l'impuissance de l'Assemblée à sortir du provisoire, la personnalité du prince impérial poussent une partie de l'opinion vers une cause qui paraît neuve. D'octobre 1873 à février 1875, lors des élections partielles, 6 bonapartistes sont élus pour un seul monarchiste et 16 républicains. Des orléanistes aux républicains, les opposants à l'Empire se retrouvent pour enrayer le péril.

Les ministres proches des bonapartistes, Magne, ministre des Finances, et Fourtou, ministre de l'Intérieur, doivent quitter le gouvernement, dont la principale personnalité est le duc Decazes, ministre des Affaires étrangères. La majorité conservatrice s'est disloquée. A l'attitude des chevau-légers et des bonapartistes, s'ajoute la division des orléanistes : Broglie reste l'adversaire du centre gauche et souhaite, avant tout vote sur le régime, une loi sur le Sénat. Il ne se rallie qu'avec hésitation au vote des lois constitutionnelles. Mais les ducs Decazes et d'Audiffret-Pasquier jugent celui-ci inéluctable : si l'Assemblée continuait ses atermoiements, la dissolution s'imposerait, lourde de menaces. Des indécis passent alors au camp républicain. Le 29 janvier 1875 l'amendement Laboulaye : « Le gouvernement de la République se compose de deux chambres et d'un président » est rejeté par 359 voix contre 336. Le lendemain un de ces modérés venus à la République, catholique, professeur de faculté, Wallon, propose un amendement sur le mode d'élection du président : « Le président de la République... est élu par le Sénat et la Chambre. » Il obtint une voix de majorité, 353 voix contre 352 : la République était faite.

Une autre majorité s'esquissait, que confirma le vote d'un nouvel amendement Wallon subordonnant le droit de dissolution de la Chambre par le président à l'avis conforme du Sénat. Une partie du centre droit, avec les trois groupes de gauche, Union républicaine, gauche républicaine, centre gauche, et le groupe orléaniste rallié présidé par l'économiste Léonce de Lavergne formaient la nouvelle majorité. La discussion décisive fut celle du projet sur le Sénat. Broglie y voyait le fondement de toute constitution, et avait imaginé un Grand Conseil de notables qui comprenait des membres de droit, des membres nommés à vie, des membres, enfin, élus par un collège de notabilités. La gauche refusa tout projet qui ne ferait pas du suffrage universel, même indirect, la source de la désignation des sénateurs. Une négociation entre les groupes du centre aboutit à un compromis qui donnait une large satisfaction au centre gauche : les sénateurs seraient élus par des collèges formés d'un délégué par commune, des députés, conseillers d'arrondissement et conseillers généraux. Le quart d' « inamovibles » serait élu d'abord par l'Assemblée, puis par le Sénat. Broglie accepta le projet, où son journal *le Français* voyait « le plus rude échec qui ait été fait jusqu'ici à l'omnipotence du nombre et à l'action démocratique des villes ». Gambetta, jusque-là adversaire d'une chambre haute, convainquit les républicains d'accepter le projet. Il savait la nécessité de faire des concessions aux centres pour permettre la République. Il pressentait surtout que ce « Grand Conseil des communes françaises » contribuerait à enraciner la République dans les campagnes et que le mode d'élection du Sénat allait être un ferment de vie politique dans les plus modestes communes. La loi sur le Sénat, le 24 février, et, le 25 février, la loi sur l'organisation des pouvoirs publics furent votées par les gauches et le centre droit, Broglie compris. La minorité : droite, légitimistes, bonapartistes, ne dépassait pas 250 voix contre 425. La loi sur les rapports des pouvoirs publics fut votée le 16 juillet sans susciter de débat majeur, et approuvée par 502 voix sur 604 votants. Quatre ans après son élection, et après bien des péripéties, l'Assemblée avait rempli son mandat de donner à la France une constitution. Mais sans doute une longue préparation avait-elle été nécessaire pour permettre la brièveté du dernier acte : entre la monarchie impossible et l'Empire abhorré, il ne restait à l'Assemblée, comme l'avait dit Wallon, qu'à prendre « ce qui existe » et à organiser cette République conservatrice dont Thiers avait, dès 1871, compris l'avenir.

L'œuvre issue des travaux de l'Assemblée nationale est originale à bien des titres. Elle réclame d'autant plus l'analyse qu'elle a vécu jusqu'à juillet 1940 et que l'application des lois constitutionnelles a donné à celles-ci un sens qu'elles n'avaient pas nécessairement au départ. L'absence de préambule, de déclaration de droits, de rappel de principes est un premier trait remarquable : quelle majorité serait en effet parvenue à un accord? Il ne s'agit même pas à proprement parler d'une constitution, mais de lois constitutionnelles, qui ne peuvent être modifiées que par une procédure de révision. Elles n'abordent en termes juridiques que les aspects essentiels du régime. C'est dire la brièveté de textes dont le vague a permis la souplesse d'interprétation.

La présidence de la République est une institution contraire à la tradition républicaine française attachée à un exécutif collégial. En fait le président de la République, irresponsable, élu pour sept ans par le Congrès formé du Sénat et de la Chambre des députés, a les pouvoirs d'un monarque constitutionnel : il suffirait d'une bien légère révision pour permettre une restauration. Le président n'a-t-il pas le droit de grâce et de conclure les traités? Il a l'initiative des lois, comme les Chambres. Il peut proroger et clore les sessions des Chambres après cinq mois de session ordinaire. Il peut dissoudre la Chambre des députés avec l'avis conforme du Sénat. Il nomme les ministres.

Aussi bien la Haute Assemblée est-elle la pièce maîtresse du système instauré en 1875. Elle doit faire contre-poids à la Chambre des députés. L'âge minimum fixé à quarante ans, le renouvellement par tiers, la nomination à vie par l'Assemblée de soixante-quinze sénateurs, dont on espère qu'ils seront conservateurs, la répartition des sièges et le mode électoral qui consacrent la prépondérance de la France rurale : autant de raisons qui doivent faire du Sénat le bastion de la France traditionnelle. Avec la présidence de la République, il doit limiter l'influence de la Chambre des députés [1] élue au suffrage universel direct, hérité de 1848, sur lequel il n'était pas possible de revenir.

Les lois de 1875 établissent un régime représentatif sans souveraineté du peuple, un régime parlementaire, conforme à l'idéal orléaniste, auquel se rallie la nouvelle génération républicaine, convertie aux réalités, mais non les républicains intransigeants. « Pluralité des organes, dualisme des Chambres, équilibre. Telles sont les caractéristiques du schéma orléaniste, ils se retrouvent tous, sans altération, dans les textes de 1875 » (R. Rémond). Si la présidence du Conseil n'est pas mentionnée, les actes du président de la République doivent être « contresignés par un ministre ». Limite considérable au pouvoir présidentiel. « Les ministres sont solidairement responsables devant les Chambres de la politique générale du gouvernement. » La responsabilité devant le Parlement est donc affirmée nettement, mais la dissolution doit éviter au régime parlementaire de devenir un régime d'Assemblée. Contrôle et équilibre des pouvoirs fondent un système complexe qui peut ouvrir la voie à des interprétations diverses. Mais, pour l'essentiel, les lois constitutionnelles, fruit d'un compromis, œuvre empirique, incorporent non seulement les pratiques nées sous Thiers et Mac-Mahon, mais l'apport constitutionnel du libéralisme, « le droit commun des peuples libres » selon le mot du rapporteur Laboulaye [2]. Dans cet héritage, sans doute faut-il faire entrer l'article 4 de la loi du 25 février 1875, souvent négligé

1. Les termes républicains de « représentants » et d' « Assemblée nationale » n'ont pas été adoptés.

2. Cité par M. Prélot, *Institutions politiques et Droit constitutionnel*, Paris, p. 450.

par les commentateurs. Il donne au président de la République le droit de nommer les conseillers d'État. Était donc modifiée la loi du 24 mai 1872 qui, contre Thiers, prévoyait l'élection des conseillers d'État par l'Assemblée. L'institution, menacée au lendemain de l'Empire, reprenait toute son importance, et même rien n'était dit de ses attributions : le nouveau régime ne touchait pas à l'administration, à ses traditions, à sa jurisprudence. La République parlementaire maintenait la puissance de l'administration.

Le compromis constitutionnel fondé sur la « conjonction des centres » était lourd de contradictions : l'accord sur la question constitutionnelle, et sur une philosophie politique et sociale juste milieu, ne doit pas masquer le désaccord profond sur la question religieuse et le rôle de l'Église dans la société. Surtout, le rapprochement, possible au plan parlementaire, est sans réalité dans le pays où chacun des deux centres regarde vers ses alliés de droite ou de gauche.

Après le vote des lois constitutionnelles, Mac-Mahon, qui entendait ne pas renoncer à gouverner avec les conservateurs appela à la vice-présidence du Conseil l'orléaniste Buffet. Si le centre droit avait la prépondérance, Dufaure et Léon Say représentaient le centre gauche. La nomination au ministère des Finances du petit-fils de l'économiste libéral Jean-Baptiste Say, celle à un sous-secrétariat d'État d'Agénor Bardoux, le gendre de Montalivet, attestent la présence dans le gouvernement de ces « dynasties bourgeoises » qui, après d'autres régimes, concouraient à fonder la République. Le ministère est sans unité : quand Buffet aspire à une politique « nettement conservatrice », ses alliés du centre gauche qui n'oublient pas leurs « compagnons de lutte » souhaitent la fin des lois d'exception sur la presse et les maires, et une administration républicaine. En fait, l'heure était à l'organisation du nouveau régime et à la préparation des élections. Les conservateurs, appuyés par le centre gauche, imposèrent le scrutin uninominal qui, pensaient-ils, favorisait les notables. Les républicains, avec Gambetta, voulaient le scrutin de liste, celui de 1848, qu'avait aboli l'Empire. Déterminante pour l'évolution politique devait être l'élection des 75 sénateurs à vie en décembre. Broglie avait espéré faire ainsi du Sénat un bastion conservateur. Mais l'extrême droite légitimiste et les bonapartistes s'entendirent avec les républicains en échange de l'entrée de quelques légitimistes au Sénat : « J'aime mieux, écrivait La Rochette, député de Loire-Inférieure, ceux qui nous combattent ouvertement que ceux qui nous ont abandonnés... et qui aujourd'hui sollicitent l'abdication du roi. ». Selon le mot de Seignobos, le Sénat, qui devait être une forteresse orléaniste, recevait une « garnison républicaine ». Lors du conflit avec la Chambre, moins de deux ans plus tard, Mac-Mahon ne trouverait pas dans le Sénat tout l'appui attendu.

Les premières semaines de 1876 furent dominées par deux consultations électorales décisives, au Sénat et à la Chambre. Buffet avait levé l'état de siège, sauf à Paris, Lyon et Marseille, et fait voter une loi qui déférait le procès de presse au jury, non sans de nombreuses exceptions qui relevaient de la correctionnelle. Gambetta s'était efforcé de rassurer les électeurs sénatoriaux en montrant la modération du programme républicain : « Les vrais conservateurs sont les défenseurs du régime actuel. » Malgré le système électoral, les droites n'eurent qu'une faible majorité : 119 sièges sûrs dont 40 aux bonapartistes, qui ne réalisaient pas leurs espérances. Le suffrage universel leur convenait mieux que le suffrage indirect. Centre gauche et gauche obtenaient 92 sièges. Compte tenu des inamovibles, les tendances s'équilibraient au sein du Sénat.

Les conservateurs avaient attendu du retour au scrutin uninominal et de la pression des préfets et des maires un succès aux législatives. Dès le premier tour, ce fut la défaite, symbolisée par le triple échec de Buffet. Au soir du second tour, le 5 mars, la Chambre comptait environ 360 républicains, les conservateurs guère plus de 150 dont 75 bonapartistes. Le scrutin portait confirmation des précédentes élections partielles et du rôle croissant des bonapartistes au sein des droites. La France de l'Est et du Sud-Est a voté massivement pour les républicains, l'Ouest et le Nord-Ouest, sauf les villes, pour les monarchistes, le Sud-Ouest est bonapartiste.

Qu'allait faire le président de la République? Former un ministère qui gouverne contre la Chambre en s'appuyant sur le Sénat? Mieux valait attendre avant de se résoudre à cette éventualité. Appeler Gambetta qui fait figure de chef des vainqueurs? Mac-Mahon et son entourage ne pouvaient s'y décider. Au reste, Grévy et Ferry, qui vient de fonder le groupe de la Gauche républicaine, pour empêcher Gambetta d'être le chef des 300 républicains qui ne font pas partie de l'extrême gauche, ne sont guère favorables à cette hypothèse. Dufaure forma un cabinet centre gauche; Léon Say demeurait aux Finances. Mac-Mahon se réserva la nomination des ministres de la Marine, de la Guerre et des Affaires étrangères. Dufaure prit le titre de président du Conseil, signifiant par là que, depuis l'entrée en vigueur des lois constitutionnelles, le président de la République n'était plus membre du cabinet.

L'ancien ministre de Louis-Philippe, presque octogénaire, catholique, conservateur libéral, se trouve fort mal à l'aise entre l'Élysée où l'influence de la droite était déterminante, et la Chambre où les républicains engageaient le combat contre le cléricalisme et le pouvoir financier du Sénat. Il temporise dans le remaniement du haut personnel administratif. Devant un ordre du jour de la Chambre, Dufaure, fidèle à la tradition parlementaire, démissionne le 2 décembre. Mac-Mahon appelle Jules Simon. Hormis le changement du président du Conseil, le ministère restait en place pour l'essentiel. Un républicain modéré remplaçait un orléaniste rallié à la République. Peut-être les conseillers de Mac-Mahon, dont Broglie, avaient-ils le dessein de mettre la division au sein des gauches : Jules Simon n'avait-il pas enlevé à Gambetta en janvier 1871, à Bordeaux, ses pleins pouvoirs? Jules Simon l'emporta sur Gambetta dans la définition du pouvoir financier du Sénat : il discute le budget après la Chambre, mais a le même droit qu'elle. Cependant les gauches conservèrent leur unité. Les présidents des trois groupes, Union républicaine, Gauche républicaine, centre gauche l'affirmèrent au début de la session de 1877.

L'entourage du maréchal ne souhaitait pas la poursuite de l' « expérience ». Gambetta n'était pas moins désireux de mettre Jules Simon en difficulté. Les pétitions des catholiques et les mandements des évêques en faveur du pouvoir temporel furent l'occasion de la crise. N'était-ce pas face au cléricalisme que l'union des gauches se ferait le plus aisément? Jules Simon désapprouve l'agitation ultramontaine; ce n'est pas assez pour la gauche, c'est trop pour la droite. Le 4 mai, Gambetta déchaîne l'enthousiasme de la gauche et du centre : « Vous sentez donc, vous avouez donc qu'il y a quelque chose qui, à l'égal de l'Ancien Régime, répugne à ce pays, répugne aux paysans de France... C'est la domination du cléricalisme. » Certes, il abandonne la revendication de la séparation et se dit attaché à l'application du concordat, mais sur le moment ce tournant passe inaperçu; ne demeure que la phrase finale qui assigne pour des décennies un programme commun aux républicains : « Je ne fais que traduire les sentiments intimes du peuple de France en disant du cléricalisme ce qu'en disait un jour mon ami Peyrat : le cléricalisme? Voilà l'ennemi. » Jules Simon débordé dut accepter un ordre du jour invitant le gouvernement à réprimer les « manifestations ultramontaines ».

Jules Simon, qui n'avait pu gouverner au centre, devenait l'otage de Gambetta. Mac-Mahon et ses conseillers, Broglie, Mgr Dupanloup, désireux de ne pas découvrir l'Église, attendirent quelques jours. Le 15 mai, Jules Simon s'opposa sans vigueur à l'abrogation des peines pour délits de presse; le 12 mai, il n'avait pas empêché la publicité des séances des conseils municipaux : les clubs allaient siéger dans les campagnes, pensait la droite. Le 16 mai au petit matin, Mac-Mahon adresse à Jules Simon une demande d'explication, il s'étonne d'une attitude qui « fait demander s'il a conservé sur la Chambre l'influence pour faire prévaloir ses vues ». Il affirme la responsabilité du président de la République devant le pays : « Si je ne suis pas responsable, comme vous, devant le Parlement, j'ai une responsabilité envers la France, dont aujourd'hui plus que jamais je dois me préoccuper. » Jules Simon démissionna.

Broglie forma le lendemain un ministère : à quatre ans de distance, presque jour pour jour, on revenait au 24 mai et à l'union des droites. Mais la situation était inversée : alors les conservateurs, contre Thiers, revendiquaient le régime parlementaire; maintenant ils prétendaient défendre la responsabilité du président de la République face à la Chambre, son « droit constitutionnel », comme l'affirme Mac-Mahon dans un message le 18 mai, à choisir ses « conseillers ». Cette « affectation d'un pouvoir personnel » est le scandale même pour les républicains. Mais sur ce terrain, Broglie lui-même et ses amis orléanistes sont mal à l'aise au sein de la coalition des droites, eux les tenants de toujours du parlementarisme. Aussi bien, pour eux, n'est-il pas question d'un coup de force, fantôme qu'évoquent tous ceux qui, à peine un quart de siècle plus tôt, ont vécu le 2 Décembre. Il ne s'agit même pas d'imposer une interprétation littérale des lois constitutionnelles, et Broglie convainc mal lorsqu'il s'efforce de définir un équilibre entre le président, le Sénat et la Chambre. L'objectif est en fait de préparer de bonnes élections, après la dissolution de la Chambre que permet l'avis conforme du Sénat. Comme au 24 mai, il faut défendre l'Église et les anciennes classes dirigeantes contre le radicalisme anticlérical et les « nouvelles couches ». Les élites de la France du passé s'opposent, une dernière fois, à la montée de la démocratie. La partie était difficile et Broglie ne paraît pas s'être fait trop d'illusions, mais il se sentait engagé vis-à-vis de Mac-Mahon à qui il avait fait accepter le septennat.

Le 16 mai scella l'union des républicains qui furent 363 à publier, le 20, un manifeste dû à Spuller, l'ami de Gambetta, dénonçant une « politique de réaction et d'aventures ». Par son message, le président de la République avait ajourné les Chambres au 16 juin. Dès la rentrée la Chambre vota un ordre du jour de défiance par 363 voix contre 158. Le Sénat par 149 voix contre 130 autorisa la dissolution.

Le ministre de l'Intérieur, Fourtou, prépara les élections : il déplaça ou révoqua 77 préfets. Il rappela le devoir du gouvernement d' « éclairer » le corps électoral, recourut à la pression administrative. Fourtou, à l'aide de la direction de la Presse, dirigée par Léon Lavedan, entreprend un important effort de propagande [1] : organisation d'une Correspondance de l'union conservatrice, diffusion gratuite de brochures, de manifestes, de journaux. Les préfets luttèrent contre le colportage des journaux et brochures républicaines, appliquèrent la loi de 1849 qui subordonnait le colportage des journaux et imprimés à une autorisation. En vertu d'un décret de décembre 1851, ils ferment, tel un homme à poigne, le baron de Nervo dans la Haute-Loire, les cabarets qui sont des lieux subversifs. Suspension de conseils municipaux, révocation de maires, fermeture de loges maçonniques ou de sociétés républicaines, renvoi en correctionnelle des délits de presse en vertu de la loi de 1876, saisies enfin, se succèdent. Ces mesures peuvent, aujourd'hui, paraître relativement limitées : 1 743 révocations de maires, soit

1. Cf. P. Albert (87).

guère plus de 4 %, 3 271 poursuites. Elles suffisent à faire renaître l'ombre de l'Empire, les conservateurs eux-mêmes jugent excessive l'action des préfets, souvent issus du personnel bonapartiste. La pression administrative valut au ministère plus d'impopularité qu'elle n'entrava l'action de ses adversaires.

Gambetta prend la tête des républicains et donne la mesure de ses talents de stratège et d'organisateur. Il organise un comité central, formé surtout de sénateurs, les députés faisant campagne en province. Il réunit et distribue les ressources et, note Freycinet dans ses *Souvenirs*, « les souscriptions affluèrent ». Les 363 se présentent tous sans qu'aucun adversaire républicain leur soit opposé. Unité de candidature donc et de programme qui fait de Gambetta un véritable chef de parti. Le scrutin uninominal joue en fait comme un scrutin de liste.

Les républicains se disaient les vrais conservateurs, garants de la paix et de la prospérité des affaires. Leurs adversaires, disaient-ils, rêvaient « le retour à des passés impossibles », lançaient le pays dans l'aventure : la campagne pour le pouvoir temporel ne conduirait-elle pas à la guerre avec le royaume d'Italie, avec l'Allemagne[1]? Face aux nobles et aux cléricaux, les républicains reprenaient la lutte de 1789 et de 1830. La peur du désordre et des crises ne jouait plus en faveur des conservateurs mais contre eux. D'autre part, l'accusation de cléricalisme contraignit ceux-ci à ne recourir qu'avec discrétion à l'appui de l'Église. Au reste, les catholiques intransigeants, un Veuillot ou un cardinal Pie, étaient portés à juger de haut une entreprise où ils ne voyaient qu'un expédient dérisoire, et dont les protagonistes étaient leurs vieux adversaires libéraux, Broglie ou, dans l'ombre, Dupanloup. Mac-Mahon intervint dans la lutte par un manifeste aux Français, le 19 septembre. Répondant au défi de Gambetta à Lille, quelques semaines plus tôt : « Se soumettre ou se démettre », il affirme ses intentions : « Je ne saurais devenir l'instrument du radicalisme ni abandonner le poste où la Constitu-

1. N'oublions pas que Bismarck, engagé dans le *Kulturkampf*, n'a guère apprécié en 1873 les déclarations des ultramontains français. Au printemps 1875, en face d'une loi française qui accroît les cadres de l'armée, il agite la menace d'une guerre préventive. Sa faveur va aux républicains dont il pense qu'ils trouveront plus difficilement des alliés en Europe que les monarchistes.

tion m'a placé. Je resterai pour défendre, avec l'appui du Sénat, les intérêts conservateurs. »

La participation électorale fut plus forte qu'en février 1876 : elle s'éleva à 80,60 % des inscrits [1], indice de la passion de la campagne. L'unité de candidature, dans chaque camp, fit qu'au soir du premier tour, le 14 octobre, sur 531 circonscriptions métropolitaines, toutes étaient pourvues sauf 15. Les républicains perdaient des sièges dans des circonscriptions peu sûres, acquises en 1876. Mais ils gardaient une nette majorité avec 323 sièges contre 208 conservateurs. En voix, l'écart est moins sensible : quatre millions deux cent mille voix pour les républicains, trois millions six cent mille pour les conservateurs. Le scrutin majoritaire donnait une prime au vainqueur. Au sein des droites, les bonapartistes du groupe de l'Appel au peuple revenaient en force : 104. Les légitimistes étaient une cinquantaine : la droite intransigeante et la droite autoritaire l'avaient emporté sur la droite parlementaire, qui avait moins bien résisté aux républicains. Cette constatation ne suffit-elle pas à se rendre compte de l'une des équivoques majeures du 16 mai? Ses auteurs se battaient sur un terrain douteux.

Mac-Mahon songea à la résistance. Le duc d'Audiffret-Pasquier, président du Sénat, lui refusa le soutien de la Haute Assemblée : les orléanistes parlementaires se dérobaient. Mac-Mahon forma un « ministère d'affaires » présidé par le général de Rochebouët. La Chambre refusa d'entrer en relations avec lui. Le budget n'était pas voté. Allait-on lever l'impôt par décret, revenir à l'état de siège? Les milieux d'affaires, dont Pouyer-Quertier exprime le sentiment à l'Élysée, étaient hostiles, les officiers divisés [2]. Mac-Mahon, non sans hésitation, accepta les conditions de Dufaure, qui ne lui laissa pas choisir les ministres de la Marine et des Affaires étrangères. Le centre gauche revenait au pouvoir. Léon Say retrouvait les Finances, Agénor Bardoux prenait l'Instruction publique; à ses côtés, comme sous-secrétaire d'État, Jean Casimir-Perier, héritier d'une dynastie

1. Le nombre de non-inscrits se monte à 12,8 % des électeurs potentiels. Les non-inscrits sont particulièrement nombreux dans la Seine-Inférieure, le Nord, à Paris, Lyon, Marseille. Le fait tient avant tout aux mouvements d'urbanisation. Cf. A. Lancelot, *l'Abstentionnisme électoral en France*, Paris, 1967.
2. Cf. F. Bédarida (43).

La conquête de la République par les républicains
Suffrages républicains aux élections législatives
20 février 1876

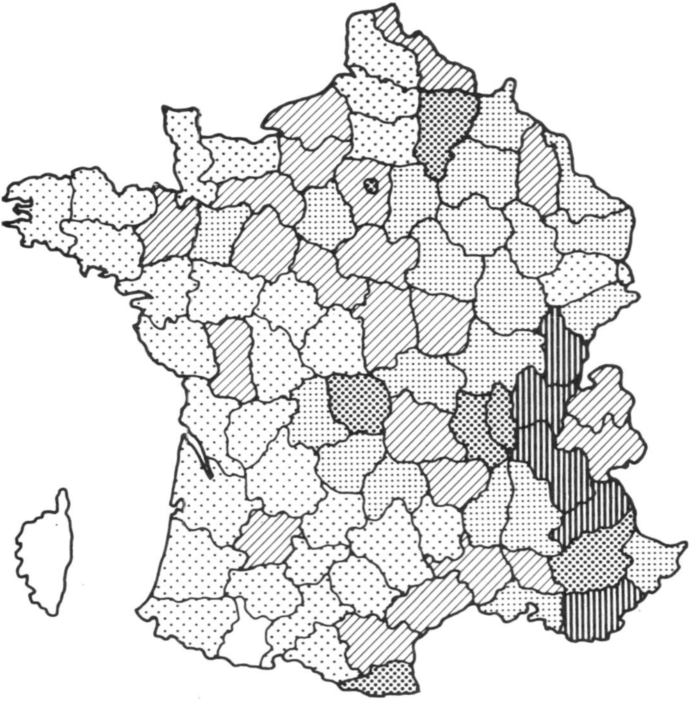

P. 42-43-44-45 : Cartes établies par A. Lancelot d'après H. Avenel, *Comment vote la France. Dix-huit ans de suffrage universel, 1876-1893*, Quantin, 1894. D'après l'*Atlas historique de la France contemporaine*, dirigé par R. Rémond, Paris, A. Colin, 1966.

L'identification des candidats retenus par Henri Avenel n'a pas été critiquée. Les cartes valent donc surtout par l'impression d'ensemble et par le mouvement qu'elles font apparaître.

La conquête de la République par les républicains
Suffrages républicains aux élections législatives
14 octobre 1877

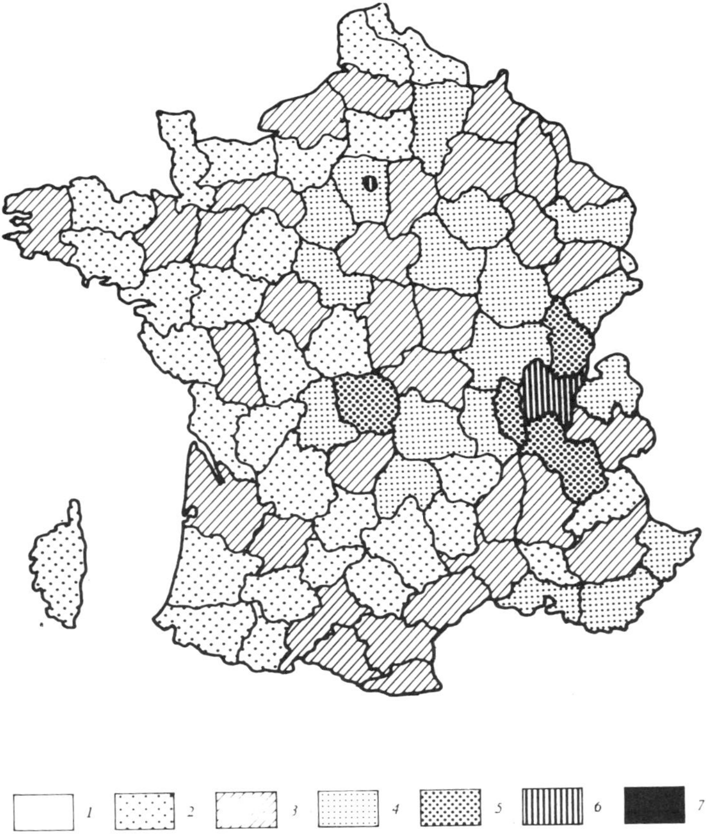

Pourcentage calculé par rapport aux suffrages exprimés : *1*. Moins de 40 %. — *2*. De 40 à 50 %. — *3*. De 50 à 60 %. — *4*. De 60 à 70 %. — *5*. De 70 à 80 %. — *6*. De 80 à 90 %. — *7*. De 90 à 100 %.

La conquête de la République par les républicains
Suffrages républicains aux élections législatives
21 août 1881

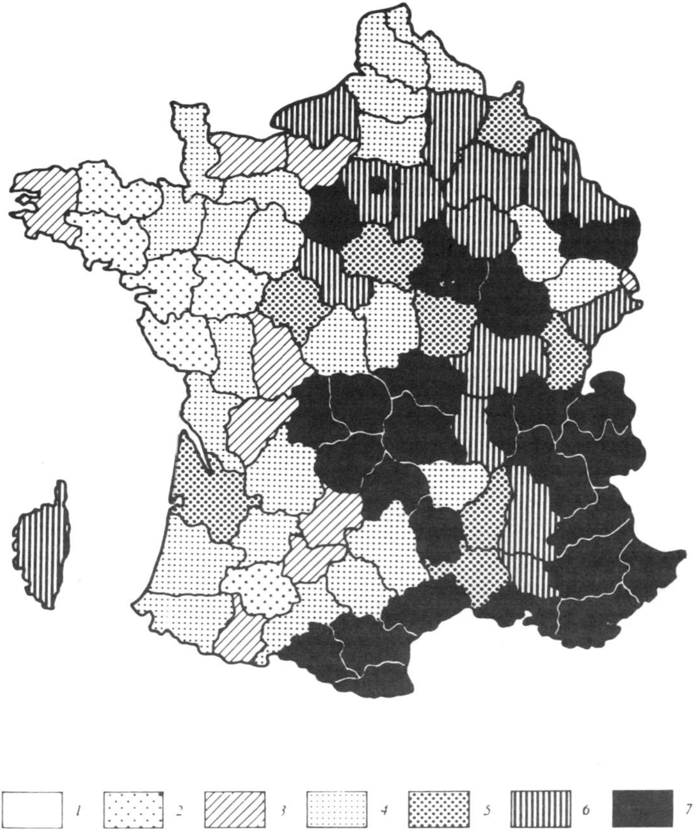

Pourcentage calculé par rapport aux suffrages exprimés : *1*. Moins de 40 %. — *2*. De 40 à 50 %. — *3*. De 50 à 60 %. — *4*. De 60 à 70 %. — *5*. De 70 à 80 %. — *6*. De 80 à 90 %. — *7*. De 90 à 100 %.

La conquête de la République par les républicains
Suffrages républicains aux élections législatives
4 octobre 1885

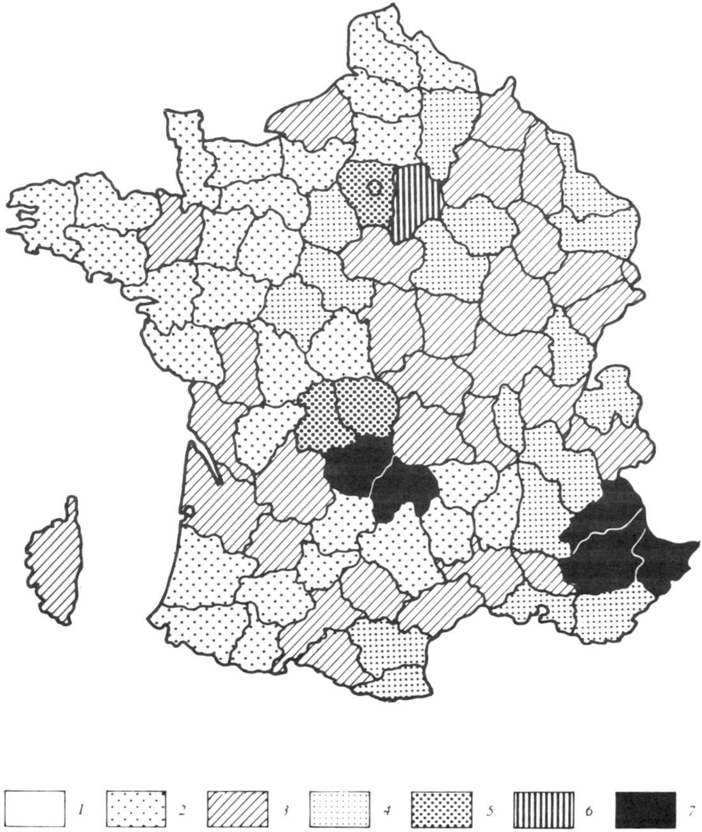

Pourcentage calculé par rapport aux suffrages exprimés : *1*. Moins de 40 %. — *2*. De 40 à 50 %. — *3*. De 50 à 60 %. — *4*. De 60 à 70 %. — *5*. De 70 à 80 %. — *6*. De 80 à 90 %. — *7*. De 90 à 100 %.

bourgeoise. Mais la gauche entre dans le gouvernement : avec l'accord de Gambetta, Freycinet s'installe au ministère des Travaux publics.

Say, Bardoux, de Marcère, le ministre de l'Intérieur, rédigèrent, au témoignage de Freycinet, le message que Mac-Mahon adressa à la Chambre et au Sénat. Le président de la République disait sa fidélité aux « règles parlementaires », convenait que le « droit de dissolution » ne saurait être érigé en « système de gouvernement »... « La Constitution de 1875, continuait-il, a fondé une république parlementaire en établissant mon irresponsabilité, tandis qu'elle a institué la responsabilité solidaire et individuelle des ministres. » L'interprétation des lois constitutionnelles était fixée pour l'avenir du régime. L'usage de la dissolution tomberait en désuétude. Dès lors, le président de la République perdait l'arme que lui avait donnée les lois de 1875 face à la Chambre, à qui allait le véritable pouvoir. Autre conséquence du 16 mai, le parti républicain, la gauche, faisaient désormais leur idéal du régime parlementaire, accepté avec réticence en 1875, et se défiaient de toute initiative de l'exécutif. La notion d'autorité et celle de démocratie s'opposaient. Pour longtemps, dans la culture politique française, le 16 mai évoquerait le « pouvoir personnel », le « cléricalisme », la « réaction ». Peut-être n'avait-il été qu'une lutte du passé menée sans grande conviction, le dernier sursaut des anciennes classes dirigeantes.

Maîtres de la Chambre, mais non du Sénat ni de la présidence de la République, les républicains surent consolider et étendre leur victoire. Ils surent temporiser et mettre à profit cette parenthèse que constituait le ministère de Dufaure, qui disait : « Ce pays est fatigué des luttes, il a besoin de calme et de paix. » Cinq jours après son arrivée à l'Intérieur, le ministre de Marcère révoqua, déplaça ou mit à la retraite 82 préfets. La compression du 16 mai prit fin. Un programme de travaux publics eut pour fin de relancer les affaires et de gagner des partisans à la République. « L'influence d'un ministre qui apporte de grands travaux n'est pas négligeable », disait encore Dufaure. L'exposition universelle allait faire oublier la crise politique.

Près de 70 élections furent invalidées pour pression administrative ou cléricale. Fait remarquable, les invalidés, d'ordinaire, ne furent pas réélus : en Haute-Loire, où deux élections furent invalidées, les républicains gagnèrent les deux sièges. Les républicains furent ainsi près de 400 à la Chambre : l'appui du centre gauche n'était plus indispensable au même degré. Le 6 janvier 1878, les élections au conseil municipal donnèrent une majorité républicaine; le 5 janvier 1879, les élections au premier tiers sortant du Sénat furent une éclatante victoire républicaine : sur 82 sièges [1], les républicains en obtinrent 66. Dans le Forez, le vicomte de Meaux, ancien ministre de l'Agriculture du 16 mai, gendre de Montalembert, était battu. Les républicains avaient une nette majorité au Sénat.

A la conquête des pouvoirs législatifs devait s'ajouter celle des hauts emplois. Le 20 janvier, la Chambre, sur un texte présenté par Ferry, demanda au cabinet « les satisfactions légitimes qu'elle réclame depuis longtemps au nom du pays, notamment en ce qui concerne le haut personnel administratif et judiciaire ». Gambetta s'abstint : il préférait différer une crise, sachant les intrigues des chefs républicains contre lui. Dufaure soumit à Mac-Mahon une série de décrets de révocation. Mac-Mahon refusa les décrets relatifs au personnel militaire : il ne voulait pas faire entrer la politique dans l'armée et frapper ses « compagnons d'armes ». Par un sens tout militaire de son devoir, il avait tout accepté. La limite était atteinte : il démissionna le 30 janvier. Le Congrès se réunit aussitôt à Versailles. Avant le vote, créant une tradition durable, les groupes républicains avaient porté leur choix sur Grévy : le poids des sénateurs avait compté dans cette désignation. Gambetta ne mit pas en avant sa candidature : las, il ne chercha pas à forcer l'événement, sans doute jugeait-il ses chances médiocres. Provincial, rassurant, ennemi de la Présidence de la République en 1848, Grévy fut le premier président de la IIIe République à être élu dans les formes définies par les lois de 1875 [2]. Les républicains étaient maîtres du régime. Des gestes symboliques témoignèrent de leur victoire. Le ministre de la Guerre rendit la qualité de chant national à *la Marseillaise*. L'année suivante, le 6 juillet 1880, « la République

1. 75 sortants, plus les sièges vacants.
2. Les Assemblées revinrent à Paris à l'automne 1879, mais l'usage demeura de tenir le Congrès à Versailles.

adopte comme jour de fête nationale annuelle le 14 juillet ». A l'appel des radicaux et de Gambetta, les républicains entendent commémorer les souvenirs de la Révolution, ceux de la prise de la Bastille, et de la fête de la Fédération de 1790. Le 14 Juillet est une fête nationale, civique, laïque et populaire [1], boudée longtemps par les adversaires de la République, qui ferment leurs volets et refusent de pavoiser. Les républicains ont voulu en instaurant une fête civique affirmer, par-delà les divisions sociales, l'unanimité des partisans du régime. Le vote de la loi d'amnistie des communards intervient à la veille de la première célébration officielle du 14 Juillet. Gambetta, dans un de ses plus grands discours [2], invita les députés à fermer « le livre de ces dix années », et à proclamer « qu'il n'y a qu'une France et qu'une République ». Le premier 14 Juillet, l'armée retrouva ses drapeaux : à la revue de Longchamp, le président de la République remit les couleurs nationales à chacun des colonels de l'armée. La Patrie, l'armée, la République étaient indissolublement unies.

3. Raisons de la victoire républicaine

Pourquoi la victoire des républicains? La réponse à cette question est moins immédiate qu'il ne semble. Certes les raisons de l'échec de la restauration s'expliquent aisément : le vicomte de Meaux les a énoncées d'une simple phrase : « Nous étions monarchistes et le pays ne l'était pas. » Quand le retour du comte de Chambord semble proche, les paysans dans la Haute-Loire, l'Ardèche ou la Seine-et-Marne craignent le retour de la dîme et des droits féodaux. Ils sont résolus à défendre contre la « réaction » la société égalitaire du Code civil, vieille, faut-il le rappeler, de moins de trois quarts de siècle. Les notables orléanistes n'ont pas, on l'a dit, une moindre méfiance vis-à-vis d'un homme si absolu-

1. Cf. Rosemonde Sanson, *Les 14 juillet 1789-1875, fête et conscience nationale*, Paris, Flammarion, 1976.
2. Cité par *l'Année politique*, 1880, p. 285.

ment étranger à l'esprit du siècle. De même s'explique aisément le vote des lois constitutionnelles : elles fondaient un régime parlementaire conservateur, qui pouvait aussi bien convenir à une République qu'à une monarchie libérale et réservait les chances éventuelles des Orléans. En vérité, la vraie question est bien celle-ci : pourquoi ce régime conservateur libéral fondé sur la conjonction des centres et qui ne mettait pas en cause les élites traditionnelles n'a-t-il pas duré? Le problème est volontiers éludé par les explications qui insistent à l'envi sur l'accord profond entre les représentants des dynasties bourgeoises au centre droit et au centre gauche et sous-estiment, voire jugent pure fiction idéologique, les conflits qui opposèrent la droite et la gauche. C'est oublier ce qui ne cessa de susciter l'étonnement des contemporains, ainsi du comte d'Haussonville, neveu et collaborateur du duc de Broglie, méditant à plus de trente ans de distance sur les origines de la IIIe République [1] : des hommes qui avaient tant d'idées et d'intérêts en commun avaient combattu les uns dans la coalition des droites, les autres dans la coalition des gauches. Au plan électoral, la division fondamentale de l'esprit public en deux camps et l'impossibilité d'une politique de centre apparut dès les élections de 1876 qui suivirent le vote des lois constitutionnelles. Mais quelle est la signification de cet affrontement de la droite et de la gauche, des conservateurs et des républicains?

Le conflit qui trouve son aboutissement avec la défaite des hommes du 16 mai n'est pas la victoire de la petite bourgeoisie sur la grande : celle-ci n'est en effet pas absente de la coalition des gauches. Mais il n'est pas pour autant un jeu d'ombres derrière lequel les « intérêts » poursuivent leur stratégie. En vérité, le conflit du 16 mai est d'abord un conflit d'idées sur la place de l'Église dans la société et la ligne de clivage idéologique ne coïncide pas avec les groupes sociaux. Si le 16 mai a une signification sociale, elle est d'opposer, comme en 1789 et en 1830, aux privilégiés attachés à une conception hiérarchique et immobile de la société, le bloc du tiers état, qui accepte la démocratie, définie non certes comme l'égalité des fortunes, mais comme l'égalité des chances.

1. A propos du troisième tome de l'*Histoire contemporaine* de Hanotaux, dans *A l'Académie française*, Paris, 1911.

A ce niveau, l'idéologique et le social se retrouvent car les républicains reprochent à l'Église d'interdire à l'humanité les « lumières » qui la libéreraient. Ainsi la défaite des hommes du 16 mai clôt-elle en quelque façon le grand mouvement commencé en 1789.

Ce bloc du tiers état qui constitue l'assise du « parti républicain » va de la grande bourgeoisie aux paysans. Avec les « nouvelles couches », ceux-ci sont l'infanterie de la République. Les ouvriers sont un appoint, non une force déterminante. Il serait facile de montrer qu'une fraction appréciable de la grande bourgeoisie de la banque, des affaires, de l'industrie est favorable aux républicains. Qu'il suffise de songer à Léon Say, à Henri Germain, le fondateur du Crédit lyonnais, parlementaire de l'Ain, à Dorian, maître de forges de la Loire, à Magnin, maître de forges dans la Côte-d'Or, à Feray, le papetier d'Essonnes. Un Dubochet, ancien carbonaro, devenu le magnat de l'industrie du gaz, est le mécène des républicains lors du 16 mai : il met à la disposition du comité républicain son hôtel du faubourg Saint-Honoré. Né à Vevey en 1792, venu en France en 1811, il fait le lien entre les libéraux du temps de la Restauration et les fondateurs de la République. Gambetta, fidèle à la pensée de Saint-Simon et de Comte, ne manqua pas de s'adresser aux « vraies classes dirigeantes, c'est-à-dire ceux qui pensent, ceux qui travaillent, ceux qui amassent la richesse, ceux qui savent en faire un emploi judicieux, libéral et profitable au pays [1] ». Il attendait de leur entrée dans la République, conforme aux « traditions de la bourgeoisie de 1789 et de 1830 » la fin de l'antagonisme « entre le capital et le travail, qui se fécondent l'un par l'autre [2] ». Au sein de la grande bourgeoisie, des « producteurs » allèrent à la République, ceux qui ne séparaient pas l'attachement à l'ordre de la foi au progrès, qui, fidèles à l'optimisme libéral, demeuraient convaincus que l'essor de l'économie fondait l'amélioration du sort de tous, qui acceptaient une société mobile qui récompense les talents et les capacités.

De cette haute bourgeoisie, Gambetta distinguait « la bourgeoisie plus moyenne », cette « couche sociale nouvelle » dont à Grenoble, en septembre 1872, il avait annoncé l'avènement. L'intelligence

1. Abbeville, 10 juin 1877, cité par P. Barral (42), p. 235.
2. A Lille, 15 août 1877, *ibid.*

politique des républicains fut de faire leurs les aspirations de ces classes moyennes dont les transformations économiques et sociales du second Empire avaient accru l'importance. Sans doute la notion de « nouvelles couches », ou de « classes moyennes » est-elle floue : elle va des petits industriels, des négociants, des membres des professions libérales, à cette immense « virtualité bourgeoise » qui se presse entre la bourgeoisie affirmée et le peuple ouvrier et paysan : boutiquiers, artisans à leur compte, petits entrepreneurs en bâtiment, employés, petits fonctionnaires. Mais ce monde si divers est animé par des aspirations communes : ascension sociale — et la foi mise dans les réformes scolaires est ici capitale —, promotion politique, qui s'affirme avec une intensité toute particulière dans les assemblées locales. Là, dans les conseils municipaux et les conseils généraux, en moins d'une décennie, un « nouveau personnel du suffrage universel » s'installe aux affaires. Aux nobles, à la bourgeoisie ancienne, aux notables, aux « propriétaires », succède, comme l'observe Saint-Valry [1] « le parti des pharmaciens et des vétérinaires ». Avocats, médecins, professeurs, prennent leur revanche sur la « société » conservatrice du chef-lieu. Ils vont désormais encadrer ce peuple, dont ils tiennent à se distinguer, mais dont, bien mieux que les « Messieurs » conservateurs, ils sauront satisfaire les aspirations.

Aussi bien est-ce dans cette alliance entre une fraction de la grande bourgeoisie, les « couches nouvelles » et le peuple des villes et des campagnes que réside le secret de la victoire républicaine. A tout prendre, l'adhésion des paysans à la République n'allait pas de soi. Certes, la paysannerie avait un passé révolutionnaire; en 1849, dans le Sud-Est et le Midi, elle avait voté pour les démocrates socialistes. Mais hormis ces terres fidèles du radicalisme, ou les bastions de fidélité légitimistes : France de l'Ouest, frange orientale du Massif central, les campagnes ne voulaient ni la réaction, ni la révolution. En ce sens, l'Empire les avait rassurées, ennemi à la fois des notables et du socialisme. Dans le désarroi de février 1871, elles élirent les conservateurs qui promettaient l'ordre et la paix.

Gambetta comprit qu'il fallait enraciner la République dans les

1. *Souvenirs et Réflexions politiques* II, Paris, 1886, p. 38.

campagnes, fonder selon le mot de Ferry une « République des paysans ». Les républicains surent montrer l'image d'une Marianne sage et fraternelle, d'une République conservatrice et égalitaire. Elle rassurait petits et moyens propriétaires, sans les humilier. A Mazières-en-Gâtine [1], petit bourg entre Niort et Parthenay, le républicain Eugène Proust, gendre du médecin local, est élu maire en 1879; son prédécesseur, M. de Tusseau, s'appuyait sur ses fermiers et le clergé. Il pratiquait la bienfaisance et faisait distribuer du pain aux indigents. Plus habile, son successeur fonde un dépôt de journaux, se fait construire un château : il assure ainsi la diffusion des idées nouvelles et crée des occasions de travail, sans paternalisme. L'épisode est révélateur de cette « révolution des mairies », qui porta un coup décisif à l'influence des notables traditionnels. Par les services rendus, leur modération, l'habileté de leur propagande, les républicains surent conquérir l'audience des campagnes attentistes ou indifférentes à ce qui ne les concernait pas directement. Ils surent faire craindre une restauration monarchiste ou la réaction cléricale, dénoncer la nomination des maires par les préfets, demander l'instruction obligatoire, laïque et gratuite, et le service militaire universel, qui mettrait fin aux exemptions dont bénéficiaient les bourgeois. *L'Univers* pouvait écrire au début de 1874 : « Réserves de la patrie, les populations rurales, jusqu'ici à peu près intactes, sont entamées [2]. »

Dans le bloc républicain, les ouvriers ne constituent qu'une force d'appoint. D'autre part les républicains ne leur portent pas l'intérêt privilégié qu'ils accordent aux paysans ou aux classes moyennes. Cette situation reflète la réalité d'une France où le prolétariat de la grande industrie demeure très minoritaire. Elle tient aussi à la situation du mouvement ouvrier après la défaite de la Commune. A l'état de siège et à la législation sur la presse s'ajoute la loi du 14 mars 1872. Elle frappe de prison l'affiliation à toute association internationale qui a « pour but de provoquer à la suspension du travail, à l'abolition du droit de propriété, de la famille, de la religion ou du libre exercice des cultes ». Les grèves sont durement

1. Cf. l'admirable livre de Roger Thabault (34).
2. *L'Univers* du 8 janvier. Une série d'articles fort précis étudient la « propagande radicale » dans les campagnes.

réprimées : « Les taux de répression judiciaire les plus forts du demi-siècle sont atteints en 1872, 1873, 1874 » (Michelle Perrot).

Les premières organisations ouvrières renaissent à partir de 1876. Les chambres syndicales ouvrières reprennent des formules réformistes : association, coopération, mutualité. Des hommes comme Barberet, qui rédige le bulletin de travail dans le journal radical *le Rappel*, de Vacquerie, font le lien entre les républicains et le monde ouvrier. A leur premier congrès, à Paris en 1876, les chambres revendiquent les libertés démocratiques et la laïcité. Le poids des artisans est prépondérant.

Aussi bien les ouvriers votent-ils pour les républicains avancés, les radicaux. Ce sont eux qui à Paris, dès juillet 1871, font le succès de quatre candidats du comité radical, dont Corbon, l'auteur du *Secret du peuple de Paris*, ce sont eux qui votent pour Barodet en 1873, et qui, comme le note un agent de la préfecture de police, font éclater leur satisfaction chez les marchands de vin après le succès de l'ancien maire de Lyon. Pourtant le programme social des radicaux reste modeste : il se distingue de celui du reste du parti républicain par son ton égalitaire, par l'appel à une « réforme de l'impôt », qui facilite, comme l'écrit Clemenceau, candidat dans le XVIIIe arrondissement en 1876, l' « amélioration du sort du plus grand nombre ».

Encore les radicaux revendiquent-ils l'amnistie des communards; le reste du parti républicain la refuse jusqu'en 1880. Pourtant, entre un conservateur et un républicain modéré, les ouvriers votent pour le second. Le cas n'est pas rare d'ouvriers qui votent pour leur patron s'il est acquis à la cause républicaine. Qu'est-ce à dire, sinon que les préférences idéologiques l'emportent sur les antagonismes sociaux, que la puissance du mythe de la République est déterminante à Belleville ou à La Guillotière? Confondus dans ce peuple urbain, dont ils partagent les aspirations, les ouvriers mettent leur espoir dans la République. Le souvenir de la Révolution française, ennemie des « gros », des nobles et des prêtres, compte infiniment plus que les réflexions totalement inconnues de Marx sur le rôle d'un parti ouvrier. En 1876, Jules Guesde, exilé à Genève après la Commune, rentre en France : l'homme qui fut l'introducteur du marxisme en France est encore beaucoup plus proche des radicaux que des collectivistes.

Telle est la coalition qui fit la victoire de la République. Dire son hétérogénéité, c'est, une fois de plus dire le rôle d'un homme, marquer l'intelligence politique de Gambetta, son sens tactique, sa prudence manœuvrière, son habileté à choisir le bon champ de bataille, celui du « cléricalisme » et de l'hostilité au « pouvoir personnel ». Scellant une nouvelle fois l'union du tiers état, il l'emporta.

2

Économie et société

Notre connaissance de l'histoire économique et sociale des premières décennies de la IIIe République a été enrichie depuis peu par d'importants travaux. La croissance, le système bancaire, le monde rural, le monde ouvrier, entre autres, ont fait l'objet de fortes études; d'excellentes monographies mettent en lumière la diversité française.

Pourtant maintes zones d'ombre demeurent. La diffusion des innovations techniques n'a guère été étudiée. Les causes du ralentissement de la croissance restent un objet de débat. Surtout les monographies, qu'il s'agisse d'un groupe social ou d'un ensemble régional, font prendre conscience encore davantage du vague de nos connaissances. Les mineurs sont une profession privilégiée, mais que sait-on des ouvriers du textile, de la métallurgie? On a quelque idée de la grande bourgeoisie, mais les classes moyennes demeurent une réalité floue.

On s'efforcera simplement ici d'esquisser les grands traits d'une réalité complexe sans méconnaître la difficulté qu'il y a à isoler sur deux décennies des évolutions de longue durée.

1. Démographie

La population française est de 36 103 000 habitants en 1872, de 38 517 000 habitants en 1886. Le gain annuel moyen est de 89 700 habitants; cette stagnation contraste avec l'accroissement des autres pays d'Europe. Le taux de natalité diminue régulièrement : de 26,2 pour mille en 1872-1875 à 21,9 de 1896 à

1900. En 1896, le nombre moyen des enfants par famille est de 2,2. Ce chiffre ne révèle pas les inégalités très grandes de la fécondité des familles, ni les contrastes régionaux : la Bretagne, le Nord, l'Est du Massif central gardent une forte mortalité. Le taux de mortalité ne varie guère de 1872-1875 (22, 4 ‰) à 1891-1895 (22,3 ‰). La mortalité infantile reste élevée jusqu'à la fin du XIXe siècle, tout particulièrement dans les régions urbaines et industrielles. Elle connaît une pointe en août et septembre du fait de la toxicose estivale et des accidents dus au manque de surveillance. L'envoi des enfants en nourrice demeure une autre cause de mortalité infantile [1]. Le taux de mortalité ne décroît qu'à partir de 1895 sous l'effet de l'élévation du niveau de vie et des progrès de la médecine qui font reculer la mortalité infantile. Le maintien de la mortalité à un taux élevé quand baisse la natalité explique qu'à partir de 1880, l'excédent naturel soit inférieur à 100 000 par an. De 1891 à 1895, pour la première fois, on observe des excédents de décès.

La limitation des naissances n'est pas propre aux villes : l'Aquitaine, la Normandie ne sont pas moins touchées. Elle traduit une conception nouvelle de la vie et une image nouvelle de l'existence. A la famille féconde, celle qu'exaltait l'Église, s'oppose la famille malthusienne. Les parents calculent et prévoient, soucieux de l'ascension sociale et de l'avenir de leurs enfants. Cette conception « bourgeoise » de la famille se répandit progressivement dans toutes les couches de la société. Elle traduisait les aspirations à l'individualisme et l'égalitarisme. Le mouvement toucha plus particulièrement les petits bourgeois, les employés, les petits propriétaires exploitants. Il répondait aux aspirations de toute une société. Aussi les esprits lucides qui formulèrent des mises en garde prêchaient-ils dans le désert.

Élisée Reclus, dans sa *Nouvelle Géographie universelle* en 1877, voyait dans la faible natalité une « cause d'affaiblissement », diagnostiquait « un triste esprit de routine dans l'art de créer des ressources, un manque absolu de confiance dans l'avenir ». Une énorme littérature déplore la dépopulation. Elle contraste avec l'indifférence des pouvoirs publics et du Parlement. Au temps du

1. Cf. G. Garrier, *Bulletin du Centre d'histoire économique et sociale de la région lyonnaise*, 2, 1972.

libéralisme, l'idée que l'État puisse avoir à protéger la famille surprend. L'aide aux familles nombreuses paraît contraire à l'égalité entre citoyens. Longtemps les défenseurs de la famille se recrutent avant tout dans les milieux catholiques, traditionalistes : leur philosophie politique et sociale suffit à les discréditer. Les disciples de Le Play, dans *la Réforme sociale*, associent la défense de la famille à des revendications « contre-révolutionnaires » : ils accusent le Code civil et le partage forcé d'être responsables de la dépopulation, exaltent à l'envi l'autorité du père de famille. Ils opposent à l'individualisme révolutionnaire les vertus de la famille, cellule sociale par excellence. L'école de *la Réforme sociale* eut une influence immense sur la pensée de la droite conservatrice et du catholicisme social, elle demeura pourtant un courant isolé. C'est à la fin du siècle que se dessine une réaction, sans grande portée dans l'immédiat : des médecins, des républicains de gouvernement, animés de préoccupations patriotiques dénoncent le péril de la dépopulation. En 1896, le Dr Bertillon fonde l'Alliance nationale pour l'accroissement de la population française.

L'exode rural est un phénomène continu qui affecte désormais toutes les régions et toutes les catégories sociales. Les petits exploitants suivent les journaliers. A partir de 1871, on compte plus de 100 000 départs par an. Entre 1876 et 1881, la baisse des prix agricoles et la crise du phylloxera accélèrent le mouvement, on dénombre plus de 160 000 départs par an. En revanche, après 1880, on observe une baisse relative de l'exode rural. Le Sud-Ouest aquitain, les plateaux de l'Est du Bassin parisien, la Bretagne prolifique, le Massif central, véritable pôle répulsif, sont particulièrement touchés. Les raisons de l'exode rural sont diverses : attrait de la ville qui offre des salaires plus élevés et réguliers, difficultés de l'agriculture, accroissement des rendements agricoles qui prive d'emplois une partie des ruraux, déclin des industries rurales. Des données convergentes facilitent le mouvement : les progrès de la circulation, le service militaire, le rôle des parlementaires dont les interventions sont décisives pour trouver des places dans les chemins de fer, les postes.

La croissance urbaine est régulière mais lente. La population urbaine représente 31,1 % de la population totale en 1872, 40,9 % en 1901 ; encore les statistiques donnent-elles l'appellation de villes à toute agglomération de plus de 2 000 habitants. La croissance, qui du reste se ralentit à la fin du siècle, n'est pas comparable à celle des pays industriels voisins. Le petit nombre des très grandes villes, l'importance des villes petites et moyennes, le poids croissant de Paris et de sa banlieue qui se développe désormais plus vite que la capitale sont les données majeures.

Prenons garde à ce que le développement des grandes villes tient autant à une immigration venue des petites villes qui jouent un rôle de relais, qu'à l'immigration issue des campagnes. Dans le Loir-et-Cher, bourgs et chefs-lieux de canton se dépeuplent : le commerce local est touché par les souffrances de l'agriculture.

La France, zone de basse pression démographique, n'est pas un grand pays d'émigration, les émigrants issus souvent de régions frontalières : Hautes et Basses-Alpes, Pays basque, sont des artisans, des commerçants, en tout cas des hommes mus non par la misère, mais par la volonté d'entreprendre et de faire fortune. En revanche, l'immigration est importante. Les étrangers sont 800 000 en 1876, un million à partir de 1881. La stabilisation de leur nombre est trompeuse et ne tient pas compte des naturalisations, facilitées par la loi de 1889. Italiens, Belges, Espagnols, Allemands, ces étrangers s'installent dans les régions limitrophes de leur pays d'origine ou dans les grandes villes et les régions industrielles. Aussi bien sont-ils employés, plus que dans l'agriculture, dans les métiers les plus durs de l'industrie. La concurrence qu'ils font aux travailleurs français, sensible en période de crise, ainsi dans les années 1880 à Lyon ou Marseille [1], suscite des réactions de xénophobie. Mais celle-ci n'entraîna pas de mesures limitant l'immigration, indispensable en fait à un pays dont la démographie était stagnante.

En pourcentage, le secteur primaire recule lentement, au profit du secteur secondaire et du secteur tertiaire. Mais si l'on analyse non les données relatives, mais les chiffres absolus, on constate que la population active agricole en chiffres absolus continue à s'accroître. Si l'on examinait les données relatives à la population active masculine du secteur primaire, la tendance serait comparable :

1. Cf. M. Perrot, « Les rapports des ouvriers français et des ouvriers étrangers, 1871-1893 », *Bulletin de la Société d'histoire moderne*, 1, 1960.

5,146 millions en 1856, 5,777 en 1876, 5,714 en 1896. Voilà qui nuance la notion d'exode rural : « La terre française se trouve alors effectivement porter un plus grand nombre de paysans actifs, après

LA POPULATION ACTIVE [1]

	Pourcentage des 3 grands secteurs de la pop. active		**Effectifs** des 3 sect. de la pop. active (en millions)	
	1876	**1896**	**1876**	**1896**
Sect. primaire agriculture, forêts, pêche	49,3	45,3	7,995	8,463
Sect. secondaire industrie	27,6	29,2	4,469	5,452
Sect. tertiaire	23,1	25,5	3,754	4,749
	100	100	16,218	18,934

plus d'un demi-siècle d'évolution industrielle [2] » (J. Bouvier). En outre, l'exode rural n'est pas seulement le fait des paysans, ouvriers agricoles ou petits exploitants, mais aussi et bien plus des artisans, des commerçants de bourgs, bref de la population rurale non agricole.

Frappent donc la rigidité de la population active agricole et la disproportion entre sa part dans la population active et dans le produit physique. Dans la décennie 1875-1884, quand la population agricole représente 64 % de la population employée dans la production matérielle, l'agriculture n'assure que 43,8 % du produit physique [3]. Ces données traduisent la faible productivité agricole. Le pouvoir d'achat du monde agricole « ne fournissait à l'industrie

1. Repris de J. Bouvier (4).
2. (4).
3. Dans la décennie suivante, les chiffres sont respectivement de 61 et 41,1 %.

qu'une très faible incitation à la croissance [1] ». Ainsi l'agriculture est-elle un frein à la croissance. On le voit particulièrement lors de la grande dépression qui frappe le monde agricole de 1873 à 1896. Le recul de la productivité entraîne une baisse de la demande de produits industriels.

2. Lenteur de la croissance

Même s'ils divergent sur la chronologie, l'appréciation de l'ampleur du phénomène et ses raisons, les historiens de l'économie s'accordent pour estimer que la croissance de l'économie française connaît, dans les premières décennies de la IIIe République, un important ralentissement. Rapide jusqu'à 1860, la croissance se ralentit ensuite tout en restant supérieure à la moyenne séculaire jusqu'aux environs de 1880. Puis le taux de croissance est inférieur à la moyenne séculaire; entre 1883 et 1896, on observe une incontestable « tendance à la stagnation [2] ». Certes, l'économie mondiale connaît un mouvement de baisse des prix de 1873 à la fin du siècle, mais la croissance n'est pas affectée à l'instar de la France, en Allemagne ou aux États-Unis. La France, de seconde puissance industrielle, passe alors au 4e rang. Ce retard est-il dû, comme on l'a dit souvent, à la stagnation démographique? Pourtant on ne constate pas de rapport de causalité entre la stagnation démographique et la décélération économique. Faut-il incriminer alors l'insuffisance de l'investissement qu'expliquent pour une part les investissements extérieurs qui s'élèvent à 15 milliards dès 1880? Mais cette épargne se serait-elle tournée vers des investissements productifs intérieurs? Sans doute ne doit-on pas négliger le poids du secteur agricole dont la crise frappe une industrie qui ne trouve pas une impulsion suffisante du côté du monde urbain, puisque l'urbanisation se ralentit à la fin du XIXe siècle. Ainsi, à partir des

1. J. Marczewski, *Introduction à l'histoire quantitative*, Genève, 1965, p. 125.
2. Cf. F. Crouzet (64-65).

années 1880, « la France a connu pendant plus de quinze ans une des dépressions les plus graves qui aient jamais marqué l'histoire d'une nation industrialisée [1] ». La croissance annuelle des exportations se ralentit sensiblement après 1875 : elle est de 0,86 % de 1875 à 1895. La balance commerciale est désormais déficitaire. Le profit patronal, après la croissance rapide des belles années du second Empire, se ralentit sensiblement avant de connaître une nouvelle phase ascendante à partir de la fin du XIXe [2]. Le patronat s'efforce, par l'accroissement de la productivité, de pallier les effets de la baisse des prix.

Sur cette toile de fond, se détachent des crises cycliques, comme celle de 1882. Elle succède aux trois années heureuses qui coïncident avec la mise en œuvre du plan Freycinet [3]. Le krach de l'Union générale est la manifestation la plus spectaculaire d'une crise qui, après celle de 1846-1851 est « la plus grave du XIXe siècle » (E. Labrousse). Soutenu par le monde légitimiste, Bontoux, « poète en industrie », avait fondé une banque d'affaires [4]; lyonnaise à ses origines, elle étend ses préoccupations vers l'Europe centrale et danubienne, de manière hasardeuse, et doit suspendre ses paiements en janvier 1882. Le système bancaire français va se réorganiser avec la spécialisation qui s'établit entre les banques de dépôts et les banques d'affaires. Le Crédit lyonnais qui a été victime des conséquences du krach devient une banque de dépôts et ne se départit plus d'une gestion extrêmement prudente. La métallurgie ralentit sa production. Métallurgie et charbonnages de la Loire sont dans le marasme. L'industrie du textile est frappée, aussi bien à Paris que dans les campagnes du Nord-Ouest et de l'Ouest. A Paris encore, les industries du cuir, du bois, du bâtiment sont touchées. Le second ministère Ferry, en multipliant les commandes de mobilier scolaire, en faisant construire des lycées et de nouvelles facultés, s'efforce de relancer l'industrie de la capitale, où s'étend le chômage. Ce malaise social a favorisé le boulangisme et la désaffection des classes populaires vis-à-vis de la République opportuniste.

Pourtant, ni la « décélération » de l'économie, ni les crises pério-

1. R. Cameron, *Annales*, septembre-octobre 1970, p. 1421.
2. Cf. Bouvier, Furet, Gillet... (58).
3. Cf. Y. Gonjo (67).
4. Cf. J. Bouvier (60).

diques ne devraient amener à sous-estimer la progression de la production absolue qui se poursuit. Les historiens, familiers d'autres taux de croissance, ont mis en évidence le ralentissement de l'économie. Les contemporains étaient plus sensibles à l'évolution qui affectait le monde où ils vivaient, qu'il s'agisse des cadres mêmes de l'économie capitaliste ou des progrès de l'industrie. On assiste à « l'épanouissement » (Guy P. Palmade) des institutions de l'économie capitaliste. Le maniement de l'argent est plus facile. En décembre 1877, le cours forcé du billet de banque établi en août 1870 a été supprimé. La convertibilité a été rétablie. Certes, l'on recourt toujours pour les petites transactions au louis d'or qui vaut 20 francs, ou à l'écu d'argent de 5 francs, bien que depuis 1873 la frappe de l'argent soit réglementée. Pays théoriquement bi-métalliste, la Francc a adopté de fait l'étalon or devant la dépréciation de l'argent.

Il n'y a pas en circulation de billet inférieur à 50 francs. Mais, pour les gros paiements, l'usage du billet se répand : deux milliards en circulation en 1871, trois en 1890. La circulation a augmenté en même temps que l'encaisse de la Banque de France : 2 milliards en 1882, 3 en 1894. Malgré des réticences, l'usage de la monnaie scripturale, du chèque, s'étend.

La prépondérance de la haute banque n'est plus exclusive, mais sa puissance demeure. On a vu son rôle dans les emprunts publics. On retrouve les Rothschild, les Hottinguer, les Neuflize, les Mirabaud derrière les banques d'affaires, telle la Banque parisienne fondée en 1874. C'est alors, amorcée dès 1870 pour le Crédit lyonnais, mais accélérée par le krach de l'Union générale, que s'établit une division du travail entre les banques de dépôts spécialisées dans les opérations de crédit à court terme et les banques d'affaires, orientées, elles, dans le développement industriel [1].

Aux « risques » des entreprises industrielles, le prudent Henri Germain préfère « effets de commerce et créances gagées. Ces valeurs sont les plus sûres et les plus réalisables qui soient. Ce sont elles qui doivent former la contrepartie des dépôts du Crédit lyonnais ». Cette conception va s'imposer.

Les dépôts en banque s'accroissent, conséquence du dévelop-

1. J. Bouvier (59).

pement de l'industrie, de la progression des valeurs mobilières (c'est aux alentours de 1890 que les actifs mobiliers l'emportent sur les actifs immobiliers), de l'extension des réseaux bancaires. Ceux-ci suivent le rail. Avec l'unité bancaire, disparaît une économie cloisonnée; comme la voie ferrée, la banque ouvre la vie locale à la vie nationale. « Pierre angulaire » du système, la Banque de France joue de plus en plus le rôle de banque centrale des établissements de crédit.

L'épargne est abondante, 2 milliards par an de 1875 à 1893. La faible natalité, le genre de vie souvent modeste, la stabilité monétaire invitent à épargner. Si la terre, les créances hypothécaires gardent leur prestige, les titres à revenu fixe, et d'abord les fonds d'État, attirent le petit épargnant. La rente est largement diffusée, grâce aux caisses d'épargne. Le capitaliste plus averti se tourne vers les actions à revenu variable. La baisse du loyer de l'argent pousse à rechercher les valeurs étrangères qui rapportent davantage : 5,5 contre 4,1 aux valeurs françaises dans les années 80; les investissements extérieurs représentent de 12 à 15 milliards sur 56 de la fortune mobilière française en 1880 [1].

La physionomie de l'industrie française évoque beaucoup plus la fin du second Empire que le début du XXe siècle, quand la croissance repart d'un rythme rapide et que se développent les industries chimiques, électriques, automobiles. La géographie industrielle de la France des années 1880 est dominée par trois ensembles. A Paris, les industries de transformation et l'artisanat restent prépondérants. Dans le Nord et le Pas-de-Calais, le bassin houiller connaît une croissance rapide « sans développement industriel de même amplitude » (M. Gillet); mais l'industrie textile, coton et laine, garde une place considérable. Le troisième ensemble correspond à la région de Lyon-Saint-Étienne : mines et métallurgie, mais aussi textile de la Loire, industries textiles dominées par la métropole rhodanienne. A partir de 1880-1890, s'amorce une évolution décisive. Le centre de l'industrie lourde française se déplace de la région stéphanoise vers le Nord et le Nord-Est, devant les difficultés d'exploitation des charbons de la Loire et les transformations de la sidérurgie. En revanche, la soierie lyonnaise

1. Cf. Guy P. Palmade (74).

reste considérable. A la fin du XIXe, après les crises de la sériciculture régionale, elle s'approvisionne dans le Levant et en Extrême-Orient. Cependant, en cette fin du XIXe siècle, l'ensemble Lyon-Saint-Étienne décline : à partir des années 80, le marché financier de Lyon perd de son autonomie au profit de Paris [1].

A ces régions industrielles s'opposent des foyers dispersés, nés de traditions anciennes, de la présence d'un bassin houiller, d'un centre portuaire.

Avant 1890, les secteurs traditionnels — textile et bâtiment — gardent une importance considérable. Les industries métallurgiques progressent lentement : la production de fonte est de 1,3 million de tonnes en 1869, 1,7 en 1890, 2,3 en 1896. Elle doublera de cette date à la veille de la guerre. La production d'acier est de 110 000 tonnes en 1869, de 800 000 tonnes en 1890, elle atteint 1,5 million en 1900, va faire plus que tripler jusqu'en 1914. Ces chiffres, s'ils marquent l'ampleur incontestable de la mutation d'après le tournant du siècle, démontrent la croissance encore modeste de la métallurgie avant 1900.

La production de houille s'accroît, passant de 19,4 millions de tonnes en 1880 à 33,4 en 1900. Si les petits bassins du Massif central, d'exploitation coûteuse, victimes de coûts de transport élevés, sont en déclin relatif, le Nord et surtout le Pas-de-Calais, à contre-courant de la tendance, malgré la grande dépression, doublent leur production de 1873 à 1896. Il reste que la France est le seul pays industriel qui doit régulièrement importer du charbon pour satisfaire ses besoins, 9,9 millions de tonnes en 1880, 11,6 en 1900, soit environ le tiers de sa consommation.

Entre 1880 et 1890, l'acier triomphe du fer. Il fait la fortune de la métallurgie du centre. Celle-ci représente, en 1876, le quart de la fonte, des fers et aciers, 40 % de la tôle, 60 % des rails, la quasi-totalité des aciers de qualité. Le Creusot des Schneider est le symbole de la métallurgie française, « la plus grande usine de la France et peut-être d'Europe », devant laquelle s'émerveillent André et Julien, les deux héros du *Tour de France par deux enfants* : la première édition du livre est contemporaine de l'Exposition

1. Cf. P. Léon, « La région lyonnaise dans l'histoire économique et sociale de la France », *Revue historique*, janvier-mars 1967, p. 52.

universelle de 1878, où Le Creusot expose un marteau-pilon qui fait sensation. Mais le prix de l'acier reste élevé et sa production faible. En 1889 encore, la tour Eiffel est construite en fer. Le procédé Thomas et Gilchrist va faire entrer la France dans l'âge de l'acier. Un revêtement de dolomie sur les parois du convertisseur épure les fontes phosphoreuses et permet d'en faire de l'acier. Schneider et Wendel rachètent le procédé en 1879 pour 800 000 francs à un métallurgiste belge, qui l'a obtenu pour 1 250 francs. Avec la fin du siècle, la minette lorraine va être exploitée massivement. La Lorraine qui produisait jusque-là de la mauvaise fonte de moulage se lance dans la production de fonte et d'acier. Elle produit, en 1880, 540 000 tonnes de fonte, 1 600 tonnes d'acier; en 1900, 1 590 000 tonnes de fonte, 590 000 tonnes d'acier. Désormais la sidérurgie se déplace vers l'Est.

Les industries textiles sont touchées par la dépression, la filature du coton est concentrée dans les Vosges, la région du Nord, le Nord, Lille, Roubaix, Tourcoing. Avec la perte de l'Alsace, les industriels mulhousiens ont déplacé leurs activités vers les Vosges, le Nord, la Normandie. Les difficultés économiques vont hâter le progrès du machinisme. Le tissage est plus dispersé, la mécanisation est moins poussée. Les résistances à la mécanisation sont longues. Le Nord, Roubaix, Tourcoing, Fourmies, dominent l'industrie de la laine.

Le mouvement de concentration reste lent, la petite entreprise, l'atelier, l'artisanat coexistent avec des formes poussées d'intégration. Le bâtiment, la confection, la petite métallurgie échappent à toute concentration. Le recensement des industries de 1896 montre que 1,30 % des établissements industriels emploient plus de 50 salariés; 13,57 % de 5 à 50; 83,93 % de 1 à 4. Même si l'on tient compte de ce que les établissements employant plus de 50 salariés touchent 44,75 % des ouvriers, il demeure que plus de 55 % des ouvriers travaillent dans des établissements qui emploient moins de 50 salariés.

3. La classe ouvrière

La classe ouvrière, au sein de la population française, voit son importance s'accroître lentement : inférieure à 5 millions dans les années 70, elle atteindra 6 millions à la fin du siècle. Hormis le Nord (62,1 % d'ouvriers dans la population active en 1896), la région parisienne, le Sud-Est, il n'est pas de véritables concentrations ouvrières, mais des noyaux ouvriers, isolés dans une France très largement rurale. La part des petites entreprises, le contraste entre les ouvriers de grande industrie et les artisans ou les travailleurs à domicile, les diversités de qualification, ne donnent qu'une première idée de la complexité du monde ouvrier. Les situations géographiques et les traditions historiques ne pèsent pas moins. Dans la grande ville, Paris ou Lyon, l'ouvrier baigne dans une atmosphère libératrice, il peut, sans trop de peine, changer d'entreprise, il côtoie artisans, commerçants, petits entrepreneurs. Dans les agglomérations industrielles, les ouvriers sont écrasés par la puissance d'une industrie dominante qui fait la fortune de la ville, ainsi au Creusot, à Montceau-les-Mines, à Roubaix. Là n'existent guère les traditions urbaines antérieures à l'industrialisation. Ouvriers et classes dirigeantes s'affrontent, sans que les nuances intermédiaires comptent beaucoup. Ouvriers qui héritent des traditions du premier XIXe siècle, paysans venus depuis peu à l'usine ou à la mine, à la mentalité fruste, partagés entre la passivité et la révolte, mineurs, métallurgistes, conscients de faire partie d'une aristocratie ouvrière, ouvriers des fabriques du textile, travailleurs à domicile, la variété des situations ne peut qu'être suggérée.

L'une des corporations ouvrières les plus originales, les mieux connues [1] aussi aujourd'hui, à cause même de son originalité et

1. Cf. R. Trempé (77), et M. Gillet (66).

de ses caractères spécifiques est celle des mineurs. Du Nord et du Pas-de-Calais à la Saône-et-Loire et au Gard, le monde de la mine offre des traits communs : paysage du pays noir, alignement monotone des corons et des cités-jardins appartenant à l'employeur, Carmaux est l'une des rares exceptions à cette règle, tutelle des compagnies minières. Du berceau à la tombe, elles enserrent l'ouvrier mineur et les siens dans un réseau d'institutions sociales. Les compagnies apportent une aide considérable à l'Église : elles construisent des édifices du culte, des écoles confessionnelles. On comprend qu'au yeux des mineurs, la lutte contre le cléricalisme et celle contre le patronat soient allées de pair.

L'organisation ouvrière est précoce : la Fédération nationale des mineurs de France naît en 1892. Le syndicalisme des mineurs devient rapidement un syndicalisme de masse. Les luttes peuvent présenter le caractère de révoltes brutales, suivies de retombée, ainsi à Decazeville en 1886, fait qu'explique pour une part un recrutement d'origine paysanne. Cependant le trait le plus remarquable du syndicalisme des mineurs est l'égoïsme corporatif qui exprime sans conteste la « mentalité de coron ». Le « réformisme » des mineurs[1] qui cantonnent l'action syndicale dans le seul domaine revendicatif, qui ont confiance en l'arbitrage de l'État et en l'action législative, qui cherchent à obtenir des contrats collectifs, tient à des raisons convergentes : le corporatisme n'y est pas étranger. En outre, la loi de 1810 sur les concessions minières permet à l'État, et les parlementaires sauront le lui rappeler, de peser sur les compagnies; enfin le paternalisme des compagnies exerce une influence qui ne peut être sous-estimée. Mais la raison essentielle n'est-elle pas le fait qu'il s'agit d'un syndicalisme qui n'est pas minoritaire?

Le monde de la métallurgie n'a pas l'unité de celui de la mine. Quoi de commun entre l'ouvrier spécialisé parisien, haut en couleur, que décrit *le Sublime*, le roman de Denis Poulot, et le métallurgiste du Creusot dont Jules Huret, dans son *Enquête sur la question sociale*, décrit la malheureuse condition? L'ouvrier spécialisé de la métallurgie, gouailleur, individualiste, fort de sa qualification, bien rémunéré, incarne une manière d'aristocratie dans le monde

1. Cf. R. Trempé, « Le réformisme des mineurs français à la fin du XIXe siècle », *le Mouvement social*, octobre-décembre 1968, p. 93-106.

ouvrier français. Il lui a fourni nombre de militants. En revanche, les ouvriers de la sidérurgie du Creusot sont soumis à la tutelle de Schneider : écoles d'apprentissage, infirmerie, caisses de retraite, politique d'accession à la propriété. Dans le monde clos de la petite ville, les ouvriers votent longtemps conservateur et élisent leur patron. Pourtant, devant les conditions de travail de « ces milliers d'êtres palpitant aux gueules des fournaises, ... fronts mouillés, paupières rougies, cils brûlés », le journaliste s'étonne de l'absence de révolte.

C'est cette même question, au vrai fondamentale, que pose une étude récente qui évoque la condition des ouvriers du textile de Lille à la fin du siècle.[1] La combativité ouvrière est faible : 37 à 38 % de la main-d'œuvre est formée de femmes et d'enfants. Les observateurs de l'époque évoquent des situations qui rappellent les grandes enquêtes ouvrières du premier XIXe siècle. Jules Huret, encore, s'est rendu rue des Longues-Haies, au centre de Roubaix; il décrit les petites maisons en briques rouges, les galetas misérables, les courées insalubres, les familles de tisserands qui attendent les secours du bureau de bienfaisance. Dans le Sud-Est — Loire, Isère, Rhône, Ardèche — les ouvrières de fabrique sont logées en dortoir, à proximité des ateliers. Elles arrivent le lundi matin de la campagne avec leurs provisions, et, de toute la semaine, ne quittent pas cet internat, surveillées par les religieuses.

On comprend dès lors les succès que rencontre le guesdisme et son messianisme révolutionnaire dans le textile du Nord et à Roanne. Mais l'importance de la main-d'œuvre féminine, l'absence d'une élite ouvrière dans cette industrie ont pour conséquence que le nombre des militants est faible, au regard des effectifs des salariés. Parmi les militants dont le nom est passé à l'histoire, les ouvriers du textile sont rares. Il n'en est pas moins significatif que ce soit un ouvrier filetier, Delory, qui devienne en 1896 maire de Lille.

S'il est possible d'esquisser quelques types, dans le monde des ouvriers de la grande industrie, la tâche devient infiniment plus malaisée lorsqu'il s'agit des ouvriers des petites entreprises, de

1. Cf. F. Codaccioni (63).

l'artisanat, des travailleurs à domicile. L'industrie du bâtiment, dont l'importance demeure très considérable, indice d'une économie encore traditionnelle, demeure dominée par la très petite entreprise: en 1891, un patron emploie en moyenne moins de trois salariés[1]. Aussi l'ouvrier maçon peut-il escompter, s'il réunit quelques capitaux, devenir quelque jour un petit entrepreneur : le bâtiment permet une certaine ascension sociale.

Le textile reste le domaine privilégié du travail à domicile. Les tisserands à domicile disparaissent en Flandre ou dans l'Ouest, mais, dans les grandes villes, la couturière, l' « ouvrière de l'aiguille » qui travaille pour la confection vit misérablement. Les études d'un philanthrope comme le comte d'Haussonville [2], ne disent pas autre chose que Jules Simon dans son livre sur l'*Ouvrière* à la fin du second Empire : faible salaire, longue durée du travail qui ne connaît pas de limitation, logement insalubre.

Les compagnons employés dans une toute petite entreprise artisanale ou les petits artisans à leur compte, cordonnier, ébéniste, tailleur, n'ont pas le minimum d'indépendance économique qui fonde l'appartenance aux classes moyennes. Ils constituent souvent une élite. Certes tous, loin de là, n'atteignent pas à la condition enviable de l'ébéniste du faubourg Saint-Antoine décrit par une monographie de 1891, qui gagne près de 8 francs par jour, va au café-concert, au théâtre. Mais ils participent d'une tradition de culture ouvrière. Ce sont eux qui revendiquent avec le plus de vigueur en faveur de l'instruction obligatoire et laïque, ils aspirent également au développement de l'enseignement professionnel si négligé, malgré quelques efforts dus notamment à l'initiative de la ville de Paris. Cordonnier, tailleur, ébéniste, typographe, le petit artisan est volontiers révolutionnaire. Il a été internationaliste, communard, il est tenté par l'anarchie, mais ce petit producteur indépendant répugne au collectivisme, il retrouve sans même les connaître les intuitions libertaires de Proudhon, fils des sans-culottes, il est attaché à la tradition de la Révolution française et à la République. Dans l'hostilité aux prêtres et aux « gros », il rejoint la petite bourgeoisie jacobine. L'anarcho-syndicalisme, le radi-

1. Cf. A. Chatelain, *Annales*, juillet-septembre 1958, p. 573-585.
2. *Misères et Remèdes.*

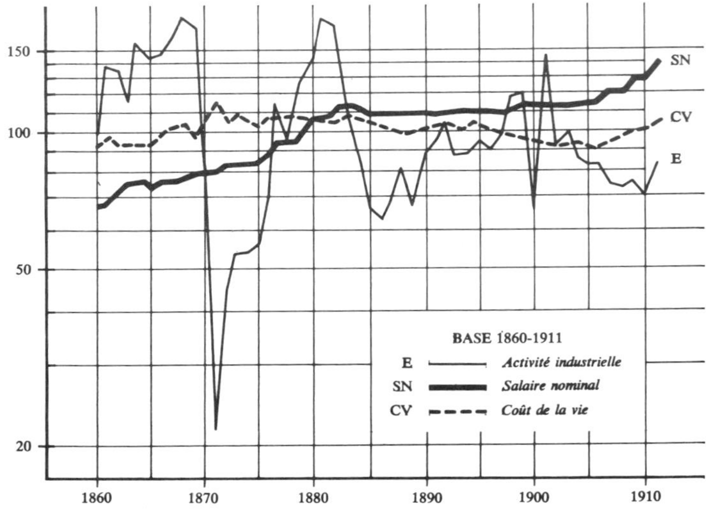

(d'après J. Rougerie, « Remarques sur l'histoire des salaires à Paris au XIXe siècle », *le Mouvement social*, avril-juin 1968, p. 107)

calisme, le socialisme « indépendant », « français », un certain nationalisme aussi ont trouvé un écho favorable dans ce milieu.

Par-delà une incontestable diversité, les traits d'unité sont évidents. L'insécurité, la vie au jour le jour, l'absence d'épargne, l'impossibilité d'accéder à la culture, voilà qui définit la condition ouvrière. L'insécurité majeure est celle de l'emploi. Dans les années de la grande dépression, le chômage est une hantise. Les salaires sont plus élevés dans les grands ateliers, dans la région parisienne, pour les hommes que pour les femmes. Le salaire nominal poursuit, mais avec irrégularité, la hausse commencée à partir de 1850.

Certes, le coût de la vie est en baisse, mais les incertitudes de l'emploi, les crises entraînent un niveau de vie en stagnation ou en baisse [1]. A Paris, la consommation de viande, de vin, qui reste élevée jusqu'aux alentours de 1880, après la révolution qui s'est produite sous le second Empire, décline ensuite et subit les effets de la dépression.

Dans les régions où l'évolution avait été moins rapide, elle se poursuit. A Carmaux, la viande de boucherie tend à remplacer le porc salé; mais en 1892 encore, un envoyé du *Temps* observe que le porc salé est la base de la nourriture. Les pâtes, les pommes de terre, le sucre, les légumes secs, le fromage entrent largement dans la consommation. Le mobilier se conforme à de nouveaux modèles, non plus ruraux mais urbains. Le coffre et les bancs sont remplacés par le buffet et l'armoire, les chaises.

Si l'on connaît mal le rythme de travail dans les ateliers et les petites entreprises [2], il est probable que, dans les grandes entreprises, les progrès de la mécanisation, une organisation plus rigoureuse du travail aient eu pour conséquence un temps de travail plus plein, plus lourd pour les ouvriers. Le patronat n'avait-il pas ainsi une possibilité de lutter contre le tassement des profits dû à la dépression?

On a suivi, à propos des mineurs de Carmaux [3], l'évolution qui fait du paysan-mineur du milieu du XIXe siècle un ouvrier mineur. Il faut une quarantaine d'années pour que les agriculteurs embauchés à la mine deviennent professionnellement des mineurs, socialement des ouvriers, politiquement des contestataires. Les paysans mineurs pratiquaient l'absentéisme, se soumettaient difficilement à la discipline générale de l'entreprise, acceptaient peu volontiers d'obéir aux porions et maîtres-mineurs. Entre 1870 et 1890, la Société des mines de Carmaux marque des points et parvient à astreindre les mineurs à un travail régulier et assidu. Le salaire industriel prend le pas sur le salaire agricole; le genre de vie

1. On reprend ici les conclusions de J. Rougerie, au terme d'une analyse qui est un modèle de rigueur critique : « Remarques sur l'histoire des salaires à Paris au XIXe siècle », *le Mouvement social*, avril-juin 1968.
2. Comme l'observe G. Dupeux, *la Société française*, Paris, p. 194.
3. Cf. R. Trempé (77).

s'urbanise, les mineurs deviennent des consommateurs insatisfaits, leurs besoins s'accroissent et ils ont le sentiment que le coût de la vie a augmenté alors que les prix sont en baisse depuis plusieurs années; ils recourent au crédit qui permet la jouissance immédiate. Cette prolétarisation des paysans qui deviennent des salariés, se plient peu à peu à d'autres rythmes, adoptent des comportements et des mentalités nouvelles, a valeur exemplaire. Peut-être est-ce finalement dans le dernier tiers du XIXe siècle que se constitue en France un véritable prolétariat?

La législation sociale reste fort discrète. A tout prendre, le second Empire, et les bonapartistes ne manquèrent pas de l'observer, avait eu moins de timidité. La loi du 19 mai 1874, œuvre de l'ordre moral, dont le paternalisme souhaite limiter les abus les plus criants du régime libéral, interdit l'emploi des enfants de moins de douze ans. Ils ne doivent pas être présents à l'atelier plus de douze heures; le travail de nuit est interdit pour les filles mineures, pour les garçons de moins de seize ans [1]. La journée de douze heures est habituelle à l'époque. Il faut attendre près de vingt ans pour que, triomphant des longues résistances du Sénat, ce bastion du libéralisme, la loi du 2 novembre 1892 interdise d'employer un enfant avant treize ans, ou douze ans s'il a le certificat d'études. Le travail de nuit est interdit, le travail de jour est limité à dix heures avant seize ans, à onze heures avant dix-huit ans. Les femmes ne doivent pas travailler plus de onze heures par jour. Ces dispositions sont les seules qui aient une portée générale en matière de législation du travail pendant la période qui nous préoccupe. On ne peut mieux mettre en évidence l'attachement du personnel républicain au libéralisme économique. Bien plus, jusqu'en 1890, date de son abolition, le livret établit une inégalité juridique entre patrons et ouvriers. En matière de protection du travail et d'assurances sociales, la législation reste inexistante, alors que de 1883 à 1889, l'Allemagne bismarckienne instaure les assurances maladies, accidents, invalidité et vieillesse. C'est le 9 avril 1898 seulement qu'une loi établit en cas d'accident du travail le principe de la responsabilité patronale : le patron est tenu de payer à l'ouvrier en cas d'incapacité une indemnité forfaitaire. Une corporation, celle des mineurs, bénéficie, grâce à la puissance

1. Sur tout ceci, l'exposé le plus précis reste celui de Levasseur (70).

de pression et à l'aptitude à la négociation de ses syndicats, d'un statut qui offre des garanties : la loi du 8 juillet 1890 crée des délégués à la sécurité des ouvriers mineurs, élus pour trois ans par les ouvriers. La loi du 29 juin 1894 établit des retraites au profit des mineurs. Il n'est pas surprenant que ce soit dans les mines, avec la signature en 1891 de la convention d'Arras, qu'apparaisse la première convention collective entre patrons et grévistes [1]. Au total les réalisations sont minces. La République ne se soucie guère des « questions ouvrières » : n'est-elle pas fondée sur l'alliance du monde rural et de la bourgeoisie?

4. Le poids de la France rurale

L'analyse démographique l'a déjà suggéré, la France de la fin du XIXe siècle reste largement rurale. La population rurale est de 67,5 % en 1876, de 61 % en 1896. La population vivant de l'agriculture passe de 51 % en 1876 à 45,5 % en 1891. La population active agricole masculine est de 45 % à la même date. On a dit avec quelle prédilection l'éloquence républicaine exaltait les conquêtes de la petite propriété. En fait la grande propriété aristocratique ou bourgeoise s'est maintenue : en 1882, les propriétés de plus de 40 hectares, qui ne sont que 4 % en nombre, couvrent 45 % de la superficie agricole. Dans l'Ouest — Vendée, Maine, Anjou, Bretagne centrale, en Sologne, dans le Berry, le Bourbonnais —, la grande propriété noble demeure appréciable, même si elle est affectée par la crise agricole : à Mazières-en-Gâtine, M. de Tusseau, le châtelain, vend après 1880 une partie de ses terres à un bourgeois, fils d'un sellier de Melle, député des Deux-Sèvres, exemple parmi d'autres de la défaite de l'aristocratie foncière par la bourgeoisie républicaine.

1. Cf. M. Gillet, « Aux origines de la première convention d'Arras », *Revue du Nord*, 1957, p. 111-123.

Population occupée dans l'agriculture
La grande propriété en 1884

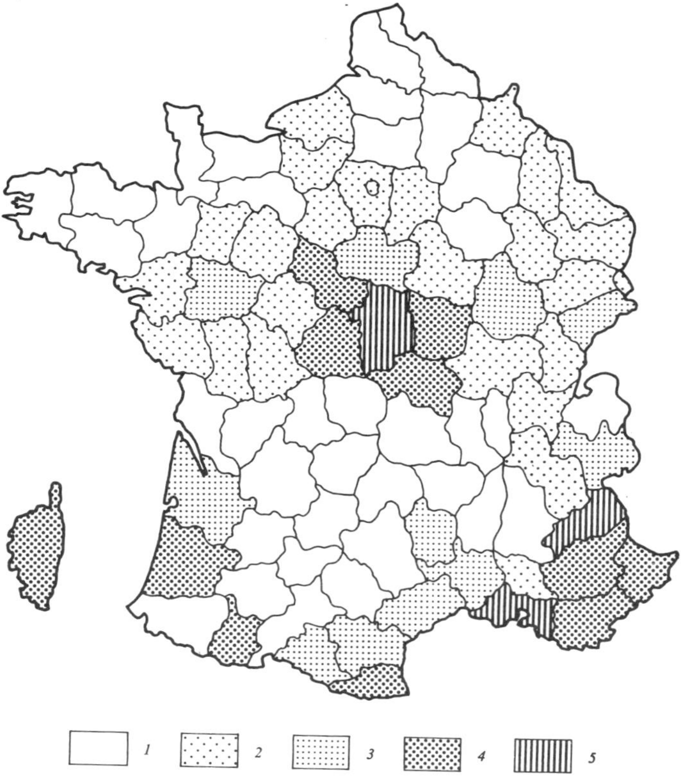

Proportion des superficies occupées par les cotes foncières de plus de cent hectares : *1*. Moins de 20 %. — *2*. De 20 à 29 %. — *3*. De 30 à 39 %. — *4*. De 40 à 49 %. — *5*. Plus de 50 %.

Carte établie par G. Dupeux, d'après les *Documents statistiques sur les cotes foncières*, Imprimerie nationale, 1889. D'après l'*Atlas historique de la France contemporaine*, dirigé par R. Rémond, Paris, A. Colin, 1966.

Population occupée dans l'agriculture
Le métayage en 1882

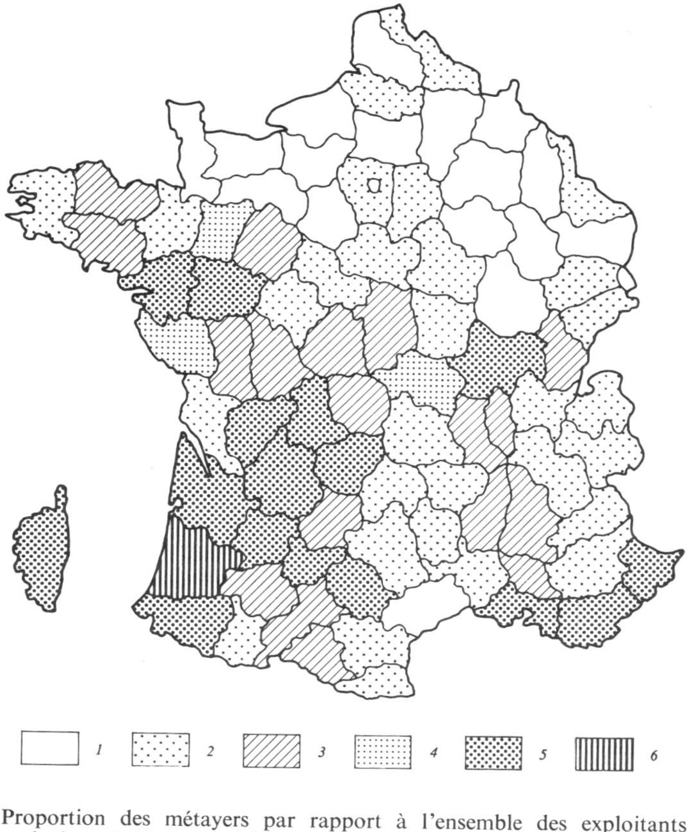

Proportion des métayers par rapport à l'ensemble des exploitants agricoles : *1*. Moins de 1 ‰. — *2*. De 1 à 4 ‰. — *3*. De 5 à 9 ‰. — *4*. De 10 à 18 ‰. — *5*. 23 ‰. — *6*. 46 ‰.

Carte établie par G. Dupeux, d'après l'enquête agricole de 1882. D'après l'*Atlas historique de la France contemporaine*, dirigé par R. Rémond, Paris, A. Colin, 1966.

Population occupée dans l'agriculture
Le fermage en 1882

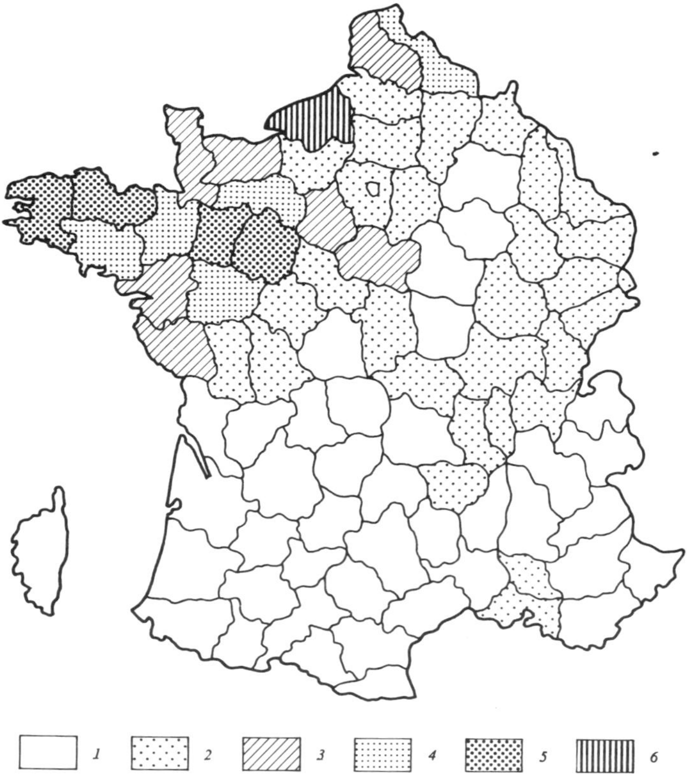

Proportion des fermiers par rapport à l'ensemble des exploitants agricoles : *1*. Moins de 10 %. — *2*. De 10 à 19 %. — *3*. De 20 à 29 %. — *4*. De 30 à 39 %. — *5*. De 40 à 49 %. — *6*. Plus de 50 %.

Carte établie par G. Dupeux, d'après l'enquête agricole de 1882. D'après l'*Atlas historique de la France contemporaine*, dirigé par R. Rémond, Paris, A. Colin, 1966.

Population occupée dans l'agriculture
Le faire-valoir direct en 1882

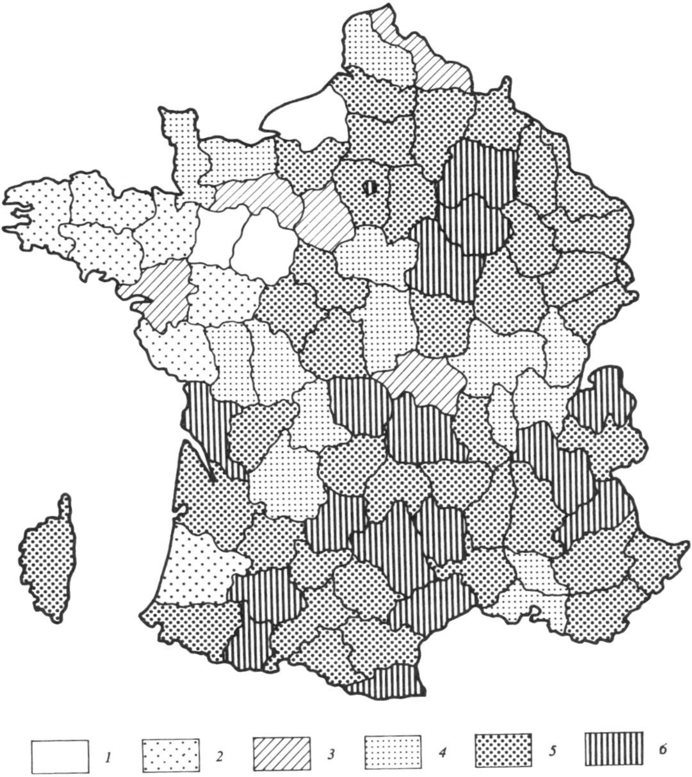

Proportion des propriétaires-exploitants par rapport à l'ensemble des exploitants : *1*. Moins de 50 %. — *2*. De 50 à 59 %. — *3*. De 60 à 69 %. — *4*. De 70 à 79 %. — *5*. De 80 à 89 %. — *6*. 90 % et plus.

Carte établie par G. Dupeux, d'après l'enquête agricole de 1882. D'après l'*Atlas historique de la France contemporaine*, dirigé par R. Rémond, Paris, A. Colin, 1966.

La grande propriété bourgeoise est considérable dans le voisinage des centres urbains : les industriels du Nord ont des propriétés en Flandre, les industriels de Rouen dans le pays de Caux. Pourtant la part relative de la grande propriété diminue. Mais ce recul traduit-il une victoire de la démocratie rurale ou plus simplement la sagesse avisée des grands propriétaires qui, devant la diminution de la rente foncière, préfèrent les placements mobiliers ou l'immobilier urbain? La moyenne propriété maintient son importance, la petite propriété s'accroît surtout en superficie : l'exode rural atteint en premier les tout petits propriétaires. La France de l'Est et du Sud-Est, la France méridionale, est une France de la petite et moyenne propriété. Le tassement des extrêmes a conduit à une certaine « démocratisation » de la propriété foncière.

Le système d'exploitation doit être également pris en considération. Là encore, il importe de rectifier les conclusions qui concluent trop vite au primat de la petite exploitation. En 1892, les exploitations de 10 à 40 hectares, 20 % en nombre, représentent 30 % de la superficie; les exploitations de 1 à 10 hectares, 76 % en nombre, représentent 23 % de la superficie. Les exploitations de plus de 40 hectares, 4 % du total, couvrent 47 % du sol cultivé.

Si le faire-valoir direct est prépondérant — 80 % des exploitants en 1882, 75 % en 1892 —, 53 % du sol sont cultivés en faire-valoir direct, 36 % en fermage, 11 % en métayage. Ce dernier système est répandu dans l'Ouest, le Sud-Ouest, le Bourbonnais, où propriétaires et fermiers généraux enlèvent au métayer une grosse part du fruit de son travail. Le fermage domine dans le Nord, la Normandie, la région parisienne. Le mot recouvre des réalités diverses : il est des fermiers dont l'exploitation ne dépasse pas 10 hectares et des gros fermiers autrement puissants que les propriétaires dont ils afferment les terres.

Les régimes de la propriété et de l'exploitation, les traditions politiques, l'influence plus ou moins grande du curé ou du pasteur, les systèmes de relation (plus ou moins grande intensité des liens familiaux, plus ou moins grande cohésion de la communauté villageoise, esprit de clientèle [1]) constituent autant de variables à

1. On s'inspire ici de l'essai de classement des sociétés rurales de P. Barral (57).

partir desquelles on peut esquisser une typologie des sociétés rurales. La petite propriété dans les provinces de l'Est et du Sud-Est fonde une démocratie républicaine, ennemie de la réaction et des notables traditionnels comme de la révolution sociale; ces paysans, ainsi en Lorraine, en Savoie, sont pratiquants, ou du moins respectueux de l'Église, mais ils ne suivent pas le clergé sur le plan politique, et se défient de son intervention en ce domaine.

Au contraire, l'hostilité à l'Église catholique et la fidélité à la République sont inséparables dans les vieilles terres de la Montagne de 1849, ainsi dans le Limousin, dont la déchristianisation est ancienne et profonde. Dans les Charentes, la Saône-et-Loire, l'Yonne, on rencontre semblable anticléricalisme qui mène très tôt au radicalisme. Dans les Cévennes ou la Drôme, les petits propriétaires protestants, par opposition confessionnelle et fidélité à l'esprit contestataire du calvinisme, votent également pour les républicains avancés.

Mais la petite propriété n'est pas associée uniquement à des tempéraments politiques de gauche. A côté des démocraties républicaines ou anticléricales, le cas n'est pas rare de démocraties « cléricales », où l'influence de l'Église est déterminante. Le vote pour l'ordre établi, dans le Béarn, le Pays Basque, l'Aveyron, s'explique par la volonté de défense religieuse, non par l'influence des notables, dont l'autorité peut être battue en brèche. Le cas le plus remarquable à cet égard est celui du Léon au nord de Brest, où en 1897 un abbé « démocrate », l'abbé Gayraud, triomphe grâce à l'alliance des « recteurs » du village et des paysans d'un monarchiste soutenu par les châteaux, le comte de Blois. Le succès de l'abbé Lemire à Hazebrouck, en 1893, s'inscrit dans la même affirmation d'une démocratie chrétienne, ennemie de l'esprit laïque de la Révolution française et des notables conservateurs.

A ces démocraties rurales, qui, pour certaines, ainsi en Normandie, se préoccupent plus d'une politique d'affaires et de la satisfaction des intérêts matériels que de politique, s'opposent les régions où le régime de la propriété et de l'exploitation fondent des hiérarchies durables. Celles-ci peuvent être acceptées, ainsi dans l'Ouest, Bretagne intérieure, Maine-et-Loire, Vendée. André Siegfried, dans son *Tableau politique de la France de l'Ouest*, a décrit de manière classique les relations de dépendance entre châtelains et métayers et le patronage exercé par les nobles. Mais, dans ses explications, il a été porté à majorer les effets de la pression des grands propriétaires sur les paysans. N'imaginant pas, somme toute, que le « peuple » pût aller ailleurs qu'à gauche, il a donné à croire que la pesée conjuguée du noble et du prêtre détournaient le sens du suffrage universel. La grande question tient bien dans l'acceptation par tout un peuple paysan des autorités tutélaires. Dans le bocage, demeurent le souvenir des colonnes infernales républicaines, le culte des chouans et des martyrs de la contre-révolution.

Ailleurs en revanche, malgré leur puissance économique, les autorités sociales sont contestées et les paysans refusent la hiérarchie traditionnelle. Dans l'Allier, qu'évoque le roman d'Émile Guillaumin, *la Vie d'un simple*, ou la *Visite aux paysans du Centre*, de Daniel Halévy, de petits métayers dépendent de grands propriétaires non résidents représentés par des fermiers généraux honnis. Peu soumis à l'influence de l'Église, les paysans du Bourbonnais furent républicains contre les grands propriétaires conservateurs. Dès la fin du siècle, les idées socialistes connurent un succès dans le monde rural. Le Cher ou l'Indre eurent une évolution comparable. Dans le Sud-Ouest, terre de métayage et de petite propriété, guère dévote, le bonapartisme démocratique s'était solidement implanté et disposait de réseaux de clientèle. C'est à la fin du siècle seulement que, sautant l'étape de la république opportuniste, les ruraux passeront au radicalisme.

Enfin l'exploitation capitaliste des grandes fermes de la France du Nord et du Bassin parisien dessine les traits d'une agriculture très moderne, où s'opposent de riches fermiers et une plèbe d'ouvriers agricoles. Ces régions peu ferventes, favorables au pouvoir établi, glissèrent de l'Empire à la République modérée, ainsi du Loir-et-Cher où l'emportèrent les « satisfaits », ennemis de la « réaction » comme de la « révolution », attachés à 1789 et au Code civil [1].

L'agriculture connut de graves difficultés à la fin du siècle, face à la concurrence des produits étrangers. Le phénomène fut très durement ressenti par les producteurs de céréales, mais aussi de

1. Cf. G. Dupeux (31).

Le mouvement des prix agricoles
1860-1900

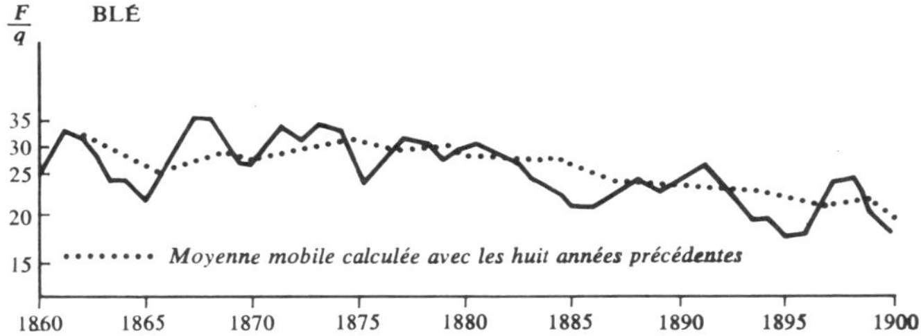

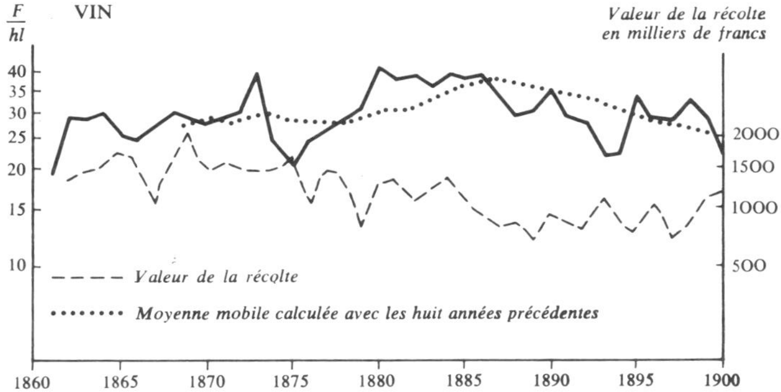

Par suite de la réduction de la production due au phylloxéra, la courbe significative est celle de la valeur de la récolte.

(d'après P. Barral, *les Agrariens français, de Méline à Pisani*, Paris, A. Colin, 1968, p. 70).

laine, de chanvre, de soie, et les observateurs contemporains s'attachèrent à rechercher les raisons de cette « crise » agricole. La chute des prix de vente est considérable : le quintal de blé qui dépassait 30 francs sous l'Empire, tombe en-dessous de 25 francs après 1882, à 18,20 francs en 1895. Or le blé représentait le produit le plus commercialisé. Les revenus agricoles en hausse jusqu'aux alentours des années 1880 connaissent une période de dépression jusqu'après 1895. La rente foncière dépérit; le propriétaire lutte en vain en s'efforçant de remplacer le fermage fixe en nature par un fermage fixe en argent. Le salarié agricole résiste, « triomphe alors du seigneur de la terre » (E. Labrousse). Reste que l'accroissement des besoins fonde un sentiment de frustration, accru par la montée plus sensible du revenu du chef d'exploitation. En effet, le profit de l'exploitant fait, somme toute, mieux face à la dépression que le salaire du journalier ou la rente du propriétaire non exploitant. Le mouvement des revenus consolide donc une classe moyenne paysanne.

La « grande dépression » entraîna une forte baisse de valeur de la propriété rurale : de 1882 à 1892, dates des enquêtes agricoles décennales, elle est de 18 % pour les terres labourables, de 20 % pour les prés et herbages. La baisse est plus accentuée dans les régions d'exode rural, le Sud-Ouest, l'Est du Bassin parisien. Elle est moins marquée dans le Nord, l'Ile-de-France, en Bretagne, où la forte pression démographique accroît la valeur du sol. La baisse de la rente foncière et de la valeur du capital foncier conduisirent le propriétaire non exploitant à modifier ses placements, à préférer actions, obligations, immobilier urbain aux biens fonds. Mais les petits et moyens exploitants, propriétaires ou non, stabilisent et améliorent leur condition. Le carcan protecteur, mis en place en 1885, renforcé en 1892 et 1897, a été surtout favorable aux grands exploitants, il n'en a pas moins freiné l'exode rural et fortifié la petite et moyenne paysannerie.

Une crise propre frappa la viticulture : la maladie du phylloxera, insecte dont les larves faisaient mourir la vigne. A partir de 1876, la maladie se répandit à un rythme très rapide. Elle transforma profondément la géographie du vignoble, présent jusque-là dans la plus grande partie du pays. La crise accéléra l'exode rural, entraîna le rachat à bas prix des petites propriétés viticoles, la concentration en grands domaines. De vieux vignobles disparurent : l'arrière côte bourguignonne, l'Yonne, l'Aube, la Haute-Marne, les vignobles du Jura et de la Lorraine, des Charentes, furent durement frappés. Le seul remède fut la greffe de plants français sur des racines américaines plus vigoureuses. Les vignes s'étendirent dans les basses plaines du Languedoc, car l'on crut un temps que l'inondation des plants permettait d'éviter la maladie. Dans le Bas-Languedoc, la grande propriété étendit son emprise. Après des années de médiocres récoltes, les dernières années du siècle virent apparaître la menace de la surproduction.

Les transformations techniques demeurent limitées. L'utilisation des engrais s'accroît lentement. L'outillage s'améliore. Avec la fin du XIXe siècle, la charrue brabant s'impose : entièrement en métal, elle verse la terre alternativement à gauche et à droite, et permet des labours profonds. Moissonneuses, faucheuses, machines à battre se répandent. Dans le Loir-et-Cher, les progrès les plus nets ont lieu de 1873 à 1882. Comme l'observe G. Dupeux, en temps de stagnation, le recours à la machine réduit l'emploi, coûteux, de la main-d'œuvre. L'évolution est souvent plus tardive : beaucoup de moissons se font encore à la faucille, de battages au fléau. Les transformations qui affectent les campagnes sont au total moins considérables que sous le second Empire.

Accroissement de la production de blé, due à l'amélioration des rendements, tandis que les surfaces emblavées diminuent légèrement, progrès des cultures fourragères, et des prairies naturelles, débuts de spécialisations régionales — fruits et légumes dans le Roussillon, le Comtat venaissin — voici les orientations majeures ; la prépondérance de la polyculture traditionnelle ne cède cependant que lentement le pas à la polyculture moderne tournée vers la commercialisation.

Les genres de vie, les mœurs et les mentalités paysans se transforment. Les chemins de fer, notamment les petites lignes départementales, et l'amélioration des chemins vicinaux contribuent à briser l'isolement. La ville est plus proche et ses modèles s'imposent, que diffusent l'école, le service militaire obligatoire, la presse à bon marché. L'alimentation s'enrichit : la consommation de sucre, de viande de boucherie, de vin, croît. Quand le héros de *la Vie d'un simple* reçoit, vers 1880, la visite de son neveu comptable à Paris, on leur sert du vin, des biftecks, et non du lard grillé; à leur départ, le pâtre dit à la servante : « J'aurais bien voulu qu'ils restent plus longtemps, les Parisiens, on mangeait mieux. » L'habitat médiocre s'améliore dans les régions qui s'enrichissent : ainsi dans l'arrondissement d'Ambert dont l'élevage bovin fait la fortune. Lucien Gachon observe que les belles fermes à « tuilages » remplacent les misérables « paillis [1] ». Les costumes locaux reculent : les catalogues envoyés à domicile par les grands magasins imposent les modèles urbains.

Une autre transformation affecte le monde rural : le développement encore limité de l'esprit d'association. Longtemps la représentation des intérêts professionnels fut le fait des notables conservateurs ou républicains. Les premiers réunis dans la Société des agriculteurs de France, nés à la fin du Second Empire, réunissaient des « agriculteurs », grands propriétaires fonciers qui passaient l'hiver dans leurs salons parisiens. La Société nationale d'encouragement à l'agriculture, née à l'initiative des républicains, regroupait elle aussi des propriétaires. Après le vote de la loi de 1884, naquirent des syndicats agricoles, dans le sillage des deux organisations. L'Union centrale des Syndicats agricoles de France, logée rue d'Athènes par la Société des agriculteurs de France, végéta jusqu'en 1900. Elle regroupe la majorité des syndicats et aurait compté 600 000 adhérents à la fin du siècle, chiffre considérable si on le compare aux effectifs des syndicats ouvriers, mais peu significatif, car nombre d'adhérents voient avant tout dans le syndicat l'organisme qui permet l'achat en commun d'instruments agricoles, d'engrais, de semences.

L'organisation la plus active est l'Union du Sud-Est des syndicats agricoles. Fondée en 1888, elle compte, en 1900, 150 syndicats et 60 000 syndiqués. Dans la ligne du catholicisme social et du corporatisme du marquis de la Tour du Pin, elle prône l'union et le rapprochement des classes. A sa tête se trouve un propriétaire du Beaujolais, Émile Duport, et un propriétaire d'Allex dans la Drôme, ancien de l'Œuvre des cercles, plus tard député « blanc » de l'Ardèche, Hyacinthe de Gailhard-Bancel. Avec la fin du siècle,

1. Cf. J. Fauvet et H. Mendras, *les Paysans et la Politique dans la France contemporaine*, Paris, A. Colin, 1957, p. 396.

des prêtres dans le Nord, en Franche-Comté, dans le Béarn, à Tarbes, créent des syndicats agricoles mus par un souci d'action pastorale et sociale.

Les syndicats proches des républicains connurent un développement plus lent. Préfets et sous-préfets, instituteurs, professeurs départementaux d'agriculture, favorisèrent ces créations. Ainsi Garola, en Eure-et-Loir, qui fut trente ans secrétaire du syndicat de Chartres. S'y retrouvent les gros fermiers républicains, électeurs du républicain modéré Paul Deschanel [1]. A la différence des organisations ouvrières, ces associations étaient « mixtes », ouvertes, en théorie, à tous. Ces syndicats se voulaient d' « union des classes et de paix sociale » selon les termes de leurs dirigeants. Ceux-ci étaient tous « des notables extérieurs aux masses rurales : tantôt des grands propriétaires, tantôt des curés, tantôt des cadres républicains » (P. Barral).

Les syndicats de salariés agricoles qui présentent des revendications de classes restent rares. Le prolétariat agricole, très touché par l'exode rural, compte en 1892, plus de 1 800 000 domestiques et 621 000 journaliers non propriétaires. Malgré la hausse des salaires, leur condition demeure des plus médiocres. Mais, isolés, dépendants, ils n'étaient guère en mesure de s'en prendre à leurs patrons. Différent est le cas des bûcherons du Centre, du Cher ou de la Nièvre qui, de 1881 à 1895, formèrent des syndicats qui imposèrent des concessions aux marchands de bois [2].

5. La France bourgeoise

Au sommet de l'échelle sociale, règne la haute bourgeoisie. L'aristocratie conserve un prestige dans le « monde » que l'on ne doit pas sous-estimer, mais elle ne garde de puissance sociale que dans la mesure où elle s'est fondue à la haute bourgeoisie. Les alliances matrimoniales, la présence dans les conseils d'administration ont permis cette fusion. La banque et l'industrie, les profes-

1. Cf. R. Leveau, *le Mouvement social*, avril-juin 1969.
2. Cf. Ph. Gratton, « Mouvement et physionomie des grèves agricoles (1820-1935) », *ibid.*

sions libérales, le service de l'État fondent la puissance de la haute bourgeoisie. On a souvent évoqué les « rois » de l'économie, héritiers des « dynasties bourgeoises » qui ont su, à travers les régimes du XIXe siècle, maintenir leur influence. Léon Say, important actionnaire des chemins de fer du Nord, ministre des Finances au début de la République, est le petit-fils de l'économiste libéral. Casimir-Perier qui accède en 1894 à la magistrature suprême est un grand actionnaire de la compagnie d'Anzin, l'un des descendants du Perier de Vizille. Un écart gigantesque sépare la fortune des classes dirigeantes de celle des autres catégories sociales. Il ne semble pas qu'il s'atténue. Une étude de la société lilloise à cette époque marque la concentration de la richesse pendant les années de difficultés économiques de 1873 à 1891 : 10 % des décédés possèdent 92,08 % de la richesse générale [1]. Dans la pyramide des fortunes, la base est extrêmement large tandis que le sommet prend l'allure d'une mince aiguille [2].

A cette bourgeoisie d'affaires s'agrège une frange des professions libérales : grands chirurgiens, notaires aux grosses charges, maîtres du barreau. Waldeck-Rousseau, avocat d'affaires recherché, issu de la moyenne bourgeoisie nantaise, s'insère dans la grande bourgeoisie parisienne. Cette grande bourgeoisie ne boude pas le service de l'État et la fonction publique. Voyons là bien moins le désir d'accaparer l'État à son profit que le poids de traditions anciennes : héritière des légistes et des commis de la monarchie, la bourgeoisie française juge fort honorable le service public. L'épuration à laquelle procèdent les républicains après leur victoire ne met pas fin à la place prépondérante de la grande bourgeoisie dans la haute administration. Même après l'épuration du Conseil d'État en 1879, la grande majorité des auditeurs et la moitié des maîtres des requêtes appartiennent à l'aristocratie ou à la haute bourgeoisie. La proportion tombe au quart pour les conseillers, parmi lesquels figurent des représentants des « couches nouvelles [3] ». Les concours de recrutement aux grands corps, Inspection des

1. Cf. F. Codaccioni (63).
2. Cf. A. Daumard, « L'évolution des structures sociales en France à l'époque de l'industrialisation », *Revue historique*, avril-juin 1972.
3. Cf. V. Wright, « L'épuration du Conseil d'État, juillet 1879 », *Revue d'histoire moderne et contemporaine*, oct.-déc. 1972, p. 643.

finances, Conseil d'État, Cour des comptes, « carrière » diplomatique, assurent la puissance bourgeoise. Ils sont en quelque façon une cooptation. La préparation est assurée par l'École libre des Sciences politiques que fonde Émile Boutmy, sous le patronage de Taine, au lendemain de la défaite, afin de « créer l'élite qui, de proche en proche, donnera le ton à toute la nation ». Bastion de la pensée libérale, l'École des « Sciences Po » compte parmi les souscripteurs de la première heure Jacques et Jules Siegfried, P. Hély d'Oissel, Adolphe d'Eichtal, Henri Germain, Casimir-Perier, un « gotha » des affaires et de la finance. Léon Say, les économistes Émile Levasseur et Paul Leroy-Beaulieu, l'historien Albert Sorel, de hauts fonctionnaires comme René Stourm enseignent dans l'établissement qui s'installe en 1881 au 27 de la rue Saint-Guillaume.

Peut-on, malgré l'attraction parisienne, parler d'une grande bourgeoisie provinciale? Henri Germain, le fondateur du Crédit Lyonnais, poursuivit à Paris, la seconde partie de sa carrière. Autre Lyonnais, Bonnardel [1], le fondateur de la Compagnie générale de navigation Le Havre-Paris-Lyon-Marseille (HPLM) s'installe lui aussi à Paris, 44, avenue des Champs-Élysées. En revanche, Édouard Aynard, régent de la Banque de France, président de la chambre de commerce de Lyon, solennel et bon vivant à la fois, incarne assez bien l'originalité de sa ville. Il est attaché au libéralisme économique, au libre échange cher aux soyeux. Au collège d'Oullins que marqua Lacordaire, il a reçu l'empreinte du catholicisme libéral. Persuadé des vertus de l'initiative privée pour résoudre la question sociale, il invite les patrons « à pratiquer les devoirs sociaux. L'intérêt lui-même peut s'en bien trouver ». Républicain et catholique, député en 1889, il s'oppose à la fois aux radicaux et à la droite catholique intransigeante. Celle-ci est représentée par une autre figure de grand bourgeois, Joseph Rambaud. Administrateur de la Société des mines de Roche-la-Molière, de la Compagnie des fonderies et forges de Terrenoire, La Voulte et Bessèges, c'est aussi un grand propriétaire foncier. Il s'occupe de reboisement à Yzeron, suit ses vignobles à Lantignié, ses exploi-

1. Cf. J. Bouvier, « Une dynastie d'affaires lyonnaise au XIXe siècle, les Bonnardel », *Revue d'histoire moderne et contemporaine*, 2, 1955, p. 185-205.

tations à Vaugneray, dont il est pendant 31 ans vice-président du comice agricole, et maire de 1882 à 1892 [1]. Père de douze enfants, il s'interroge, dans son *Livre de famille*, sur les responsabilités et les devoirs des possédants. A ses yeux, une fortune honnêtement gagnée, bien gérée, accrue par le travail quotidien, est une manière pour Dieu d'inviter à de nouveaux devoirs : la sanction divine voue celui qui a réussi au service de l'Église et des bonnes œuvres. S'il ne met pas en cause le libéralisme économique, en revanche il dénonce l'esprit de la Révolution et le libéralisme politique : c'est là qu'il s'oppose à un Aynard.

Le patronat textile du Nord est à son apogée aux alentours de 1880. Conception toute dynastique de la firme, confusion des intérêts familiaux et de ceux de l'entreprise, austérité du genre de vie définissent ce monde original dont le sentiment de caste s'affirme à la fin du siècle. « Affaires, religion, famille » forment une « indissoluble trinité [2] ». Si l'on a pu déceler un lien entre puritanisme et capitalisme, le même lien — l'exemple du Nord rejoint l'exemple lyonnais — existe entre un certain catholicisme et le capitalisme. La réussite en affaires est le signe de la protection divine, elle impose des devoirs : l'autofinancement qui assure l'indépendance et la croissance de la firme, les œuvres patronales en faveur des ouvriers qui corrigent les excès du libéralisme. Les Descamps, les Delesalle, les Tiberghien, les Motte, les Prouvost, les Dansette forment un monde secret, refermé sur lui-même. Là encore, pas d'unité de comportement en matière politique. Un Eugène Motte, rival heureux de Guesde à Roubaix en 1898, est républicain; Ribot, Waldeck-Rousseau appuient sa campagne. Bien plus que des nuances le séparent d'un Plichon ou d'un Dansette, attachés à la tradition orléaniste, eux-mêmes éloignés de ces catholiques intransigeants qui, sous l'inspiration des jésuites de la maison de retraite de Mouvaux, fondent l'Association catholique des patrons du Nord [3].

1. Cf. L. de Vaucelles (86).
2. Cf. Jean Bouvier, rendant compte de J. Toulemonde, *Naissance d'une métropole. Roubaix et Tourcoing au* XIXe *siècle* (Tourcoing, 1966), dans la *Revue du Nord*, janvier-mars 1967, p. 239.
3. Cf. R. Talmy, *l'Association catholique des patrons du Nord (1884-1895)*, Lille, 1962.

D'autres analyses confirmeraient ces exemples. Certes, la grande bourgeoisie offre des traits communs : l'ampleur de la fortune, mais non les activités, le mode de vie mais non les goûts, le souci de l'ordre dans les affaires, la rue, et l'État, le souci de distance vis-à-vis du peuple, le moralisme fondé sur la certitude de la réussite individuelle. Mais les divisions idéologiques demeurent essentielles; elles mettent en cause deux conceptions opposées du monde et de l'homme. Les uns continuent à croire aux « Lumières », au progrès, et professent une vue optimiste de l'évolution des sociétés. Ils ne se séparent donc pas du bloc du tiers état face aux élites traditionnelles et sont fidèles à l'esprit de la Révolution française. Les autres sont plus conservateurs que libéraux, plus attachés à l'ordre des sociétés qu'à la liberté des individus, ils professent une vision pessimiste de l'histoire que fortifie l'enseignement de l'Église et l'expérience du temps. De la formule orléaniste : ordre et liberté, de la devise positiviste ordre et progrès, ils retiennent plus volontiers le premier terme. On est aux origines de cette division des centres qui est bien l'une des clefs de l'histoire du régime.

Il est relativement aisé de délimiter les frontières qui séparent la haute bourgeoisie de la bonne bourgeoisie. L'échelle des revenus[1] peut permettre une première distinction. On évalue, vers 1880,

1. Le tableau des revenus par catégories inséré par Doumer dans son projet d'impôt sur les revenus en 1894-1895 donne les chiffres suivants établis par une commission extra-parlementaire (cf. Levasseur (70), p. 619) :

Catégorie de revenus	Nombre de revenus par catégorie	Montant des revenus par catégorie
2 500 F et moins	9 509 800	12 342 000 000
2 501 à 3 000 F	563 000	1 597 000 000
3 001 à 5 000	446 000	1 735 000 000
5 001 à 10 000	294 000	2 109 000 000
10 001 à 20 000	123 400	1 898 000 000
20 001 à 50 000	51 000	1 573 000 000
50 001 à 100 000	9 800	674 000 000
100 001 et plus	3 000	572 000 000
Total :	11 000 000	22 500 000 000

de 700 à 800 le nombre de personnes possédant au moins 250 000 francs de revenu [1], parmi elles figurent quelques grands propriétaires fonciers. Dans les années 90, 3 000 revenus seraient supérieurs à 100 000 francs, 185 000 se situeraient entre 10 et 100 000. On peut admettre que la frange supérieure de cette dernière tranche (9 800 personnes auraient un revenu supérieur à 50 000 francs), fait partie de la haute bourgeoisie, si elle joint à sa fortune l'influence sociale, les responsabilités dans la conduite de l'État ou des affaires.

La bonne bourgeoisie ne s'étend guère en-dessous de la limite de 10 000 francs de revenu, encore que des membres de la frange inférieure, par leur mode de vie, sinon leur revenu, et par les valeurs qu'ils se donnent puissent y être rattachés. Elle comprend des banquiers de petites villes, des industriels aux entreprises moyennes, des négociants; mais elle est formée avant tout soit par la bourgeoisie « indépendante » : « propriétaires » oisifs, membres de professions libérales, soit par une bourgeoisie qui vit, au moins pour une part, de salaires, magistrats, officiers, ingénieurs, professeurs. La bourgeoisie « indépendante » peut être liée à des entreprises industrielles ou commerciales, elle ne doit à ces revenus ni le gros de la fortune, ni son autorité. Elle reste étrangère au grand capitalisme, répugne à emprunter et voit dans la terre la source même de la considération. Quelle ville n'a ses « propriétaires », qui vivent « noblement », retirés de la vie active, gérant une fortune qui associe les biens fonciers, les valeurs immobilières, fonds d'État ou obligations de chemins de fer, souvent l'immobilier urbain? Ils peuvent jouer un rôle important dans la vie locale, au sein des sociétés savantes ou des académies, des comités conservateurs et des œuvres catholiques, des loges maçonniques et des comités républicains.

Le nombre des gens de loi reste stable; encore nombre d'avocats ne plaident-ils pas, se contentant du titre, en revanche les professions médicales connaissent une nette progression. La suppression en 1892 du diplôme d'officier de santé va mettre fin à une médecine de second ordre. Sauf exception, le médecin n'édifie pas une grande fortune, mais il connaît, comme le pharmacien, une grande consi-

1. Cf. Guy P. Palmade (74), p. 253.

dération. Hommes de science, l'un et l'autre, ils ont foi au progrès et on les retrouve fréquemment dans les rangs républicains, voire radicaux. Médecin dans les Charentes, Émile Combes s'assura par la médecine gratuite la sympathie des électeurs. Il triomphera ainsi des bonapartistes au conseil général puis au Sénat.

Les effectifs de la bourgeoisie salariée s'accroissent avec le développement des fonctions publiques et de l'économie. Les magistrats sont médiocrement rémunérés : pour défendre l'ordre social, il convient de disposer de quelque fortune. Les magistrats restent longtemps liés au monde conservateur. Les hauts fonctionnaires et les chefs de service départementaux, une partie des professeurs de lycée, les officiers, même si la « société militaire » a ses idéaux propres et son code de valeurs aristocratique, les ingénieurs font également partie de cette bourgeoisie.

Entre cette « bonne bourgeoisie » et le peuple se presse cette immense « virtualité bourgeoise » que constituent les classes moyennes. Elles se caractérisent par leur volonté de bourgeoisie, mais, soit à cause de l'insuffisance du revenu, soit à cause de la médiocrité de la culture ou de la proximité des origines populaires, elles sont aux franges de la bourgeoisie. C'est l'absence de travail manuel qui les distingue au sens fort du terme des couches populaires. Les petits entrepreneurs en bâtiment, les petits patrons, les artisans établis à leur compte, les détaillants de la « boutique » ont rarement le minimum d'instruction qui fonde le bourgeois, mais ils ont cette indépendance économique dont est dépourvu le monde ouvrier. Ils sont les ennemis du fisc, des fonctionnaires de l'État, et aussi des « gros », grands magasins, entreprises industrielles. Il semble qu'ils aient été particulièrement touchés par la grande dépression. Leur sympathie va au radicalisme, moins volontiers au socialisme qui met en cause la libre entreprise. Le nationalisme xénophobe et l'antisémitisme, défenseurs du petit commerce, vont trouver un écho favorable dans ce groupe social.

La catégorie des salariés, moyens employés et fonctionnaires s'accroît quand la part des classes moyennes indépendantes tend à diminuer. Employés de banques, de compagnies d'assurances, de grandes maisons de commerce, comptables se différencient par le vêtement, le « col blanc », le logement, des ouvriers, parfois mieux rémunérés. Les petits fonctionnaires, employés des postes, instituteurs, percepteurs, sont peu payés, mais ils ont un emploi stable, des « droits acquis », une retraite[1]. Un modeste bagage, celui que donne l'école primaire, parfois l'école primaire supérieure, permet au fils de paysans, de petits commerçants ou d'artisans de devenir fonctionnaire. Ce fut une des chances de la République, et l'une des raisons de son enracinement, d'avoir ainsi offert de nombreux emplois à une couche sociale désireuse de s'élever.

C'est par les « classes moyennes », issues de la paysannerie, bien plus que du monde ouvrier, que se fit le passage du « peuple » à la bourgeoisie. Faut-il mentionner le rôle du bourg, de la petite ville, étape intermédiaire de l'exode rural, celui de l'école, mieux fréquentée par le fils de paysan, qui ne doit pas reprendre une exploitation trop petite que par le fils d'ouvrier dont le salaire d'appoint est indispensable? Le fils du paysan est instituteur ou employé, son petit-fils peut devenir médecin ou polytechnicien, il s'agrège à la bonne bourgeoisie. Les classes moyennes sont un relais du monde rural vers les élites. Le malthusianisme permet un certain renouvellement de celles-ci. Le succès de quelques-unes fonde la volonté persévérante de promotion de tous.

Aussi, malgré la prodigieuse diversité des revenus, les bourgeois ont-ils en commun un même système de valeurs. Ils se gardent de ce qui est « populaire ». Attentif à son vêtement, l'homme tient au col empesé, au chapeau, indices de respectabilité. Le bourgeois fait des projets, vit dans l'avenir, calcule et tient des comptes. Le budget familial est tenu avec une attention scrupuleuse. La maîtresse de maison note chaque jour les dépenses que récapitule à la fin du mois son époux qui lui alloue une mensualité[2]. Un oncle offre à sa nièce, en cadeau de mariage, un livre de comptes. Le livre de comptes traduit les préoccupations de gens qui ont des réserves. Comme l'a noté André Siegfried, il donne la clef psychologique de l'univers bourgeois. Les gages, pourtant modestes, des domestiques représentent une part appréciable du budget : ne touche-t-on pas là, en même temps qu'à une des réalités sociales

1. Une enquête du ministère des Finances de 1899 portant sur 342 000 fonctionnaires révèle que 89,50 % des traitements sont inférieurs à 3 000 francs, que 10,43 % sont compris entre 2 et 20 000 et que 0,07 sont supérieurs à 20 000 francs (cité par Levasseur (70), p. 623).

2. Cf. M. Perrot (75).

les plus considérables et les plus mal connues de l'époque, à un signe extérieur d'appartenance à la bourgeoisie? Il en est de même de la résidence : contrairement à l'opinion courante, la part du loyer est considérable, presque égale à celle de l'alimentation : dans le tiers des budgets de l'échantillon étudié, il dépasse 15 % des dépenses. Troisième poste onéreux : l'instruction des enfants. L'enseignement secondaire est payant : un externe de rhétorique d'un lycée parisien paie une rétribution annuelle de 300 francs en 1873, de 450 francs à la fin du siècle, de 720 francs dans un bon établissement privé.

Le poids de l'impôt est faible : un bourgeois de profession libérale qui a 20 000 francs de revenu par an paie 2 p. 100 d'impôts. Autant l'impôt foncier frappe la fortune rurale, autant la bourgeoisie urbaine est protégée par un système fiscal qui ignore l'impôt sur le revenu. Si le bourgeois compte, il épargne. La stabilité de la monnaie y invite comme l'absence, à l'époque, d'un système de retraite des cadres. Un médecin, un ingénieur prennent leur retraite dès la cinquantaine sans qu'en souffre leur niveau de vie. La France de l'époque compte plusieurs centaines de milliers de rentiers dont beaucoup sont de petits rentiers issus des classes moyennes.

La conception de la vie familiale et la place de la femme font également l'originalité de la société bourgeoise. Les conservateurs de l'époque affirmaient volontiers que l'individualisme issu de la Révolution avait miné la famille. En fait, le sentiment familial s'est moins affaibli qu'il ne s'est transformé. La famille bourgeoise s'est repliée sur elle-même, attentive à l'enfant et à son avenir, famille aux naissances restreintes, désireuse de s'élever par le malthusianisme et par l'épargne, plus oppressive pour l'enfant que la famille populaire, odieuse aux révoltés. « Toute l'énergie du couple est orientée vers la promotion d'une postérité volontairement réduite » (Philippe Ariès). Le souci de l'honneur familial et de la dignité de vie est grand : Jules Siegfried déplore le célibat de Gambetta et exhorte celui-ci à se marier avant d'accéder au pouvoir. La femme bourgeoise ne travaille pas : ce serait l'indice d'un déclassement ou d'une volonté de subversion.

Au total, des débuts de la IIIe République à la fin du siècle, la société française ne connaît que des mutations limitées, et les inégalités entre les groupes sociaux demeurent inchangées. La petite et moyenne paysannerie, et les « nouvelles couches » qui permirent la victoire républicaine attendaient du régime non une transformation profonde des rapports sociaux, mais la fin de l'influence politique des hiérarchies traditionnelles ainsi que des chances d'ascension sociale. La République opportuniste répondit-elle à leur attente?

3

Le temps de Jules Ferry 1879-1885

Dans le ministère Waddington, formé le 4 février 1879, Jules Ferry devient ministre de l'Instruction publique; le 30 mars 1885, le deuxième cabinet Ferry est renversé à la nouvelle du désastre de Lang Son. Pendant ces six années, Ferry détient cinq ans le portefeuille de l'Instruction publique, il est président du Conseil trois ans deux mois vingt-cinq jours. Même si l'on considère que Ferry a été à deux reprises président du Conseil, une première fois de septembre 1880 à novembre 1881, puis de février 1883 au 30 mars 1885, cette stabilité est remarquable, on ne la retrouve qu'au temps de Méline puis de la Défense républicaine et du bloc des gauches. Peu gênés par l'opposition d'extrême gauche et de droite, les républicains de gouvernement, malgré leurs divisions, fondent la République démocratique et laïque, maintiennent l'État libéral, prennent des initiatives décisives en matière coloniale. De cette politique, le député des Vosges est l'un des artisans majeurs. C'est bien Ferry qui, après l'échec et la mort de Gambetta, incarne le visage du régime.

1. Les forces politiques

L'extrême gauche.

Vainqueurs, les républicains vont se diviser. Les radicaux passent à l'opposition. Certes, aux élections de 1876 déjà, à Marseille, Naquet, jugeant Gambetta trop modéré, avait proposé de former

« un groupe d'avant-garde du combat démocratique », qui militerait pour la révision de la Constitution et le programme de Belleville. Mais les luttes du 16 mai, puis le souci de conquérir le Sénat mirent une sourdine à ces discordances. Naquet lui-même proclama l' « union complète, absolue, des républicains jusqu'aux élections sénatoriales ». Désormais au contraire les radicaux marquent leur hostilité aux gouvernements qui vont se succéder. Seul Freycinet en 1880 et en 1882 trouve grâce un moment devant les plus modérés d'entre eux. Ceux-ci forment le groupe parlementaire de la gauche radicale constitué après les élections de 1881 avec Floquet, Allain-Targé. Cette nomination paradoxale désigne en effet un groupe sur la droite du radicalisme. Un dégradé de nuances conduit des intransigeants (ils sont une vingtaine, avec à leur tête Clemenceau) à la gauche radicale, voire à ces radicaux qui adhèrent en même temps au groupe de l'extrême gauche et à celui de l'Union républicaine de Gambetta. Une partie de la famille radicale garde quelque affinité avec Gambetta et ses amis. En revanche les radicaux sont unanimes contre Ferry, qui incarne à leurs yeux la réaction.

Combien sont-ils? Jacques Kayser, qui s'est livré à de minutieuses études de scrutin, en dénombre une centaine en 1879 [1] : élus de Paris, de la vallée du Rhône et du Midi méditerranéen — Saône-et-Loire, Rhône, Drôme — à qui s'ajoutent, outre des isolés, une dizaine d'élus des départements rouges de la frange occidentale et septentrionale du Massif central. Les grandes villes et les campagnes qui, en 1849, firent le succès des démocrates socialistes, voilà les bastions radicaux au début de la IIIe République. La filiation avec les démocrates socialistes est d'autant plus aisée que les hommes sont parfois les mêmes : n'imaginons pas le personnel radical comme un personnel plus jeune que le reste du personnel républicain. Dans la Haute-Loire, une étude récente [2] montre en fait que les dirigeants radicaux ont fait leurs débuts sous la IIe République. Jules Maigne, qui est élu député de Brioude en 1866, a été déporté après le 13 juin 1849. Barodet, si représentatif du groupe, a été maître d'école à Louhans dans l'Ain, il a

1. Jacques Kayser (21).
2. A. Rivet, *Les Débuts de la IIIe République en Haute-Loire*, thèse de troisième cycle, Lyon, 1972, dact.

été révoqué en 1849. Madier de Montjau, l'un des orateurs à la Chambre, est un montagnard de 1848.

Les radicaux veulent, comme les montagnards de la IIe République, la « République démocratique et sociale ». Ils réclament la révision de la constitution, la suppression d'institutions issues du parlementarisme monarchique : le Sénat et la présidence de la République. Comme Gambetta à Belleville, ils demandent la décentralisation administrative, l'élection des juges, la séparation des Églises et de l'État. Ils demandent la ratification de la Constitution par le peuple — ainsi Clemenceau dans le XVIIIe arrondissement en 1881 —, la responsabilité de l'élu vis-à-vis de ses électeurs, le mandat impératif. C'est Barodet qui fait adopter en 1881 le principe de la publication des professions de foi des élus. Les radicaux conservent donc quelque chose de l'idéal de démocratie directe cher aux sans-culottes. Ils veulent fonder la démocratie sociale par l'impôt progressif sur le revenu. Face aux intérêts, ils acceptent une certaine intervention de l'État dans l'économie par la « révision des contrats ayant aliéné la propriété publique : mines, canaux, chemins de fer ». S'ils préconisent des réformes sociales limitées : réduction de la durée légale du travail, « caisses de retraite pour les vieillards et les invalides du travail », ils veulent la reconnaissance de la personnalité civile des syndicats ouvriers. Ils espèrent ainsi garder la sympathie des ouvriers et répondre au défi des socialistes : de façon significative, le comité républicain qui soutient Clemenceau en 1881 ajoute à « radical » l'adjectif « socialiste ».

Si le socialisme est, pour des années, une force inexistante au plan parlementaire, il retrouve peu à peu une importance, encore modeste, dans le pays. Mais quand l'Empire allemand a un parti social démocrate puissant, la France ne connaît que des groupements dont l'histoire est confuse et le poids médiocre. De cette situation, la répression de la Commune est en partie responsable. Les condamnés ne sont graciés qu'en 1879, l'amnistie n'est votée, sur la pression de Gambetta, pour éviter « la perte de Paris », qu'à la veille de la première fête nationale célébrée officiellement le 14 juillet 1880 [1].

1. Cf. J.-T. Joughin, *The Paris Commune in French Politics, 1871-1880, The History of the Amnesty of 1880*, 2 vol., Baltimore, 1955.

Deux faits méritent également d'être mis en lumière : la lente introduction du marxisme, la persistance des divisions. La première série du journal de Jules Guesde de novembre 1877 à juillet 1878 porte comme sous-titre : « journal républicain socialiste », la deuxième série, qui naît en janvier 1880, se proclame « organe collectiviste révolutionnaire[1] ». Entre les deux séries s'est tenu le Congrès ouvrier socialiste de France à Marseille en octobre 1879. Il réunit des délégués des syndicats et adopte, par 73 voix contre 27, un programme marxiste, adhère au collectivisme. Le Congrès dénonce les illusions de la coopération, de l'alliance du capital et du travail. *L'Égalité* s'en prend aux radicaux. Le congrès du Havre en 1880 adopta le programme dû à Marx et Guesde. Les textes de Marx eux-mêmes ne sont guère connus. C'est en 1885 seulement que l'hebdomadaire du parti ouvrier publie la traduction complète du *Manifeste*. Elle est reproduite, l'année suivante, dans *la France socialiste*, un livre du journaliste, bientôt boulangiste, Mermeix. Guesde et son compagnon Lafargue, qui est un esprit plus original, vulgarisent inlassablement les grands thèmes du marxisme : l'exploitation capitaliste, la lutte des classes, la marche inéluctable vers le collectivisme. La conviction de la proximité de la révolution fonde l'intransigeance messianique des guesdistes. Dans le textile, à Roanne, Reims, Troyes, Roubaix, chez les métallurgistes et les mineurs, à Montluçon ou Commentry, s'esquisse une carte durable du guesdisme.

L'échec des candidats du parti aux élections de 1881 entraîne une scission. Le conflit porte sur l'organisation du parti : unitaire ou fédérale? et sur la tactique : révolutionnaire ou réformiste? A Saint-Étienne, en 1882, la minorité rompt avec les « possibilistes », qui veulent fractionner leur but « jusqu'à le rendre possible », pratiquer « la politique des possibilités ». Les guesdistes forment le parti ouvrier, tandis que le docteur Brousse et ses amis constituent en 1883 la Fédération des travailleurs socialistes (FTS). Ils ne sont pas très éloignés des radicaux avancés; pour eux la lutte pour la République prime la lutte de classes. Ils gardent de bonnes

1. Cf. l'article de Michelle Perrot, « Le premier journal marxiste français : *l'Égalité* de Jules Guesde, 1877-1883 », *Actualité de l'histoire*, juillet-septembre 1959.

relations avec le monde syndical. Les groupes que réunissent les fédérations régionales de la FTS sont des cercles d'études ou des chambres syndicales. Leur influence est grande dans l'artisanat parisien, dans les petits centres industriels, proches du monde rural.

C'est dans ce même monde où demeure la tradition des sociétés secrètes, des journées révolutionnaires, que les disciples de Blanqui, de Granger, de Vaillant, d'Eudes, après l'amnistie, fondent en 1881 le Comité révolutionnaire central, groupement fermé qui ne devint que plus tard une formation politique. Souvent confondus de l'extérieur avec les socialistes, les « compagnons » anarchistes s'en distinguent profondément par leur refus de la politique. A travers Bakounine et la Fédération jurassienne, par l'intermédiaire aussi de Kropotkine, les idées anarchistes cheminent, particulièrement dans le Sud-Est, au sein de petits groupes, qui s'opposent aux socialistes, dont le nombre n'est pas alors beaucoup plus considérable. L'anarchisme peut déboucher sur l'action directe par des attentats spectaculaires, ainsi en 1886 à Montceau-les-Mines. Ainsi les oppositions de personnes, la diversité des milieux professionnels, le poids surtout des traditions historiques expliquent des divisions durables. Peut-être celles-ci sont-elles d'autant plus vives qu'elles mettent en cause des groupes restreints [1], des sectes, où s'exaspèrent les conflits internes. A cette date, hormis la conquête de quelques mairies, les divers socialismes ne comptent guère sur le plan politique. Le peuple ouvrier, les paysans avancés restent fidèles aux radicaux.

Les républicains de gouvernement.

Le centre gauche, une fois acquise la victoire des républicains, joue un rôle moindre que précédemment. Encore prépondérant dans le ministère Waddington, en 1879, il tient ensuite une place secondaire dans les gouvernements. A la Chambre, il ne constitue plus qu'un groupe faible qui revient avec 39 députés en 1881. En revanche au Sénat, il conserve une audience appréciable, encore

1. Mermeix, dans sa *France socialiste*, en 1886, attribue environ 200 militants déterminés au Comité révolutionnaire central.

le renouvellement de janvier 1882 qui confirme les succès républicains ne rend-il plus son appoint indispensable. La division majeure, au sein des républicains de gouvernement, oppose la gauche républicaine de Grévy et Ferry et l'Union républicaine de Gambetta. On a suggéré plus haut que l'opposition reflète celle de deux personnels : bourgeois installés de la gauche républicaine, parvenus de la politique de l'Union républicaine. Encore faut-il nuancer : Waldeck-Rousseau qui va passer à l'Union républicaine est issu de la moyenne bourgeoisie nantaise; Paul Bert appartient à une famille de notables ruraux enrichis. La famille Bert vit à Auxerre dans un ancien couvent de dominicains acquis sous la Révolution par l'arrière grand-père, commerçant en bois, du collaborateur de Claude Bernard. Par-delà les conflits de personnes ou les contrastes sociaux entre deux personnels, il est indispensable, plus qu'on ne l'a fait parfois, de noter un accent et un ton légèrement différents. Certes l'écart est faible : tous ont le même souci, qui définit l'opportunisme, de sérier les questions et de ne faire que les réformes possibles, tous reconnaissent les nécessités de l'ordre « dans le budget comme dans la rue » selon la formule d'André Siegfried, fils d'une des personnalités éminentes du régime. Cependant les gambettistes, à la différence de la gauche républicaine souhaitent que l'État parle haut aux intérêts. Gambetta essaiera, en vain, la révision des conventions de chemins de fer. Waldeck-Rousseau, le 14 juillet 1882 à Rennes, dénonça l' « oligarchie des grands monopoles, qui reçoivent encore la dîme du commerce et de l'industrie, oligarchie de la haute banque assez hardie pour avoir mis le crédit en ferme [1] ». Par là, l'Union républicaine, qui compte en son sein un certain nombre de radicaux, garde le contact avec les républicains avancés. Pour Gambetta et ses amis, il s'agit du reste moins de mettre fin à une injustice que d'affirmer l'autorité de l'État. Gambetta est parvenu à une vision très claire de la nécessité de l'autorité dans la démocratie. Elle fonde ses initiatives en faveur du scrutin de liste, qui mettrait fin au « petit scrutin », à la tyrannie des électeurs et des comités sur l'élu, elle fonde l'affirmation de l'indépendance de l'administration. La circulaire de Waldeck-Rousseau, ministre de l'Intérieur du grand ministère, le

1. Cité par Joseph Reinach (85), p. 129.

24 novembre 1882, s'oppose aux interventions des parlementaires. Gambetta souhaite un « pouvoir fort », qui s'appuie sur des partis organisés, à l'anglaise, la présidence du conseil allant au chef de la majorité. Ni les radicaux, ni sans doute tous les membres de l'Union républicaine, ni surtout les amis de Grévy n'admettent un tel système politique. Il suffit, pour s'en convaincre, de lire les souvenirs de Bernard Lavergne, médecin à Montredon dans le Tarn, confident de Grévy, dominé par la crainte de la tyrannie d'un homme qui joue de manière inquiétante de sa popularité, la crainte du pouvoir personnel.

Il y a autre chose : le conflit sous-jacent sur la politique extérieure. L'ancien chef de la délégation de Tours souhaite une politique de « fierté nationale ». Gambetta se passionne pour les choses militaires, il voyage en Europe, il place très haut la politique extérieure : « la vraie, la seule politique, qui puisse et doive intéresser une grande et noble nation vaincue et découragée [1] ». Le 9 août 1880, assistant à Cherbourg à la revue de la flotte, aux côtés du président de la République, Gambetta, président de la Chambre, évoque les provinces perdues. Il affirme : « Les grandes réparations peuvent sortir du droit », et invoque la « justice immanente ». Ces propos sont en fait modérés et marquent le refus d'un « esprit belliqueux ». Gambetta n'en passe pas moins pour l'homme de la revanche. En fait, il souhaite orienter la France vers l'expansion outre-mer. En 1872, déjà, à Angers, il prédisait que la France saurait reprendre son rang si elle se tournait vers l'expansion dans le monde. Il pousse Ferry à mettre la main sur la Tunisie. Lors du grand ministère, il prend une position vigoureuse sur les affaires d'Égypte qui, selon Freycinet, suscite le cri : « Gambetta veut la guerre. » Il se heurte là aux partisans d'une politique de recueillement, comme Grévy, aussi bien qu'aux radicaux, ennemis des entreprises coloniales. On le voit, les grandes orientations de la politique extérieure sont une donnée appréciable d'un conflit qui donne la clef de l'évolution politique des premières années de la République des républicains, et dont le sens paraît parfois difficilement perceptible. Elles expliquent aussi pourquoi, après

1. Lettre à Ranc, du 24 décembre 1874, citée par D. Halévy et E. Pillias.

la mort de Gambetta, nombre de ses amis portèrent leur soutien à Ferry, en qui ils reconnaissaient un homme d'État.

La droite.

L'opposition de droite est sans vigueur. Elle ne livre dans les assemblées parlementaires que des batailles perdues, tout au plus peut-elle, grâce à l'appui du centre gauche au Sénat, empêcher en 1880 le vote de l'article 7 qui frappe les congrégations non autorisées. Mais Ferry et Freycinet tournent cet obstacle en prenant les décrets du 29 mars 1880. Ni la démission de nombreux magistrats, ni la tentative de résistance par la force qu'essaient les légitimistes n'entravent la dissolution des établissements congréganistes frappés. Rome et les évêques souhaitent la modération, conscients des sentiments de l'opinion. Sauf dans quelques départements, la droite catholique ne parvient pas à mobiliser les foules contre la politique de laïcité.

Les élections de 1881 se déroulèrent dans un climat d'atonie et virent un progrès considérable de l'abstentionnisme qui atteignit 31,4 %. L'indifférence était le fait des conservateurs, dont les députés revinrent à moins de cent, pour moitié des bonapartistes. Dans bien des départements acquis aux républicains, comme la Côte-d'Or, la droite renonça à faire campagne. Dans la France de l'Est et du Sud-Est acquise aux idées républicaines, les électeurs de droite jugèrent souvent inutile d'aller aux urnes. En 1883, les élections aux conseils généraux ne laissèrent la majorité à la droite que dans neuf départements seulement. La mort, la même année, du comte de Chambord ne met pas fin aux divisions des royalistes. En effet, tous les légitimistes ne se rallient pas au prétendant orléaniste, le comte de Paris. Quant aux bonapartistes, depuis la disparition du prince impérial en 1879, ils se partagent entre le prince Jérôme, anticlérical, et son fils aîné, Victor, désigné par le testament du prince impérial.

Pourtant, si la droite avait perdu le pouvoir politique, elle conservait une influence sociale par sa fortune, son prestige dans le monde, sa place dans les grands corps de l'État — seuls le corps préfectoral et les procureurs généraux firent l'objet d'une profonde épuration —, son lien avec le monde des affaires. Dès lors que les intérêts n'étaient pas en cause, et cette attitude indigna l'extrême droite intransigeante, les conservateurs se bornèrent à une opposition parlementaire : mais les républicains de gouvernement ne songeaient guère à mettre en cause l'ordre social.

L'Église n'est pas une force politique, mais une puissance sociale qui, sous l'ordre moral et au temps du 16 mai, a pesé du côté de la droite conservatrice. Il importe donc d'évoquer ici son influence. Elle ne peut manquer d'inquiéter les républicains, même si le péril supposé est bien supérieur au danger réel. Le budget des cultes dépasse 50 millions de francs[1]. La direction des cultes, rattachée tantôt à l'Intérieur, tantôt à l'Instruction publique, est, par le personnel de son ressort, l'un des principaux ministères civils : en 1876, on dénombre 55 369 séculiers, dont la grande majorité est rétribuée. Encore les républicains espèrent-ils, par une application vigilante du concordat, garder en main le clergé séculier qu'ils pensent pouvoir détourner des idées ultramontaines et contre-révolutionnaires. Telle est l'attitude de Flourens, conseiller d'État, d'esprit gallican, qui va être à la tête de la direction des cultes de 1877 à 1885, sauf pendant le « grand ministère » de Gambetta. En revanche, les congrégations sont l'objet d'une grande méfiance, et, dans certains cas, celui notamment de la Compagnie de Jésus, d'une vive hostilité. En 1876, on dénombre 30 287 religieux, 127 753 religieuses. Ces chiffres démontrent l'ampleur de la restauration catholique qui s'est accompagnée, au long du XIXe siècle, du développement des congrégations féminines. Les religieuses sont plus de trois fois plus nombreuses qu'à la veille de la Révolution. Les congrégations non autorisées de femmes sont le petit nombre : elles comptent 14 000 membres; en revanche, le quart des congréganistes, 7 444 hommes, appartiennent à des congrégations non autorisées et jouissent d'une simple tolérance. Tel est le cas des jésuites qui, dans leurs vingt-neuf collèges, dispensent leur enseignement à 11 000 élèves, soit près du quart des élèves des collèges congréganistes. Aussi bien le rôle des congréganistes dans l'enseignement est-il dénoncé avec vigueur par les républicains : « la milice ultramontaine » ne dispense-t-elle pas un enseignement contraire aux « principes de la société moderne » et adversaire de la

1. 53 216 074 francs en 1872, 52 408 162 francs en 1880.

République? L'extension de la main morte, « scandale dans ce peuple des Gaules, composé de paysans et de propriétaires », selon Gambetta, n'est pas un moindre péril. Une enquête sur la fortune des congrégations ne révèle-t-elle pas qu'elle atteint une contenance cadastrale de 40 520 hectares? une valeur vénale de 712 538 980 francs?

Le budget des cultes, les ressources des congrégations, la charité des fidèles accréditent l'idée que l'Église a une immense fortune. Elle tient de fait dans la vie sociale une place considérable. En 1880, les hôpitaux et hospices des congrégations accueillent 114 199 assistés. Plus de 60 000 enfants sont accueillis dans les orphelinats et les ouvroirs, auxquels on doit ajouter les institutions d'apprentissage, les patronages, les maisons de refuge, les asiles d'aliénés.

Au moment où les républicains arrivent aux affaires, la place de l'Église dans l'enseignement est grande. Depuis la loi Falloux de 1850, les collèges ont poursuivi leur croissance : ils comptent, en 1876, 46 816 élèves. Si l'on tient compte des élèves des petits séminaires, on obtient presque le nombre des élèves des lycées et collèges communaux qui sont 72 250. Ces collèges sont tenus par des séculiers ou des congréganistes. L'Église est présente au sein même de l'Université : des évêques siègent au Conseil supérieur, des prêtres dans les conseils académiques. L'enseignement de la religion, donné par les aumôniers, fait partie des programmes des lycées.

Dans l'enseignement primaire, l'Église est presque maîtresse. Les congréganistes assurent l'enseignement dans plus des deux cinquièmes des écoles primaires publiques. Même lorsque le maître est un laïc, l'école est confessionnelle. Le maître enseigne le catéchisme et l'histoire sainte [1]. La prière ouvre et clôt la classe. L'instituteur chante au lutrin, conduit les enfants aux offices, il doit, selon les instructions officielles, « les porter au recueillement par son exemple ». La tutelle du curé, plus ou moins lourde selon les régions, est difficilement supportée par les jeunes générations d'instituteurs qui vont trouver dans la laïcisation une libération.

1. Cf. P. Zind, *l'Enseignement religieux dans l'instruction primaire publique en France, 1850-1875*, Lyon, 1971; l'auteur décrit à merveille la manière dont était enseignée la religion sous le régime de la loi Falloux.

En 1880, 39 000 religieuses élèvent plus de la moitié des filles qui fréquentent l'école primaire.

La loi de 1875 sur la liberté de l'enseignement supérieur vient d'accroître encore l'influence de l'Église : elle permet l'ouverture d'universités libres catholiques, elle donne la collation des grades à des jurys mixtes formés de professeurs des facultés de l'État et des universités libres. A ces prétentions de l'Église, s'oppose l'esprit même de l'Université attachée depuis ses origines à assurer la formation des esprits, service public déterminé à reprendre ses droits.

2. Les ministères opportunistes 1879-1885

Dès son entrée en fonctions, Grévy usa du droit du président de la République de désigner le président du Conseil : il n'appela pas Gambetta, mais Waddington, l'ancien ministre des Affaires étrangères, qui forma un gouvernement composé d'hommes du centre gauche et de la gauche républicaine dont Ferry. Devant l'hostilité de l'Union républicaine, le gouvernement démissionna le 12 décembre. Grévy appela Freycinet, ami de Gambetta qui l'encouragea à accepter : celui-ci préférait attendre les élections de 1881 et exercer, de la présidence de la Chambre, une magistrature d'influence. Le centre gauche quittait le gouvernement où entrait l'Union républicaine. Freycinet intima aux congrégations non autorisées, par les décrets du 29 mars, de demander l'autorisation de l'État. Il fit procéder à l'expulsion et à la dissolution de la Compagnie de Jésus. En même temps, il négocia avec Rome, souhaitant régler le sort des autres congrégations, par le recours à une loi sur les associations. Mais les ministres de l'Union républicaine, conseillés par Gambetta, voulaient l'exécution des décrets. Freycinet démissionna. Grévy, une nouvelle fois, ne s'adressa pas au responsable de la chute du gouvernement, mais à Ferry, qui garda l'Instruction publique et ne prit que trois nouveaux ministres. Il procéda à la dispersion des congrégations non autorisées, sauf les chartreux et les trappistes.

Ainsi, pendant près de trois ans, Grévy, jouant habilement de ce qu'il n'y avait pas de véritable majorité, mais une coalition de groupes, avait pu écarter Gambetta. Le temps travaillait contre celui-ci : son influence irritait, l'hostilité des radicaux se faisait plus vive. Il espérait le scrutin de liste : la Chambre l'accepta à une faible majorité, le Sénat le repoussa. C'était un échec pour Gambetta. Les élections furent sans passion, sans mots d'ordre nationaux, à la différence de 1877. Le rôle des comités et des notabilités locales fut décisif. Il le resterait longtemps, empêchant la naissance de véritables partis. Gambetta n'était pas, comme lors de la victoire sur Mac-Mahon, le chef d'une majorité organisée. Certes l'Union républicaine, avec 204 membres, l'emportait sur la gauche républicaine, qui avait 168 élus, mais la diversité des gambettistes est grande, bien plus que quatre ans plus tôt. Ils sont réunis plus par la « séduction d'un leader que par la convergence des opinions [1] ».

Après les élections, la démission de Ferry, usé par l'affaire tunisienne, ouvrait enfin la voie du pouvoir à Gambetta. Celui-ci était las. Croyait-il au succès? Freycinet et Léon Say lui refusèrent leur concours. Le premier eût gagné une fraction des radicaux, le second eût rallié les milieux d'affaires, inquiets des projets de rachat des compagnies de chemin de fer prêtés à Gambetta, qui voulait en fait la révision des conventions. Dès la formation du gouvernement, le 3 % baissa en bourse. Le « grand ministère » attendu fut formé de membres de l'Union républicaine, jeunes — de 30 à 45 ans — et peu connus. Le ton de Gambetta, ses nominations — le général de Miribel fut mis à la tête de l'état-major —, irritèrent les députés. Gambetta joua son va-tout : il déposa un projet de révision portant à la fois sur le Sénat et sur le scrutin de liste qui serait inscrit dans la Constitution. Mis en minorité par la coalition des républicains modérés, de l'extrême gauche, de la droite, Gambetta démissionnait le 26 janvier, au bout de 74 jours. Sans illusions, il ne gardait plus qu'une « fragile espérance » :

1. Cf. l'article d'une grande portée méthodologique d'A. Prost et C. Rosenzveig, « La Chambre des députés (1881-1885). Analyse factorielle des scrutins », *Revue française de science politique*, février 1971, p. 5-50.

la dissolution et des élections au scrutin de liste qui forceraient le pays à choisir « entre l'avilissement et la fierté nationale [1] ». Mais dans les derniers jours de 1882 il succombait à une banale infection. Du Palais-Bourbon au Père Lachaise, le convoi funèbre « s'étendit sur Paris comme une écharpe de deuil » (G. Hanotaux). La disparition, à quarante-quatre ans, du chef de la Défense nationale et du parti républicain marquait la fin de l' « âge héroïque » de la République.

Pourtant l'héritage du grand ministère et du gambettisme demeurait. Gambetta avait séparé le ministère de l'Agriculture, qui eut ainsi sa pleine dignité, de celui du Commerce. Il avait créé un sous-secrétariat aux Colonies. Il avait donné des responsabilités ministérielles à des hommes dont le rôle serait considérable dans l'histoire de la République. Félix Faure, sous-secrétaire d'État aux colonies, accèderait à la magistrature suprême. Rouvier inaugurait une longue carrière, aux confins de la politique et des affaires, Waldeck-Rousseau, jeune ministre de l'Intérieur de Gambetta, serait, après l'affaire Dreyfus, président du Conseil lors de la défense républicaine. Surtout, à la mort de Gambetta, ses amis politiques évitèrent de se disperser. Unis par la camaraderie politique et les luttes communes, ils furent, selon le mot de Freycinet, le « moteur de la République ».

Aussi bien, en février 1883, après d'éphémères cabinets confiés à Freycinet et à Duclerc, Ferry trouve-t-il une majorité de centre qui va le soutenir plus de deux ans, contre les extrêmes. Elle est fondée sur l'entente de l'union républicaine et de la gauche républicaine. Ferry veut « un terrain solide à l'abri des crises incessantes », et « laisser au gouvernement l'initiative qui lui appartient de droit ». Plusieurs membres du « grand ministère » font partie du gouvernement, dont Waldeck-Rousseau à l'Intérieur. La réconciliation des opportunistes permit à la République, selon le mot de Ferry, d' « être un gouvernement » pendant une période brève mais décisive.

1. Lettre citée par D. Halévy et E. Pillias.

3. L'œuvre des opportunistes

Les républicains étaient unis pour mettre en œuvre leur programme de libertés démocratiques et fonder la laïcité de l'État et de l'école. C'est là sans doute l'aspect le plus original de leur œuvre et celui qui devait marquer le plus profondément le visage de la France contemporaine. Il importe donc de s'y attacher tout d'abord.

Les libertés démocratiques.

Les républicains abolirent les dispositions répressives dont ils venaient de souffrir lors de l'ordre moral et du 16 mai. Une loi donna la liberté d'ouvrir et de transférer les débits de boisson, par une déclaration à la mairie. Disposition essentielle, le cabaret, cette contre-église républicaine, n'est plus soumis à l'arbitraire de l'autorisation administrative. De même, une loi de 1880 établit la liberté du colportage. La loi du 29 juillet 1881, réplique à la compression de l'ordre moral, instaura un régime extrêmement libéral en matière de presse. Les entraves préventives supprimées, était maintenue la possibilité du droit de réponse. Les délits de presse étaient soumis au jury. Ce régime permit un essor inégalé de la presse d'opinion. Les républicains de gouvernement, à la différence des conservateurs, connaissaient suffisamment la presse pour ne pas voir là un risque considérable. Ils savaient la presse « suffisamment diversifiée dans ses tendances pour que sa redoutable puissance ne puisse plus être un pouvoir [1] ».

La loi du 30 juin 1881 permit de tenir les réunions publiques sans autorisation. Elle imposait simplement une déclaration préalable [2] et la constitution d'un bureau. En revanche, les projets sur la liberté d'association échouèrent : n'était-ce pas laisser le champ libre aux entreprises des congrégations? Plus généralement, l'individualisme du temps se méfiait des groupes et des associations.

1. P. Albert (87).
2. Cette disposition disparut en 1907 : le gouvernement avait voulu mettre les cérémonies du culte sous le régime de cette loi, les catholiques refusant les « associations cultuelles ». Mais ils marquèrent la même hostilité à la déclaration préalable, qui fut alors supprimée.

Cependant les républicains acceptèrent de donner la liberté syndicale par la loi Waldeck-Rousseau de 1884.

La loi du 28 mars 1882 rendit à tous les conseils municipaux le droit d'élire leurs maires. Elle mit fin aux dispositions héritées de la monarchie censitaire qui prescrivaient dans les communes ayant moins de 100 000 francs de revenu l'adjonction des plus imposés au conseil municipal pour le vote des emprunts et des contributions extraordinaires. La loi du 5 avril 1884 sur l'organisation municipale consacra l'élection des maires et des adjoints, la publicité des séances. Paris conserva un régime d'exception, indice de la méfiance de la province vis-à-vis de la capitale révolutionnaire. Le préfet de la Seine exerçait les pouvoirs du maire, le préfet de police gardait la haute main sur les policiers « municipaux ». Ailleurs le maire « était chargé, sous la surveillance de l'administration supérieure, de la police municipale, de la police rurale et de l'exécution des actes de l'autorité supérieure qui y sont relatifs » (art. 91). Les mairies furent un foyer de vie et d'éducation politique, tout particulièrement dans le monde rural. Les initiatives des conseils municipaux, notamment en matière religieuse (subventions aux fabriques, traitement des vicaires, interdiction des processions) et scolaire (création d'écoles, laïcisation du personnel), furent l'occasion de débats importants. En revanche le maintien de la tutelle administrative du préfet, que Ferry dénonçait en 1865 lors du programme de Nancy, limita l'autonomie financière des municipalités.

Aussi bien les républicains au pouvoir abandonnèrent-ils leurs projets de décentralisation, et l'expérience du gouvernement les amena-t-elle à retrouver l'idéal jacobin de centralisation que Gambetta, pour sa part, affirmait avoir toujours défendu. En 1886, le vote de l'amendement Colfavru portant suppression des sous-préfets n'eut pas de conséquence. Les républicains conservèrent les structures administratives léguées par Bonaparte à la France du XIXe siècle. Le Conseil d'État, haï en 1870 pour son rôle sous l'Empire, et menacé par l'Assemblée nationale, fut remanié en 1879 par la loi du 13 juillet. Le gouvernement nomma aux places vacantes et créa un personnel républicain [1]. Le Conseil d'État garda son

1. Cf. V. Wright, « L'épuration du Conseil d'État, juillet 1879 », *loc. cit.*

rôle essentiel de haut tribunal administratif, seul juge des actes de l'administration. Lorsqu'en 1880, les religieux expulsés portèrent plainte contre les préfets devant les tribunaux civils pour violation de domicile, les tribunaux furent dessaisis et l'affaire portée au tribunal des conflits. Il était composé pour moitié de membres du Conseil d'État et jugea la plainte non recevable. Rien ne fut changé non plus aux autres grands corps de l'État recrutés par des concours qui étaient une manière de cooptation. En revanche, les postes de préfet et de sous-préfet purent aller à des membres de la classe politique : journalistes, parlementaires. C'est ainsi qu'Arthur Huc, avant d'être à la tête de *la Dépêche de Toulouse*, fut sous-préfet.

Pas plus qu'à l'administration, les opportunistes ne touchèrent profondément à la magistrature. Les radicaux souhaitaient l'élection des juges, comme sous la Révolution française et aux États-Unis, et la fin de l'inamovibilité de la magistrature assise, « principe monarchique ». La loi de 1883 qui réduisait le nombre de sièges de magistrats permit une épuration par mise à la retraite ou déplacement d'un personnel conservateur qui venait de prendre la défense des congrégations. L'inamovibilité fut suspendue trois mois. Le jury fut, d'autre part, rendu à la justice correctionnelle. Là se borna la réforme.

Le Congrès réuni en août 1884 vota une révision constitutionnelle de portée limitée : elle supprima les prières publiques à l'ouverture de la session parlementaire, consacrant la laïcisation de l'État. « La forme républicaine du gouvernement » ne pouvait être soumise à révision, disposition qui faisait de la propagande royaliste un acte anticonstitutionnel. Surtout le mode d'élection du Sénat n'était plus inscrit dans la Constitution. Le principe des sénateurs inamovibles fut supprimé. Les sièges à vie furent attribués aux départements les plus peuplés à mesure des vacances. Les communes eurent de un à trente électeurs sénatoriaux, selon le nombre des conseillers municipaux. La loi électorale n'en maintenait pas moins la prépondérance de la France rurale. L'extrême gauche ne parvint pas à imposer l'élection au suffrage universel, encore moins la suppression de la chambre de réflexion.

L'œuvre laïque et la politique scolaire.

Le vrai ciment du « parti républicain », on y a déjà insisté, est dans la commune volonté de séculariser l'État et la vie sociale. Par là, il était fidèle à la Révolution française, dont la « grande passion » était « d'avoir constitué cet État laïque,... d'avoir achevé de rendre les organes de la société exclusivement laïques..., d'avoir enlevé au clergé son organisation politique, son rôle de corps de l'État [1] ». Vouloir ôter au clergé son influence dans la société et son autorité politique, voilà le fond de l'anticléricalisme républicain, exaspéré par l'attitude de l'Église au côté des conservateurs, sous l'Empire et l'Ordre moral. L'apparition du mot « anticlérical » dans le supplément du *Littré* en 1877 est révélatrice de l'évolution de l'esprit public : de la fin de l'Empire aux environs de 1885, s'étend une ample vague d'anticléricalisme, qui fut suivie, pour une quinzaine d'années, d'une phase d'accalmie. Certes, cet anticléricalisme présente des formes diverses. Il peut s'enraciner dans la tradition de la Révolution déchristianisatrice, il peut se fonder sur l'adhésion à une philosophie matérialiste, telle est souvent l'attitude des radicaux, c'est aussi celle, dans le personnel gambettiste, d'un Paul Bert. Il peut s'appuyer sur l'adhésion au positivisme d'Auguste Comte, connu directement, c'est le cas pour un Ferry ou un Challemel-Lacour, ou de seconde main, mais dont les grands thèmes inspirent le personnel opportuniste. Il trouve là, mais aussi dans le protestantisme libéral, et le kantisme, l'idée que les religions révélées de l'âge théologique sont appelées à disparaître, qu'il est possible de s'en accommoder si elles consentent à borner leur influence au domaine privé. Sur ce dernier point, les républicains trouvaient l'assentiment de tous ceux qui répudiaient le cléricalisme, y compris de ces catholiques « selon le suffrage universel [2] », modérés, qui persistèrent à voter républicain dès lors que la République ne s'en prenait pas au culte. Aussi les républicains de gouvernement firent-ils preuve d'une certaine modération de fait.

1. Ferry à la Chambre des députés le 3 juin 1876.
2. Selon la formule de Littré dans son livre pénétrant, *De l'établissement de la IIIe République*, Paris, 1880, reprise d'articles parus dans la *Revue de philosophie positive*, p. 489-508. Littré en tirait argument pour s'élever contre des mesures d'exception.

Si Ferry voulait, selon son mot célèbre à Jaurès, « établir l'humanité sans Dieu et sans roi », il se savait aussi, comme il l'écrivait à sa femme, « l'élu d'un peuple qui fait des reposoirs, qui tient à la République, mais qui ne tient pas moins à ses processions ».

La suppression, dès 1879, de la loi de 1814 interdisant de travailler le dimanche, l'abolition du caractère confessionnel des cimetières, par la loi du 28 juillet 1881, la loi du 15 novembre 1887 sur la liberté des funérailles qui favorise l'action des sociétés en faveur des obsèques civiles, la laïcisation des hôpitaux, l'enlèvement des crucifix des prétoires, le vote, en 1884, de la loi sur le divorce due au radical Naquet (le divorce par consentement mutuel qu'avaient autorisé les articles du Code civil abrogés en 1816 ne fut pas rétabli : Ferry fit preuve là encore de prudence), ces mesures parachèvent l'œuvre de sécularisation de la Révolution française.

Cependant, les opportunistes ne mirent pas en cause le budget des cultes et le Concordat, dont les radicaux demandaient l'abolition. Autant que par la prudence vis-à-vis de l'électorat, cette attitude s'explique par la volonté de ne pas renoncer à une arme précieuse pour contrôler l'influence du clergé séculier. La possibilité de suspendre ou de supprimer les traitements ecclésiastiques, autorisée par un avis du Conseil d'État d'avril 1883, la nomination des évêques par le président de la République, des curés par la Direction des cultes, sont des moyens de pression non négligeables. Les relations avec les nonces à Paris demeurent courtoises, particulièrement avec Mgr Czacki, nommé en 1879. Léon XIII n'est pas hostile à un régime qui protège les missions outre-mer et qui, somme toute, est moins hostile à l'Église que l'Empire de Bismarck ou l'Italie unifiée. Aussi le pape invita-t-il les catholiques français à la modération lorsque le gouvernement s'en prit aux congrégations non autorisées, en s'appuyant sur les textes auxquels avaient recouru maints régimes avant lui. Le pape ne se départit pas de cette attitude devant la politique scolaire.

Celle-ci était bien la « pierre angulaire » de l'œuvre de laïcité. C'est à son propos aussi que s'affirma avec le plus de netteté ce que Ferdinand Buisson, le collaborateur de Ferry, appela la « foi laïque ». Il est indispensable d'en définir les composantes avant d'esquisser les grands traits de cette politique. Dans la *Revue pédagogique* de 1882, Ferry voyait dans la politique laïque « la plus grande des réformes sociales et la plus sérieuse, la plus durable des réformes politiques... lorsque toute la jeunesse française se sera développée, aura grandi sous cette triple étoile de la gratuité, de l'obligation et de la laïcité, nous n'aurons plus rien à craindre des retours du passé, car nous aurons pour nous en défendre... l'esprit de toutes ces générations nouvelles, de ces jeunes et innombrables réserves de la démocratie républicaine, formées à l'école de la science et de la raison, et qui opposeront à l'esprit rétrograde l'insurmontable obstacle des intelligences libres et des consciences affranchies ». Fonder le progrès social, enraciner la République, libérer les consciences, tel est le triple objectif des fondateurs de l'école de la République.

Hormis une minorité au sein des socialistes, les républicains, quelles que fussent leurs divisions, ne doutèrent pas que l'école fût un puissant facteur de promotion sociale, propre à favoriser l'égalité et à mettre fin aux hiérarchies sociales traditionnelles. Ils partageaient l'optimisme du XIXe siècle sur ce point et pensaient, comme l'avait écrit Allain-Targé sous l'Empire, que « la diffusion des lumières » mettrait fin à l' « inégalité dans les rapports sociaux [1] ». Du moins, fidèles à la pensée de Condorcet, voyaient-ils dans l'institution des bourses données au mérite un remède suffisant « à l'inégalité sociale résultant de l'inégalité des fortunes ». Ce faisant, ils donnaient satisfaction non seulement aux « nouvelles couches », mais aussi à tout un peuple désireux d'ascension sociale. Fondée en 1866 par un maître de pension de Beblenheim, dans le Haut-Rhin, Jean Macé, la Ligue de l'enseignement, qui joua un rôle de groupe de pression en faveur de l'œuvre de laïcité, passa, entre 1870 et 1877, de 18 000 à 60 000 adhérents : elle toucha au-delà des classes moyennes, une élite ouvrière qui associait instruction et progrès.

Fonder l'école laïque, c'est aussi fonder la République et, les deux notions sont alors indissociables, fortifier la patrie. Il ne s'agit pas seulement de gagner les générations nouvelles au régime, mais d'affirmer une conception unitaire de la communauté nationale. Sur les bancs de l'école laïque doit se forger, par-delà les divisions de classe ou la diversité des régions, le sentiment de l'unité natio-

1. Cf. Maurice Sorre, « Les pères du radicalisme », *Revue française de science politique*, octobre 1951.

nale. C'est dire que l'idée laïque, aux temps de la République des républicains, ne se sépare pas du sentiment patriotique. L'instituteur prussien a fait la victoire de sa patrie, l'instituteur de la République préparera la revanche. Ferry fit distribuer dans les écoles vingt mille exemplaires des *Chants du soldat* de Déroulède. Dans un discours aux Sociétés de gymnastique, à Reims, en 1882, il exalta l'instruction physique, fondement de l'instruction militaire. La formation prémilitaire fut l'une des tâches des instituteurs. La Ligue de l'enseignement prit pour devise : « Pour la patrie, par le livre et par l'épée. » Ferdinand Buisson siégea au comité directeur de la Ligue des patriotes.

Fonder l'école laïque, c'est aussi affranchir les consciences de l' « esprit rétrograde ». Ferry et ses collaborateurs, malgré leur affirmation sincère de respect des croyances, estiment que l'Église est une force d'obscurantisme, vouée à la disparition. L'idée laïque comprend une orientation idéologique précise et est inséparable d'un système de pensée. On touche là au double visage de la laïcité : est-elle l'acceptation d'un état de fait, celle de la neutralité de l'État, de son refus de professer une religion ou une philosophie, ou n'est-elle pas une philosophie propre d'inspiration rationaliste, voire antireligieuse? Le « credo laïque », que diffusent notamment les manuels de morale, s'alimente à deux sources voisines, la morale kantienne — ainsi dans le manuel que publie en 1883, à l'intention des écoles primaires, Louis Liard, alors recteur de l'université de Caen — et le protestantisme libéral. Ferdinand Buisson, qui fonda à Neuchâtel, en 1866, le journal *le Christianisme libéral*, Steeg et Pécaut, anciens pasteurs, ont en commun un spiritualisme qui refuse les dogmes, une religiosité qui s'apparente à la profession de foi du vicaire savoyard. Pécaut, directeur d'études, dès septembre 1880, à l'École normale supérieure de Fontenay-aux-Roses, dispense chaque matin aux futures maîtresses et directrices d'École normale une conférence de morale suivie d'un chœur laïque. Il voulut, selon le mot de Buisson, être le « Saint-Cyran laïque, philosophe et républicain » d'un nouveau Port-Royal. Sur la tombe de Steeg, Buisson rappela leur idéal : « Dégager du christianisme traditionnel et intégral une sorte d'évangile, une religion laïque de l'idéal moral sans dogmes, sans morale et sans prêtres. » Ils fondèrent une manière de spirituel républicain.

Celui-ci n'atteignit pas toujours à ces hauteurs. L'idéologie laïque se réduisit bien souvent à un moralisme un peu court, qui finit parfois dans l'apologie du genre de vie petit-bourgeois, dans une sagesse pratique qui exalte l'épargne et l'économie, prône l'hygiène et la sobriété, refuse tout mystère, ignore Mélusine comme la Vierge Marie. On retrouvait l'utilitarisme de Franklin, la sagesse du bonhomme Richard. Très représentatif de cet état d'esprit, un livre de lecture qui forma des générations d'enfants, *le Tour de la France par deux enfants*, que publie en 1877, avec le sous-titre *Devoir et Patrie*, G. Bruno. Sous le pseudonyme, qui rend hommage au libre-penseur Giordano Bruno, se dissimule Mme Guyau, mariée en secondes noces au philosophe Fouillée, mère de Jean-Marie Guyau, l'auteur de l'*Irréligion de l'avenir*.

Ferry, sans faire adopter la loi d'ensemble qu'eût souhaitée Paul Bert, adopta une démarche qui abordait tour à tour les différentes questions. Mais cet empirisme dans la méthode va de pair avec un projet d'une extrême cohérence. Tous les degrés d'enseignement furent réorganisés. Le projet de réforme du Conseil supérieur de l'Instruction publique fut déposé par Ferry dès son accession au ministère dans le gouvernement Freycinet. Adoptée en février 1880, la loi excluait du Conseil les personnalités étrangères à l'enseignement et notamment les ministres des cultes. C'en était fini du système né de la loi Falloux. Le Conseil ne comprenait plus que des membres de l'enseignement nommés ou élus par leurs collègues, disposition qui restituait au monde universitaire sa qualité de corps autonome. Cette réforme est d'une portée capitale. Le Conseil supérieur et sa section permanente jouèrent un rôle essentiel dans l'élaboration des textes législatifs et réglementaires qui donnèrent un visage nouveau à la France pédagogique. La qualité des débats et du personnel du premier Conseil supérieur attestent l'ampleur du mouvement de réflexion pédagogique qui accompagne l'œuvre scolaire des républicains. Des associations spécialisées, comme la Société pour l'étude des questions d'enseignement secondaire, la Société de l'enseignement supérieur, font un large écho aux travaux du Conseil supérieur, suscitent des discussions qui trouvent leur prolongement au Conseil.

Ferry, ouvrant la première séance du nouveau Conseil supérieur, s'écriait : « L'Université n'était depuis trente ans qu'une administration; elle est, à partir de ce jour qu'on doit qualifier de mémorable, un corps vivant, organisé et libre. » L'Université devait désormais opérer « elle-même et sur elle-même cette réforme des études... tant de fois tentée, si longtemps attendue et qu'il n'est plus, à l'heure actuelle, ni permis ni possible de différer ». L'œuvre scolaire des républicains touche à tous les ordres d'enseignement; elle est d'abord l'œuvre du personnel universitaire, étroitement associé à la réalisation. Décisif est le rôle de personnalités comme Michel Bréal, Marion, Zévort, Gréard, Lavisse, bien d'autres. Nombre d'entre eux ont le sentiment, derrière Ferry, de reprendre ce grand mouvement de rénovation des études à laquelle Victor Duruy, sous l'Empire libéral, avait donné l'impulsion. Du reste, l'ancien ministre de Napoléon III siège bientôt au Conseil supérieur et retrouve parmi les hauts fonctionnaires de la rue de Grenelle d'anciens collaborateurs.

La loi du 18 mars 1880 mit fin à la collation de grades universitaires par jury mixte établie par la loi du 12 juillet de 1875. « Les examens et épreuves pratiques qui déterminent la collation de grades ne peuvent être subis que devant les facultés de l'État ». D'autre part, les établissements libres d'enseignement supérieur ne peuvent « prendre le titre d'universités ». Cette disposition vise les « universités catholiques » nées après la loi de 1875, à Angers, Lille, Toulouse, Lyon, Paris, qui représentent une concurrence non négligeable, disposent de moyens appréciables et attirent à leur début des effectifs comparables à ceux des facultés de l'État.

Ferry, puis ses successeurs, s'efforcèrent de donner à l'enseignement supérieur qui végétait, les moyens conformes à la dignité de sa mission. Création de chaires et de maîtrises de conférences, construction de nouvelles facultés, reconstruction de la Sorbonne qui fut inaugurée en 1889, projet, que réalisa enfin la loi du 10 juillet 1896, de création d'universités dotées de l'autonomie et qui réunissent facultés et écoles d'une même ville : l'enseignement supérieur ne connaîtra à nouveau une croissance comparable que bien plus tard.

L'enseignement secondaire subit des transformations de moindre ampleur. Importante est pourtant la réforme des programmes de 1880 due à Charles Zévort. Elle marque « un recul sensible de l'ancienne pédagogie » (A. Prost) fondée sur la mémoire. Les règles,

les thèmes, le discours latin ou français, les méthodes pédagogiques venues des jésuites sont mises en cause. Ainsi Ferry a-t-il le sentiment d' « engager à la fois deux batailles : l'une au-dehors contre certains partis; l'autre au-dedans, contre la routine[1] ». Sur ce plan aussi, les arrière-pensées politiques ne sont pas absentes. Cependant, si la part des langues vivantes et des sciences est accrue, la primauté des humanités classiques demeure. La nouveauté est l'épanouissement d'une pédagogie qui imposait pour longtemps ses modèles : elle est fondée sur la méthode expérimentale : « La leçon de choses à la base de tout », disait Ferry, sur la dissertation, la version, sur l'explication de textes enfin.

La création la plus révolutionnaire en matière d'enseignement secondaire est celle des lycées et collèges de jeunes filles. Victor Duruy avait encouragé la création de cours secondaires de jeunes filles où l'enseignement était dispensé par les professeurs des lycées de garçons. Cette initiative avait rencontré l'hostilité de l'Église et du monde conservateur. Dès 1878, un jeune député de l'entourage de Ferry, Camille Sée, dépose une proposition de loi qui aboutit à la loi du 21 décembre 1880. Ferry, une fois de plus, donne la mesure de sa prudence en ne maintenant pas la création obligatoire d'internats prévue par C. Sée. L'enseignement secondaire des jeunes filles comporte deux traits originaux. Il est appelé à être dispensé par des femmes et la réforme nécessite la création d'une École normale supérieure de filles. Il est laïque. Si l'enseignement de la morale est obligatoire, celui de la religion est facultatif. Aussi bien le projet veut-il mettre fin au « divorce intellectuel et moral dans le mariage », donner des « compagnes républicaines aux hommes républicains ». Ferry se félicitait du mouvement qui portait la femme « vers la lumière, vers le savoir, vers la science laïque », il y voyait la « garantie de l'unité de la famille française [2] ». La loi Camille Sée avait bien pour objectif de mettre fin à l'influence de l'Église sur les jeunes filles de la bourgeoisie.

C'est à l'instruction primaire que les républicains portèrent l'attention la plus vive. La trilogie : obligation, gratuité, laïcité,

1. Cité par M. Reclus (41), p. 199.
2. Discours du 2 juillet 1882, reproduit dans la *Revue internationale de l'enseignement*, juillet-décembre 1882, p. 104.

formait à leurs yeux un tout inséparable. La gratuité permet l'obligation qui, dans un pays divisé de croyances, impose la laïcité. Mais Ferry agit prudemment et avec méthode. Il commença par faire voter la loi du 9 août 1879 qui obligeait les départements à créer dans les délais de quatre ans une école normale d'institutrices; 67 d'entre eux en étaient dépourvus. Puis Ferry présenta deux projets de loi distincts, l'un établissait la gratuité, ce fut la loi du 16 juin 1881, l'autre établissait l'obligation. Ferry se refusait à envisager dans l'immédiat la laïcisation du personnel; il ne fallait pas brusquer les esprits et il importait de former le personnel nécessaire. En revanche, Ferry souhaitait, comme la commission de la Chambre, la neutralité des programmes. Le désaccord entre la Chambre et le Sénat, où les républicains modérés comme Jules Simon s'unissent à la droite pour défendre l'enseignement de la religion et des « devoirs envers Dieu et la patrie », entraîne l'ajournement du vote de la loi, qui n'est adoptée que le 28 mars 1882. Elle établit l'obligation de 6 à 13 ans, l'instruction religieuse ne figure plus dans les programmes, elle ne peut être donnée qu' « en dehors des locaux scolaires ». Cependant, dans le programme d' « instruction morale et civique », le Conseil supérieur inséra un paragraphe sur les devoirs envers Dieu. L'instituteur, selon Ferdinand Buisson, « se borne à inculquer à ses élèves les notions fondamentales qui se retrouvent dans toutes les confessions religieuses et même en dehors d'elles ». Il fallut attendre plus de quatre ans pour que le Sénat, désormais acquis à la gauche, acceptât la laïcisation du personnel. Elle est établie par la grande loi organique du 30 octobre 1886 sur l'instruction primaire, promulguée lorsque Goblet est ministre de l'Instruction publique. Pour les écoles de garçons, la substitution du personnel laïque au personnel congréganiste doit être complète dans un délai de cinq ans. En revanche, dans les écoles de filles, c'est la disparition progressive du personnel congréganiste en place qui doit entraîner la laïcisation. Celle-ci se fait donc lentement, surtout lorsque les municipalités souhaitent ne pas heurter les esprits. Les études locales montrent l'extrême diversité des situations [1]. Dans le Nord, la loi est appliquée avec

1. Cf. Bernard Ménager (101).

énergie et la laïcisation s'effectue plus rapidement que dans le reste de la France. Cependant en 1889, il reste encore 11 % d'écoles communales congréganistes de filles.

Par leur politique scolaire, qui s'inscrit dans la série des lois fondamentales, les républicains répondaient aux aspirations de la société, à celles des « couches nouvelles », mais aussi à celles des milieux populaires qui partageaient la foi de l'époque dans l'instruction. Leur politique ne fut possible que parce qu'elle trouva l'adhésion de la majorité de l'opinion. A cet égard, le réalisme prudent dont fit preuve Ferry, qui se refusa à précipiter les choses comme l'eussent souhaité les radicaux ou les gambettistes à la Paul Bert, eut une importance capitale.

La politique d'affaires.

La politique économique et financière des républicains opportunistes, ou, comme on disait alors, sans nuance péjorative, la politique d'affaires, s'inscrit, on l'a dit, dans les temps difficiles des années 1880, mais la conjoncture, si elle infléchit cette politique, ne l'explique pas. L'essentiel est bien l'accord sur les fondements du libéralisme économique. Non moins remarquable est la médiocrité de la formation économique de la très grande majorité du personnel qui tend à faire confiance à des techniciens réputés, un Léon Say, un Rouvier. La permanence des hommes est remarquable. De décembre 1877 au 30 mars 1883, hormis le bref passage d'Allain-Targé sous Gambetta, trois hommes détiennent tour à tour les Finances : Say, Magnin, Tirard.

Au sein du personnel gouvernemental, certains, Freycinet, Gambetta, envisagent une intervention limitée de l'État dans l'économie. Freycinet, en 1878, fait adopter un plan d'équipement qui, au lendemain de la victoire des républicains, doit relancer l'économie. Dès son arrivée aux affaires, il présente aux Chambres un vaste programme de travaux publics. Ce plan devait permettre la construction de ports, de canaux et de 16 000 kilomètres de voies ferrées. Les milieux industriels revendiquèrent l'amélioration des réseaux de communication pour réduire les prix de revient. Freycinet récusa les arguments des conservateurs Ceux-ci jugeaient que les lignes prévues qui traversaient des régions pauvres ne seraient pas rentables. L'État ne devait pas raisonner comme un particulier. La « richesse créée par le chemin de fer[1] » comptait autant que les bénéfices réalisés. « L'aspiration générale, disait Freycinet au Sénat[2], est d'activer le mouvement des travaux publics en France, afin d'y retenir les capitaux qui, sans cela, vont partout, en Italie, en Espagne, au Pérou, en Turquie. Il importe de favoriser ces aspirations tout en perfectionnant l'outillage commercial et industriel de la nation. »

Les dépenses, évaluées à 4 milliards sur 10 ans, dont trois pour les chemins de fer, devaient être couvertes par un emprunt à 3 % amortissable par tirage au sort annuel. Les modalités de souscription furent nouvelles : le ministre des Finances, Léon Say, qui, comme Gambetta, donna son aval au projet, dut tenir compte de la pression de l'opinion : pour la première fois, la rente fut vendue directement par l'État en Bourse et aux guichets du Trésor. Mais lors du lancement du 3 % 1881, le successeur de Say, Magnin, rendit aux banques qui, de toute manière, avaient joué en Bourse un rôle décisif lors de l'opération précédente, l'autorisation d'être les intermédiaires entre le Trésor et le public. Le plan Freycinet, pour les radicaux et pour Gambetta, devait mener au rachat des compagnies de chemin de fer, ou du moins à un contrôle plus étroit de l'État sur celles-ci. L'État racheta du reste des compagnies en faillite dans l'Ouest et créa ainsi un réseau d'État. Mais Léon Say considérait que les lignes nouvelles construites par l'État devaient être exploitées par les compagnies sous garantie de l'État.

Gambetta, lors du grand ministère, songea à imposer de nouvelles conventions qui renforceraient le contrôle de l'État sur les compagnies de chemin de fer. Le programme de Gambetta suscita les craintes de la haute banque[3]. Léon Say, administrateur de la Compagnie du Nord, ami des Rothschild, refusa le portefeuille des Finances dans le « grand ministère ». Hostile à la conversion de la rente et aux projets de conventions, le monde financier marqua sa défiance : la rente baissa. C'est dans ce climat, quelques jours avant la chute de Gambetta, qu'éclata le krach de l'Union générale,

1. Freycinet au Sénat en juillet 1879, *l'Année politique*, 1879, p. 248.
2. En mars 1878, *l'Année politique*, 1879, p. 84.
3. Sur tout ceci, cf. J. Bouvier (60).

banque d'affaires fondée par Bontoux en 1878, et dont les capitaux venaient du monde conservateur, principalement de la région du Sud-Est. S'il consolide la haute banque républicaine, le krach témoigne de la langueur du marché et atteste la dépression de l'économie.

Les recettes de l'État, largement fondées sur les impôts indirects, sont touchées. Or les remises d'amendes obtenues par la pression des parlementaires républicains [1] sur l'administration, le développement de la fraude, les réductions d'impôts sur les boissons et les sucres pratiquées par les républicains à leur arrivée au pouvoir réduisent les ressources. Le budget, jusque-là en excédent, est en déficit. Le poids du plan Freycinet est plus lourd que prévu : il passe à 4 puis à 6 et enfin à 8 milliards. Une autre politique paraissait s'imposer.

Après la chute de Gambetta, l'entrée de Léon Say dans le cabinet Freycinet rassura les intérêts. Le 31 janvier, la déclaration ministérielle collective lue à la Chambre définit une politique toute de prudence, conforme aux règles de l'orthodoxie financière : « Les nations ne vivent pas seulement de politique, elles vivent aussi d'affaires et d'intérêts matériels... La situation n'a rien qui doive nous alarmer, mais elle exige certaines précautions... Il ne peut être question en ce moment ni de conversion, ni de rachat de chemins de fer, ni même d'émission de rente amortissable. Il faut restreindre pour un temps les appels au crédit public, en réclamant pour une large part le concours de l'industrie privée. » De la crise économique et des difficultés financières, le monde de la finance tirait parti pour revenir à la rigueur. Léon Say présenta un budget de « vérité [2] », en déficit. Il montra que ses prédécesseurs portaient des dépenses ordinaires au budget extraordinaire, où elles étaient couvertes par l'emprunt.

Son successeur, Tirard, suivit pour l'essentiel la même politique. Mais, pour équilibrer le budget ordinaire, il fit voter en 1884 la conversion des rentes 5 % en 4 1/2 %, mesure de portée limitée qui allégeait les charges de l'État. Allain-Targé ne put faire adopter la conversion en 3 %, et les députés des circonscriptions agricoles ne

1. Cf. Seignobos (8), p. 89.
2. Selon la formule de *l'Année politique*, 1882, p. 181.

purent obtenir que le produit de la conversion fût affecté à un dégrèvement en faveur de l'agriculture[1]. L'orthodoxie financière stricte l'emportait. La loi fut promulguée le 27 avril. Le moment de l'opération paraissait favorable : le 5 % coté à 84,50 francs en 1874 atteint alors le cours de 115 francs. La même préoccupation d'orthodoxie financière entraîna l'aménagement du plan Freycinet. En juillet 1883, la Chambre débattit des conventions avec les compagnies de chemin de fer, dont Raynal, le ministre des Travaux publics, avait entrepris la négociation en mars. L'État abandonnait son droit de rachat des lignes déjà exploitées par les compagnies de chemin de fer. Il cédait à celles-ci 2 823 km de lignes en exploitation construites au titre du plan Freycinet. Il leur concédait 8 360 km de lignes restant à construire. Le capital destiné à la construction et à la mise en exploitation fut obtenu par des émissions d'obligations faites par les compagnies. L'État donnait sa caution aux emprunts et garantissait les dividendes si les recettes étaient insuffisantes. C'était, selon un observateur pourtant favorable au système, le « côté vraiment périlleux » des conventions[2]. En revanche, les compagnies terminaient le plan Freycinet. Les radicaux, avec Pelletan et Clemenceau, une partie des gambettistes avec Allain-Targé, dénoncèrent les conventions favorables aux intérêts privés. Allain-Targé demanda le rachat de la seule Compagnie d'Orléans : le réseau de l'État serait alors assez important pour jouer un rôle de modèle face aux grandes compagnies. Le rapporteur du projet de loi, Rouvier, ancien gambettiste comme Raynal, s'était bien éloigné des conceptions hardies du « grand ministère ». Lié à la haute banque et aux compagnies, il démontra que, dans le climat financier, les conventions seules permettaient de poursuivre l'édification du réseau ferré.

Promulguées le 20 novembre 1883, les conventions aménageaient, au profit des intérêts privés, le plan Freycinet, cet essai, contraire aux idées dominantes, d'intervention de l'État dans le domaine économique. Cependant les conventions entraînaient sur les compagnies une tutelle de l'État dont les conséquences furent loin d'être positives pour celles-ci. La tutelle de l'administration trans-

1. Cf. Y. Gonjo (67), et *l'Année politique*, 1883, p. 116-121.
2. *L'Année politique*, 1883, p. 240-254.

forma en fait les chemins de fer en service public, leur imposa de lourdes obligations, une politique tarifaire rigide. « Privées de toute liberté d'action, les compagnies ont payé cher leur monopole [1]. » Les conventions marquaient la victoire des milieux ferroviaires à court terme, mais non pas dans le long terme.

Les compagnies avaient abondamment subventionné la presse pour combattre le rachat, elles avaient créé un « service de publicité » et gagné à leur cause journalistes et parlementaires. Ces méthodes qui devaient apparaître au grand jour lors de la crise du Panama témoignaient de relations nouvelles entre le personnel politique et les affaires. Un Pouyer-Quertier ou un Say étaient à la fois hommes politiques et grands capitalistes [2]. Le fait inspirait plutôt confiance à l'opinion. Désormais, de plus en plus, les intérêts demeurent dans l'ombre et recourent aux bons offices de politiciens de profession, souvent d'autant plus accessibles à la pression des milieux d'affaires qu'ils sont d'humble origine. En France, comme l'observe profondément Seignobos, la collusion entre la politique et les affaires est mal vue. Dès lors, l'intervention des groupes de pression, loin d'être publique, comme aux États-Unis, et par là contrôlable, se fait dans le secret. Elle n'en prête que davantage au scandale.

L'action des groupes de pression favorables au retour du protectionnisme ne remporta que des succès limités pendant les premières années de la République des républicains. En fait, ceux-ci restaient attachés au libre-échange et à la politique des traités de commerce. Les premières initiatives vinrent des industriels. Méline, lié aux tisseurs des Vosges, fut d'abord soucieux des intérêts industriels [3]. Vice-président de la Commission des douanes, il fit adopter en 1881 un léger relèvement des droits sur certains articles manufacturés. Ministre de l'Agriculture du deuxième gouvernement Ferry, Méline fit sienne, en juin 1884 seulement, la cause du protectionnisme en matière agricole « dans la mesure du raisonnable et du possible ». C'est à la veille de la chute de Ferry, le 28 mars 1885, que

1. Fr. Crouzet, à propos de la thèse de Fr. Caron sur la Compagnie des chemins de fer du Nord, *Revue historique*, avril-juin 1970, p. 526; et Y. Gonjo (67).
2. Comme l'observe justement J. Chastenet (3, t. III), p. 129.
3. Cf. P. Barral (57), p. 84.

furent promulguées les lois établissant des droits sur les blés et le bétail. Ils furent relevés en 1887. Le droit de 3 francs, puis de 5 francs, sur l'hectolitre de blé importé mettait fin à la politique du pain à bon marché. Le gouvernement, et notamment Ferry, avait marqué quelque hésitation à suivre le ministre de l'Agriculture; mais les difficultés du monde agricole déterminèrent une majorité des députés à voter les droits, malgré l'opposition des radicaux, qui créèrent la Ligue populaire contre les droits sur les blés, ou des tenants du libre-échange comme Henri Germain ou Frédéric Passy. Le Sénat, moins soucieux des réactions des populations urbaines, était quant à lui acquis très largement à la cause du protectionnisme.

Favorable aux compagnies de chemin de fer, aux agrariens et aux industriels protectionnistes, mais hostile à l'intervention de l'État en matière sociale, la République de Ferry s'aliéna les sympathies ouvrières. La politique coloniale devait lui enlever des soutiens dans le monde rural.

L'expansion coloniale.

Au temps de l'ordre moral et de la République des ducs, l'expansion coloniale avait connu un temps d'arrêt qu'expliquent aussi bien la situation internationale de la France que le peu d'intérêt de la droite conservatrice pour les entreprises outre-mer. Dès l'avènement de la République des républicains, des initiatives décisives témoignent d'une reprise de l'expansion, interrompue depuis la fin du second Empire. Quelles en sont les raisons et les principales manifestations? Décisif est le rôle de quelques hommes : Gambetta, Ferry. Ils sont mus avant tout par la volonté d'affirmer les droits de la France à coloniser comme les autres puissances, et à mener dans le monde, pour ne pas déchoir, une politique active. Gambetta, au lendemain de la signature du traité du Bardo, félicite Ferry : « Il faudra bien que les esprits chagrins en prennent leur parti, un peu partout. La France reprend son rang de grande puissance. » La colonisation doit donner au sentiment national humilié par la défaite les satisfactions dont il a besoin. Voilà sans conteste la raison majeure des initiatives des opportunistes. Le patriotisme, là comme ailleurs, et la volonté d'affirmer la grandeur nationale fondent leur politique. Ils ne sont guère déterminés au départ par la préoccupation des intérêts de l'économie. Par la suite, pour justifier leur politique, ils montrèrent qu'elle servait les intérêts économiques français. Après qu'il eut quitté définitivement le pouvoir, en juillet 1885, puis surtout en 1890 dans *le Tonkin et la Mère Patrie*, Ferry expliqua la colonisation par la nécessité de trouver des débouchés à l'industrie face à la montée du protectionnisme. Mais on a trop souvent pris pour une donnée acquise ce qui est avant tout un argument destiné à convaincre les milieux industriels, en fait réticents.

La politique coloniale des opportunistes trouva des soutiens fort limités. On doit y compter les membres des Sociétés de géographie qui se développent après 1871. Elles réunissent près de 10 000 membres en 1881 pour 30 000 dans le monde [1]. Souvent liées aux chambres de commerce locales, ainsi à Lyon, elles suscitent des voyages d'exploration, éveillent l'intérêt pour les choses d'outre-mer, développent les thèmes qui fondent l'expansion : une grande nation doit coloniser, la colonisation est œuvre de civilisation. En 1874, Paul Leroy-Beaulieu, le gendre de l'économiste et saint-simonien Michel Chevalier, publie *De la colonisation chez les peuples modernes :* il a alors 31 ans. Il montre que la colonisation favorise le progrès matériel et les échanges, étend l'aire de la civilisation industrielle, ouvre des marchés. Elle est, pour un peuple, la condition de « sa grandeur [2] ». Cette argumentation ne trouva qu'un écho restreint. Le livre qui va devenir la référence des défenseurs de la colonisation n'est réédité qu'à partir de 1882. « La conscience nationale... commence à concevoir l'importance des colonies », écrit l'auteur dans la préface de la seconde édition. Hormis les militaires et les marins, les missionnaires, les journalistes gambettistes de la *République française*, les négociants des grands ports ou des colonies, la colonisation ne passionnait guère. Les milieux d'affaires jugeaient l'entreprise peu rentable. Le personnel parlementaire se défiait d'initiatives à la fois coûteuses et aventureuses, qui détournaient la France de la « ligne bleue des Vosges ».

1. Cf. H. Brunschwig (10), p. 23.
2. Cf. R. Girardet (18), p. 85; J. Valette, « Note sur l'idée coloniale vers 1871 », *Revue d'histoire moderne et contemporaine*, avril-juin 1967, p. 158-172.

Au nom du patriotisme « continental », les radicaux et la droite conservatrice dénoncèrent la politique de Ferry. Droite et radicaux s'élevèrent également contre des conquêtes contraires aux traditions humanitaires de la France et qui servaient les « affairistes » outre-mer. Aussi Ferry, qui de toute manière agit sans plan préconçu, met-il le Parlement devant le fait accompli, bravant l'hostilité de l'opinion.

C'est à l'occasion du congrès de Berlin de 1878 que l'Angleterre laisse entendre à la France qu'elle lui laisse les mains libres en Tunisie. L'Angleterre ne vient-elle pas d'obtenir une influence prépondérante dans le condominium franco-anglais qui contrôle en Égypte le paiement de la dette? Une compensation s'impose. Bismarck n'est pas moins favorable à l'intervention française. Elle ne peut à ses yeux que détourner l'opinion française du souvenir de 1871. Elle ne peut que contribuer à brouiller la France avec l'Italie et à maintenir son isolement diplomatique. Le gouvernement français, devant les progrès de l'influence italienne en Tunisie, envisagea l'intervention. Pourtant le président de la République, Grévy, y était hostile [1], Ferry lui-même fut longtemps réticent. Déterminante fut l'attitude de Gambetta, dont on sait l'influence dans la conduite des affaires. Le directeur des affaires politiques du Quai d'Orsay, le baron de Courcel, convainquit le président de la Chambre. Dès lors, Ferry se décida. Prétextant les incursions de Kroumirs sur les confins algériens, il obtient le 7 avril 1881 le vote de crédits militaires. Le 12 mai, le bey, en son palais du Bardo, à Ksar-Saïd, signait le traité qui marquait le début du protectorat. La Chambre vota le traité le 24 mai. Ceux même qui critiquaient l'intervention, à droite et à l'extrême gauche, n'allèrent pas au-delà de l'abstention. Mais le succès de Ferry fut mis en cause par une insurrection fin juin. Après les élections, à la rentrée parlementaire, Clemenceau interpella Ferry, l'accusant d'avoir trompé la Chambre. Il dénonça les liens du consul de France à Tunis, Roustan, avec des milieux d'affaires. Au terme d'un débat très difficile, il fallut l'autorité de Gambetta pour imposer le vote d'un ordre du jour qui, par 355 voix contre 68 opposants et 124 abstentionnistes,

1. Cf. l'étude de Ch. A. Julien dans *les Politiques d'expansion impérialistes*, Paris, 1949; et J. Ganiage (11).

demandait l' « exécution intégrale du traité souscrit par la nation française ». L'intervention en Tunisie n'est pas seulement remarquable parce qu'elle inaugure une nouvelle politique. Elle est exemplaire par la manière dont elle a été menée : le Parlement est mal informé, il doit entériner après coup les faits. Les moyens militaires sont insuffisants : on ne veut pas inquiéter au départ. C'est la politique des « petits paquets ». Certains milieux affairistes, sans avoir un rôle déterminant, ont pu précipiter l'intervention : celle-ci prend un aspect trouble aux yeux de l'opinion.

Le mécontentement du personnel parlementaire devant l'entreprise tunisienne explique que la France ait laissé l'Angleterre agir seule en Égypte. La crainte suscitée par une intervention éventuelle de Gambetta n'est pas étrangère à la chute du « grand ministère », elle explique la chute de Freycinet le 29 juillet 1882 : aux gambettistes qui reprochent au gouvernement sa timidité, se joignent les adversaires de toute intervention. Les troupes anglaises seules écrasent le mouvement nationaliste égyptien et occupent l'Égypte, à titre provisoire. Le gouvernement français ne peut par la suite que marquer son mécontentement. Pour de longues années, le contentieux égyptien va opposer la France et l'Angleterre.

Lorsque Ferry revient aux affaires, en février 1883, l'expansion va reprendre, avec la conquête du Tonkin. Dix ans plus tôt, à l'appel du trafiquant Dupuis, un officier de marine lié au monde gambettiste, soutenu par les négociants intéressés au commerce avec la Chine, par les officiers et les missionnaires, Francis Garnier[1], s'était emparé de Hanoï puis avait succombé dans une embuscade. Le traité signé entre l'empereur d'Annam et le lieutenant de vaisseau Philastre avait reconnu à la France la possession de la Cochinchine et accordé à la France un protectorat sans le nom sur l'empire d'Annam. Le traité fut appliqué de façon étroite jusqu'à l'avènement des républicains. L'amiral Jauréguiberry, qui fut à plusieurs reprises ministre de la Marine, songe dès 1879 à une intervention[2]. En septembre 1881, le premier gouverne-

1. Cf. J. Valette, « L'expédition de Francis Garnier au Tonkin à travers quelques journaux contemporains », *Revue d'histoire moderne et contemporaine*, avril-juin 1969, p. 189-220.
2. Cf. Ch. Fourniau, « La genèse et l'évolution de l'affaire du Tonkin », *Revue historique*, octobre-décembre 1971, p. 377-408.

ment Ferry donne pour instruction au gouverneur de la Cochinchine de « relever le prestige de l'autorité française » sans pour autant « se lancer dans les aventures d'une conquête militaire ». Or, l'empereur d'Annam connaît à nouveau la suzeraineté de la Chine, la navigation sur le Fleuve rouge est rendue impossible par les « Pavillons noirs ». Envoyé au Tonkin avec quelques centaines d'hommes, le capitaine de frégate Rivière dépasse ses instructions, il est poussé par les missionnaires, les commerçants installés à Hanoï et Haiphong, les militaires de son entourage. Il s'empare de la citadelle de Hanoï le 25 avril 1882. Ce qui n'est au départ qu'un « incident » d'autant plus aisé à régler que la conciliation l'emporte à la cour de Huê, va conduire à la conquête du Tonkin et à la guerre avec la Chine. A la fin de 1882 encore, la politique de prudence l'emporte, conforme à la volonté du président de la République, Grévy, et du ministre des Affaires étrangères, qui se défie de la Marine. Le ministre à Pékin, Bourée, paraît obtenir de la Chine un accord sur la base de l'ouverture du Yunnan et d'un double protectorat sur le Tonkin.

Dès le début du deuxième ministère Ferry, la politique française marque un net tournant : le ministre de la Marine télégraphie au gouverneur de la Cochinchine : « L'occupation du Tonkin est décidée en principe. » Bourée est désavoué. Rivière, de lui-même, s'engage dans la conquête du delta. En Chine, le parti de la guerre l'emporte, alors que le gouvernement français croyait à l'abstention. Si la cour de Huê est en plein désarroi, un mouvement de « résistance nationale » s'affirme au Tonkin. Le 19 mai, Rivière qui est alors à la tête de 1 400 hommes est tué dans une sortie. La Chambre venait d'adopter, le 10 mai, un crédit pour l'envoi de troupes au Tonkin. En deuxième lecture, à l'annonce de la mort de Rivière, le crédit est voté à l'unanimité. Ce vote, le 20 mai, est décisif par ses conséquences. La France est prise dans un double conflit de grande envergure avec l'empire d'Annam et avec l'empire chinois. Un corps expéditionnaire de près de 20 000 hommes, une escadre de 4 cuirassés, et 25 bâtiments légers sont engagés. L'affaire a pris peu à peu des proportions considérables. Si l'empire d'Annam reconnaît le 25 août 1883 le protectorat et l'administration directe de la France sur le Tonkin, les opérations, fort difficiles, ne prennent pas fin pour autant. La population mène une lutte d'embuscades qui dure jusqu'à la fin du siècle. L'armée chinoise mène une guerre de type classique. Après plusieurs succès français, la Chine signe une convention en 1884. Un incident entraîne la reprise du conflit qui prend la forme d'une guerre navale : la flotte française détruit l'arsenal de Fou-tcheou, établit le blocus du commerce du riz. La Chine, par le deuxième traité de Tien-tsin, le 9 juin 1885, promet de retirer ses troupes du Haut-Tonkin et ouvre au commerce français l'accès aux provinces méridionales. Les termes du traité étaient arrêtés dès les derniers jours de mars, mais ce fut Brisson, le successeur de Ferry emporté le 30 mars par l'affaire de Lang Son, qui signa le traité. Le 24 décembre, à une très faible majorité, 274 voix contre 270 [1], la Chambre vota les crédits pour le Tonkin, refusant la perspective de l'évacuation.

Dans la conquête du Tonkin, intervinrent des raisons diverses dont il importe d'apprécier le poids respectif. L'influence des missionnaires est certaine, non moins que celle de groupes affairistes qui allèrent jusqu'à faire distribuer à la Chambre, en mai 1883, des cartes grossières, comportant la mention « grosses pépites d'or ». En 1883-1885, les chambres de commerce inquiètes des difficultés de l'exportation souhaitent une expansion en Extrême-Orient qui ouvre des débouchés. Les soyeux lyonnais étaient favorables à l'acquisition du Tonkin [2] qui assurerait à Lyon le « monopole des soieries pour l'Europe ». Pourtant l'administration se défiait des missions, et, s'il est vrai que les milieux économiques influencèrent les processus de décision, les intérêts des « Tonkinois » ne paraissent pas avoir joué de rôle déterminant [3].

Les raisons économiques et les motivations politiques sont en fait étroitement imbriquées. Les républicains opportunistes ne séparaient pas l'intérêt national des intérêts du commerce et de l'industrie, mais cette affirmation ne signifie en rien que les raisons proprement politiques et le souci de la grandeur nationale ne furent

1. La minorité comprend 94 républicains et 176 députés de droite. Parmi les six abstentionnistes figure Albert de Mun. Mgr Freppel, l'évêque d'Angers, est le seul député de droite à voter avec la majorité.

2. Cf. John Laffey, « Les racines de l'impérialisme français en Extrême-Orient », *Revue d'histoire moderne et contemporaine*, avril-juin 1966, p. 288-289.

3. Cf. Dieter Brötel (79).

pas essentiels. L'héritage du traité de 1874, la volonté « d'affirmer la puissance de la France » en Extrême-Orient conduisaient par eux-mêmes à un engagement au Tonkin. Celui-ci n'était-il pas la voie d'accès au monde chinois sur lequel les puissances européennes étaient justement en train d'étendre leur influence? Les initiatives personnelles des « marins », la volonté propre de Ferry eurent également leur importance. L'entreprise rencontra une opposition qui alla croissant jusqu'à ce que sa majorité même abandonne son auteur. Ferry trompe le Parlement, sacrifie « l'or et le sang de la France » dans des aventures lointaines, mène une politique contraire aux droits de l'homme. Si l'extrême gauche radicale est seule à développer ce dernier argument, en revanche les autres thèmes de l'anticolonialisme sont communs à la gauche et à la droite, qui se retrouvent également pour dénoncer le relent d'affairisme de l'entreprise.

Les défenseurs du nationalisme « continental », un Déroulède, un Clemenceau, dénoncent avec véhémence une politique qui conduit la France à renoncer à ses intérêts essentiels. Ferry, en engageant la France hors d'Europe se heurte à l'Angleterre et à l'Italie. Il est conduit à envisager à tout le moins une « collaboration occasionnelle » avec l'Allemagne : « Il est utile d'avoir avec elle des ententes sur les terrains des intérêts communs », écrit-il à sa femme. Pour autant, il ne répond pas aux avances de Bismarck qui va jusqu'à laisser entrevoir en 1884 la possibilité d'une alliance. Il se méfie des manœuvres de Bismarck qui souhaite avant tout inquiéter la Grande-Bretagne tout en maintenant l'isolement de la France. Surtout l'opinion et le personnel politique ne pourraient accepter une entente avec l'Allemagne au prix d'une renonciation à l'Alsace-Lorraine. Ferry lui-même ne saurait oublier « la plainte touchante des vaincus [1] ». Il demeure qu'avec Ferry, les relations franco-allemandes sont « meilleures que jamais depuis 1871 ». L'expansion coloniale est la cause de cette situation. Ferry est donc traité de Prussien, de Bismarck. *La Justice* de Clemenceau stigmatise, le 1er janvier 1885, « des rapprochements qui blessent ce qu'il

1. Il souhaite reposer, écrit-il dans son testament, « en face de cette ligne bleue des Vosges, d'où monte jusqu'à mon cœur fidèle la plainte touchante des vaincus ».

y a de plus sacré dans la dignité et les espérances du pays ». On se condamne à ne pas comprendre l'impopularité de la politique coloniale de Ferry et l'évolution du nationalisme français après 1885, si l'on néglige les incidences de l'impérialisme outre-mer sur les relations franco-allemandes.

On imagine mal aujourd'hui la véhémence et l'extraordinaire passion qui marquent les controverses pour ou contre la colonisation dans les années 1880. « Nous ne vous connaissons plus, nous ne voulons plus vous connaître... Ce ne sont plus des ministres que j'ai devant moi, ce sont des accusés de haute trahison » : Clemenceau, lors de la séance du 30 mars 1885, donne le ton des attaques contre Ferry et sa politique, dont l'impopularité est au plus haut. Rien n'est plus remarquable que le contraste entre l'ampleur de l'œuvre de Ferry (encore n'a-t-on pas évoqué le maintien de l'influence à Madagascar et l'appui porté aux entreprises de Brazza au Congo), et la fragilité d'une politique qui trouva des appuis limités. Dans le personnel politique, seuls les opportunistes lui apportèrent leur soutien, non sans réticences qui allaient jusqu'à l'hostilité. Les mémoires de Bernard Lavergne, confident de Grévy, montrent bien que le président de la République et ses amis politiques sont bien peu favorables. C'est parmi les gambettistes que Ferry trouva ses partisans. Dans le pays, Ferry le « Tonkinois » souleva une vive impopularité. Elle permit aux oppositions conjuguées, droite et extrême gauche, de l'abattre. Sa majorité ébranlée depuis plusieurs mois se disloqua le 29 mars à la nouvelle de l'évacuation de Lang Son, présentée comme un désastre. Aux côtés de Clemenceau, se dressa Ribot, un des leaders du centre gauche. 306 députés votèrent contre Ferry, 149 le soutinrent. Ce scrutin réclame des explications : il reflétait l'hostilité du peuple urbain à Ferry, tenu pour responsable des difficultés économiques et du pain cher. Les radicaux intransigeants, adversaires de toujours de Ferry, étaient sensibles à ce mécontentement, ils furent suivis par la gauche radicale, une partie des gambettistes que heurtait l'absence de réformes. L'hostilité de la droite à l'auteur des lois laïques était ancienne. Mais le Tonkin ne fut pas pour elle un simple prétexte. La raison déterminante du scrutin était bien le refus des expéditions coloniales coûteuses en hommes et en argent. Les campagnes en avaient assez de ces aventures, que réprouvait également le monde des intérêts. A cet égard, l'attitude du centre gauche est caractéristique et suffirait à détruire la vision simpliste d'un impérialisme colonial fondé sur les exigences des milieux d'affaires. La chute de Ferry illustre les interactions entre la politique intérieure et la politique extérieure et constitue un cas, exceptionnel en ces débuts de la République, de crise ministérielle sur une question de politique extérieure.

Après sa défaite, Ferry, avec plus de netteté qu'en 1882 dans la préface aux *Affaires de Tunisie*, de son collaborateur Alfred Rambaud, définit après coup les fondements de sa politique. Le premier argument est d'ordre économique « La politique coloniale est fille de la politique industrielle [1] », les colonies fournissent des débouchés. Deuxième argument, « humanitaire », les « races supérieures » ont « le devoir de civiliser les races inférieures ». L'œuvre colonisatrice veut émanciper, apporter les Lumières et le Progrès : en ce sens un lien s'établit entre la politique laïque et la politique coloniale. Enfin la colonisation est nécessaire pour des raisons politiques. « La politique de recueillement ou d'abstention, c'est simplement le chemin de la décadence », s'écrie encore Ferry à la Chambre le 28 juillet 1885, témoignant de cette hantise du déclin national, de cette obsession du « rang » qui est au cœur du nationalisme français de droite ou de gauche après la défaite de 1871. Dans cette thématique, que reprirent par la suite les défenseurs de l'idée coloniale, il serait aussi inexact de considérer l' « argumentation patriotique... comme l'alibi des impératifs économiques » (R. Girardet) que d'affirmer l'inverse. En fait, les nécessités de l'expansion industrielle et commerciale sont subordonnées aux exigences du maintien de la grandeur nationale. En ce sens, le néo-mercantilisme et le nationalisme sont inséparables.

Ainsi la colonisation rejoint ce patriotisme et cette volonté de régénérer la France qui sont essentielles à la compréhension des fondateurs de la République. Qu'il envoie l'escadre de l'amiral Courbet dans le golfe du Tonkin ou qu'il s'adresse aux instituteurs de la République, Ferry poursuit bien une même politique : forger une France nouvelle, rendre son rang dans le monde au pays vaincu en 1871. Pour lui ou pour un Paul Bert, « patron » des écoles

1. Préface de l'ouvrage *le Tonkin et la Mère Patrie*, 1890.

normales qui mourut gouverneur de l'Indochine, il n'est pas de contradiction entre l'idée laïque et l'idée coloniale. Bien plus, la première justifie la seconde. La laïcité n'enseigne-t-elle pas la mort des croyances et des civilisations traditionnelles, la victoire du progrès fondé sur la science et la raison? L'Alliance française, fondée en 1884, se propose de diffuser cet idéal au-delà des mers. Une fois de plus s'affirme l'unité de la conception du monde et de la philosophie politique des républicains opportunistes. Une fois encore, le Lorrain patriote et obstiné qui fonda l'école laïque et l'empire colonial incarne leurs aspirations.

4

Croyances et cultures

Dans les premières décennies de la IIIe République, l'économie et la société ne connaissent que des transformations limitées. La croissance de l'économie, on l'a dit, est infiniment plus rapide, de part et d'autre de cette plage qui va de Thiers à Méline. L'importance relative des divers groupes sociaux ne se modifie guère. Qu'en est-il en revanche des manières de croire, de penser, de sentir, qu'en est-il des niveaux d'instruction et des idéaux culturels? La réponse à cet ensemble de questions est d'autant plus délicate à apporter qu'elle ne prétend pas porter seulement sur la culture des élites, mais qu'elle vise les divers groupes sociaux. Elle vaut pourtant d'être posée : l'ambition des fondateurs de la République ne fut-elle pas en effet, par la sécularisation de la société et le développement de l'instruction, de mettre fin aux croyances et aux systèmes de valeurs traditionnels et de développer les idéaux des Lumières et du Progrès? En ce sens, les républicains, s'il est vrai qu'ils ne songeaient pas à modifier les rapports entre les classes sociales, voulaient transformer le visage de la société française. Dire les succès et les échecs de leurs ambitions, c'est mettre en lumière les résistances, les contestations et les défis. Que l'on évoque les formes et l'évolution du sentiment religieux, les systèmes d'éducation, la pénétration des milieux populaires par les modèles culturels dominants, les créations littéraires et artistiques, on découvrira permanences, innovations et anticipations. Les retards et les décalages du social au mental, la diversité des groupes sociaux qui ne coïncident guère avec des mentalités déterminées, la diversité régionale, enfin, imposent une analyse d'autant plus prudente qu'elle repose sur des analyses encore relativement rares.

1. Croyances et incroyance

Les attitudes religieuses des Français réclament un examen nuancé. La France demeure-t-elle la « France catholique », la « fille aînée de l'Église », parce que les baptisés sont l'immense majorité? Ainsi raisonnent volontiers les défenseurs de l'Église qui imputent les malheurs du temps au complot d'une minorité de francs-maçons, de juifs, de protestants. Certes, l'attachement aux rites majeurs du catholicisme, qui jalonnent les « saisons » de la vie, est incontestable. De même, les Français sont marqués très profondément par l'imprégnation du christianisme : la morale dominante, celle même que diffuse l'école laïque, n'est-elle pas la forme laïcisée de la morale que véhiculait l'Église depuis l'époque moderne? Ces données considérables, trop souvent oubliées, expliquent l'illusion des tenants de la thèse du complot. Ceux-ci oubliaient pourtant le fait fondamental, auquel sont sensibles de nombreux observateurs de l'époque, Taine par exemple [1] : l'inégale intensité de la pratique et de la ferveur.

La pratique, dans les premières décennies de la IIIe République, est jugée bonne dans la France de l'Ouest, le Nord, la France de l'Est, des Vosges aux Basses-Alpes, en passant par la Franche-Comté et les Savoies; un dernier ensemble va du Pays Basque et du Béarn aux hautes terres de l'Est et du Sud-Est du Massif central — Ardèche, Aveyron, Cantal, Haute-Loire. Un certain nombre de diocèses du Sud-Ouest ne sont pas encore atteints par la tiédeur. Ce trait suffit à distinguer cette carte de la carte de la pratique religieuse dans la France rurale que dressa le chanoine Boulard au lendemain de la Seconde Guerre mondiale. Dans le reste du pays, la pratique est moyenne, elle devient médiocre dans le Bassin parisien, les franges occidentales du Massif central et les Charentes, le Midi méditerranéen.

Certes, la déchristianisation du monde rural est ancienne et traduit des phénomènes de longue durée antérieurs à la Révolution française. Cependant elle s'est accélérée dans maintes régions

1. Dans *le Régime moderne*, dernier tome des *Origines de la France contemporaine*.

Évolution des taux de baptêmes, mariages, enterrements catholiques à Paris

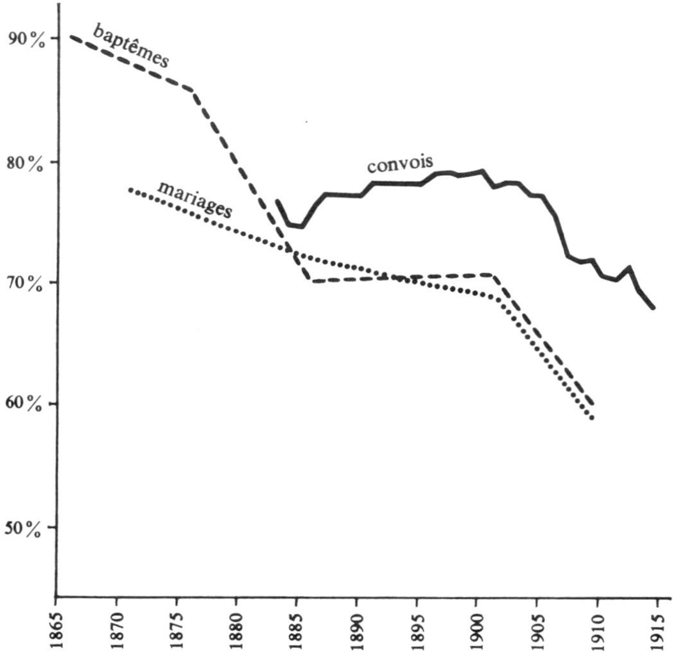

(d'après Fernand Boulard, *Archives de sociologie des religions*, 31, janv.-juin 1971, p. 80)

entre 1860 et 1880, ainsi du Bassin parisien. Mariages et enterrements civils, puis abstention des baptêmes disent les progrès du détachement. Renan, en Seine-et-Marne, note le phénomène : « Nous assistons à une volte-face étrange, écrit-il à Berthelot, le catholicisme si longtemps soutenu par le paysan, a perdu son appui, après celui des populations urbaines. » L'enquête ordonnée par Mgr Goux, en 1880, dans le diocèse de Versailles, révèle dans la Seine-et-Oise une assistance à la messe qui va de 5 à 30 % des assujettis, une pratique pascale de 3 à 14 % [1]. La fidélité aux grands

1. Cf. l'important article d'Y.-M. Hilaire : « La pratique religieuse en France de 1815 à 1878 », *l'Information historique*, p. 57-69.

actes du conformisme saisonnier demeure, mais la pratique masculine est très faible, celle des femmes mariées médiocre : les questions des confesseurs sur les pratiques anticonceptionnelles ne semblent pas étrangères à cette attitude. La Champagne et la Bourgogne, la Touraine, l'Orléanais connaissent la même évolution. Elle s'affirme entre 1875 et 1885 : tout se passe comme si la victoire républicaine ébranlait un conformisme [1] pour, peut-être, le remplacer par un autre. En ce sens, l'évolution politique peut avoir eu quelque influence. De même la collusion, bien souvent, entre le clergé et les conservateurs sous l'Ordre moral a contribué au détachement. En revanche, la simple chronologie démontre que la politique de laïcisation n'a pu avoir d'influence dans la période qui nous préoccupe. Loin d'être, comme l'affirmèrent les pasteurs, responsable de la déchristianisation, elle en est bien plutôt la conséquence. En fait, la rencontre du monde moderne et du conformisme religieux a des conséquences déterminantes : la presse, le service militaire ouvrent d'autres horizons; les progrès de l'instruction par elle-même, l'amélioration des conditions de vie et l'enrichissement fondent peu à peu de nouveaux systèmes de valeurs étrangers à l'Église.

L'émigration rurale qui apporte de nouveaux modèles aux campagnes contribue à leur déchristianisation. L'auteur d'une monographie consacrée à une petite commune entre Aubusson et Guéret observe « beaucoup d'indifférence pour tout ce qui touche à la religion. Les offices sont peu suivis. Les hommes surtout viennent rarement à l'église ». La bénédiction de l'Église n'est demandée qu'à l'occasion de la naissance, du mariage, de la mort. Les émigrants reviennent de Paris, où ils abandonnent toute influence religieuse, avec des idées avancées et, l'hiver, mettent à profit la morte saison dans le bâtiment pour faire de la propagande républicaine et antireligieuse [2].

Aussi bien, la ville, Babylone moderne dont l'Église se défie, est-elle le lieu privilégié du détachement religieux. La « déchristianisation » de Paris a été étudiée voici peu à partir du baptême, du

1. Cf. C. Marcilhacy (99).
2. Cf. abbé E. Parinet, « Paysan et maçon émigrant de la Marche (Creuse) », *les Ouvriers des deux mondes*, Paris, 1888, p. 220-244.

mariage, des funérailles [1]. Le mouvement s'accélère nettement après 1875 : chute du nombre de baptêmes, progrès des mariages et des enterrements civils. Au sein des classes urbaines, les ouvriers sont particulièrement touchés par l'indifférence religieuse. Certes il est des exceptions et des nuances. A Saint-Étienne, la population ouvrière pratique davantage qu'à Lyon; dans les mines, plus encore dans le textile du Nord, des minorités ouvrières restent sous l'influence de l'Église. Le fait massif de l'abstention religieuse des ouvriers demeure. Il s'explique par des raisons complexes. Les traditions anticléricales remontent à la Révolution française et parfois au-delà dans le monde de l'artisanat. Les compromissions avec les « autorités sociales » d'une Église qui longtemps prêche aux pauvres la résignation, et aux riches, l'aumône, n'ont pas moins compté. Encore faudrait-il savoir comment ce « scandale » a été ressenti par les ouvriers et comment il a influencé leur comportement en matière religieuse. Sans doute faut-il faire place à la médiocre connaissance qu'un clergé d'origine rurale a du monde ouvrier. De plus, les paroisses sont démesurées, les prêtres mal répartis. En 1877, les paroisses Saint-Ambroise et Saint-Joseph au faubourg Saint-Antoine ont 66 000 et 54 000 habitants [2]. La rigidité du cadre concordataire et la passivité des pouvoirs publics ne permettent que très difficilement la naissance de nouveaux lieux de culte. A l'inadaptation des structures s'ajoute celle du langage. Le clergé n'a-t-il pas le mode de vie, ne parle-t-il pas la langue, n'adopte-t-il pas souvent le code moral et le système de valeurs de cette bourgeoisie des notables qui, depuis le milieu du siècle, s'est rapprochée des autels?

L'évolution religieuse de la bourgeoisie est complexe. Si une bourgeoisie ancienne jadis voltairienne a partiellement retrouvé le chemin de l'Église, notamment en province, la bourgeoisie des « nouvelles couches » est indifférente, sinon hostile, à une Église qui, depuis le *Syllabus* et le concile, paraît toujours plus profondément étrangère à l'esprit du siècle. Il fallut le climat nouveau qui s'annonce

1. Cf. Fernand Boulard, « La 'déchristianisation' de Paris, l'évolution historique du non-conformisme », *Archives de sociologie des religions*, 31, 1971, p. 69-98.
2. Cf. Y. Daniel, *l'Équipement paroissial d'un diocèse urbain : le diocèse de Paris*, Paris, 1957.

à partir de 1885 pour qu'apparaissent des signes différents. Une partie des élites doute de la science et du progrès, cependant qu'à Rome, Léon XIII adopte un autre ton pour parler du monde moderne. Conversions retentissantes dans le monde intellectuel, prestige croissant du catholicisme dans la jeunesse des écoles, succès de la démocratie chrétienne, on le redira, dans le monde des employés : ces réalités de la fin du siècle ne peuvent être négligées dans cette présentation.

La pratique n'est qu'un signe de la vitalité religieuse. Les formes de la dévotion et de la spiritualité définissent le climat religieux d'un temps. On a déjà évoqué la dévotion au Sacré-Cœur, et dit sa dimension politique. Cette dévotion revêt une importance exceptionnelle. Elle incarne ce catholicisme ultramontain et intransigeant qui l'emporte dans les années 1870. Sa signification religieuse est essentielle : culte de la douleur et de l'expiation, la dévotion au Sacré-Cœur est aussi redécouverte d'un Dieu personnel et incarné dans la ligne de la spiritualité du XIXe siècle. La réticence d'une partie des élites ne doit pas masquer la fortune de cette dévotion dans le catholicisme populaire prêché par les congrégations et le jeune clergé. Le culte de la Vierge et des saints, la croyance aux miracles prennent un développement extraordinaire. Les pèlerinages à Lourdes, la multiplication des dévotions à saint Michel, saint Joseph, saint Antoine, sont un même défi porté par la religiosité populaire au monde et aux valeurs libérales. Quelles qu'aient été les réserves et les réticences des catholiques « éclairés », bourgeois ou aristocrates héritiers de la tradition catholique libérale ou gallicane, tel est bien le modèle dominant du catholicisme. Certes, tous les fidèles n'y adhèrent pas au même degré, et la distance est grande des simples pratiquants aux dévots. Mais c'est bien ce catholicisme qui est prêché aux pèlerins, retraitants, membres des tiers ordres, auditeurs des missions.

L'ampleur de ce réveil religieux, né dans les années 1860, ne doit pas être sous-estimée. Il explique que le catholicisme français ait traversé la tourmente anticléricale. Bien plus, il a permis des reconquêtes dont, sensibles avant tout au mouvement à sens unique de déchristianisation, les historiens ont parfois méconnu l'existence. A Arras, Mgr Lequette, évêque de 1876 à 1882, continuateur de Mgr Parisis, favorise l'essor des pèlerinages, des associations

Vitalité religieuse des diocèses de France en 1877

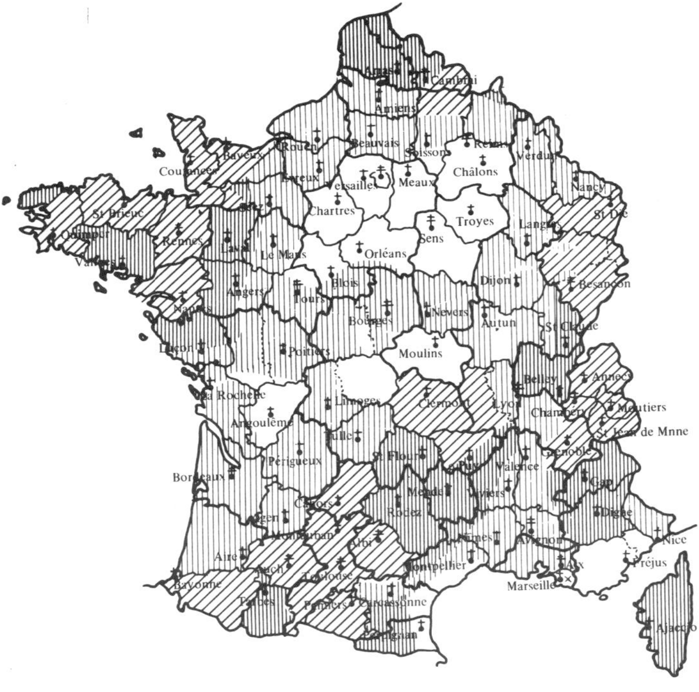

Données qualitatives : estimation de la pratique religieuse par les évêques et les préfets :

- Bonne
- Bonne, mais indépendance politique vis-à-vis du clergé
- Moyenne
- Médiocre
- Indéterminée

Limites :

- des provinces ecclésiastiques
- des diocèses
- des départements

Échelle : 0 — 100 km

(d'après J. Gadille, *la Pensée et l'Action politiques des évêques français au début de la III*e *République* I, Paris, Hachette, 1967, p. 152) de piété, fait donner des missions dans les paroisses [1]. Les limites de ces tentatives de reconquête sont évidentes. Elles ont cependant ralenti, sans l'arrêter, le processus de déchristianisation dans les régions de pratique médiocre. Surtout, dans les régions de pratique, elles ont maintenu un peuple chrétien, bien plus elles ont accru la vitalité religieuse des pays de chrétienté : l'encadrement religieux et la ferveur paraissent supérieurs dans la Flandre intérieure, la Haute-Loire ou le Morbihan, aux alentours de 1890 qu'une vingtaine d'années plus tôt. La retombée, pour un temps, de la vague anticléricale, l'application tolérante de la législation laïque par les « progressistes » ont favorisé cet essor, dont témoignent entre autres les progrès des vocations [2]. Ce phénomène accroît le contraste entre les pays chrétiens et les terres d'indifférence.

Victoire donc, en quelque façon, du catholicisme « intransigeant », qui sait opposer au libéralisme condamné une manière de « contre-société ». Mais ce défi porte en lui-même ses contradictions : tient-il compte de cette masse intermédiaire de tradition chrétienne, qui refuse à la fois le catholicisme militant et le laïcisme militant? Ces bastions de la foi ne vont-ils pas se révéler des ghettos sur le plan géographique et social? Cette religion qui fait un appel privilégié à la sensibilité et au sentiment est largement l'affaire des femmes. Elle ne se préoccupe guère de répondre aux questions posées par le développement des sciences religieuses. Enfin cette religion est de plus en plus profondément cléricale. Elle insiste sur les vertus de l'autorité et les valeurs de l'obéissance, diffuse une image verticale de la société religieuse où les laïcs sont à l'étage inférieur. « Hommes d'œuvres », membres des conseils de fabrique, ou des comités catholiques, ceux-ci, magistrats démissionnaires, anciens officiers, « propriétaires », si représentatifs des élites catholiques du temps, font figure d'auxiliaires du clergé.

La place de la minorité protestante : 580 000 membres au recensement de 1872, est considérable. La répartition géographique révèle l'existence d'un certain nombre de bastions : Drôme, Ardèche, Gard, Lozère, Tarn, Tarn-et-Garonne, Charente et

1. Cf. Y.-M. Hilaire, *op. cit.*
2. Cf. F. Boulard, *Essor ou Déclin du clergé français*, Paris, Le Cerf, 1950.

Deux-Sèvres. S'ajoutent des îlots : pays de Montbéliard, région parisienne, Seine-Inférieure. Hormis Nîmes, Bordeaux, Le Havre, Paris, les communautés protestantes sont établies dans de petites villes ou des villages. Mais ce protestantisme rural n'est pas nécessairement un protestantisme de paysans : les protestants ruraux peuvent être artisans, commerçants, « propriétaires », ainsi dans le Gard. André Siegfried, dont la mère était fille du pasteur Puaux, d'origine ardéchoise, a fort bien montré que les protestants cévenols [1] sont un élément populaire, mais « relativement aristocratique », qui domine dans maintes communes les catholiques, journaliers ou locataires du sol, venus plus récemment. A côté de ces protestants de la terre, la bourgeoisie protestante constitue un groupe puissant dans l'économie, la haute fonction publique, l'Université.

Depuis l'annexion de l'Alsace, la communauté luthérienne compte « au mieux 80 000 personnes [2] ». Les luthériens connaissent des discordes moins graves que les réformés au sein desquels s'affrontent « orthodoxes » et « libéraux ». A la suite du synode de 1872, les libéraux refusent d'accepter une déclaration de foi orthodoxe. Peu à peu va s'imposer « un régime de fait entérinant la division en deux des Églises réformées » (D. Robert). Les « libéraux » sont minoritaires par le nombre, mais leur rayonnement intellectuel est considérable. Le protestantisme libéral refuse les dogmes, il ramène la religion à une morale, mène au théisme, voire même à la libre pensée. On ne dira jamais assez l'influence du protestantisme libéral sur la République des républicains. Buisson, Pécaut, Steeg, Élie Rabier ont joué un rôle décisif dans l'œuvre scolaire de Ferry. Le protestantisme trouve des sympathies éminentes, dans les élites celles de Jules Favre, dont la femme, née Charlotte Velten, fut la première directrice de l'École normale supérieure de Sèvres, celle de Taine qui désire qu'un pasteur préside à ses obsèques. Le philosophe Renouvier invite les républicains à adhérer au protestantisme. La religion réformée, sans dogme ni mystère, accessible à la raison, n'est-elle pas la plus propre à donner à la société

1. Le groupe protestant cévenol sous la IIIe République, dans *Visages du protestantisme français.*
2. D. Robert (108), p. 319.

moderne l'armature spirituelle dont elle a besoin? C'est le temps de ce que E.G. Léonard a nommé très profondément le « positivisme protestant ». Ainsi le protestantisme libéral est-il l'une des composantes de l'idée laïque et républicaine. Quand le catholicisme, religion d'autorité, semble voué à la décadence qui frappe les peuples latins, la religion réformée paraît avoir pour elle l'avenir. Sans doute faut-il également faire intervenir des raisons qui tiennent à la nature même de la religion réformée : la structure démocratique des Églises développe le sens civique, et la pratique du libre examen, le sentiment de responsabilité. Voilà qui explique, même si les protestants français n'ont pas une attitude monolithique, les affinités entre eux et la République. Même détaché de sa religion, le protestant reste guidé par un moralisme rigide, la volonté de résister à tout pouvoir, le souci d'affirmer les droits de la conscience individuelle. Il retrouve à l'occasion un ton prédicant, qui va marquer de son empreinte l'esprit républicain.

Autre minorité, la minorité israélite [1]. Elle ne dépasse pas 80 000 membres à la fin du siècle dont 50 000 à Paris. Les juifs méridionaux établis en France de longue date sont pratiquement fondus dans la masse; de même les juifs d'origine alsacienne sont parfaitement assimilés ou en voie d'assimilation. A cette bourgeoisie souvent fortunée, s'opposent les immigrés venus d'Europe orientale à la suite des persécutions qui frappent leurs communautés. Isolés par la langue, le yiddish, ils connaissent une condition modeste : autour de la Bastille, dans le Marais, ils sont tailleurs, cordonniers, fourreurs. Diversité d'origine, de condition sociale, de culture, diversité aussi dans les attitudes religieuses. Le libéralisme a touché le judaïsme occidental comme les autres confessions. La religion ne joue plus le rôle de lien privilégié de la communauté juive. L'historien Jules Isaac, fils d'un officier d'artillerie, rapporte que seule sa mère pratiquait. Au contraire, les juifs venus de Pologne ou de Russie, surpris par le scepticisme ambiant, restent très attachés à leurs traditions. L'assimilation à la société et à la culture française paraît entraîner la perte de l'originalité religieuse juive. S'ils sont divisés dans leurs attitudes politiques, les isaélites français sont attachés à l'héritage de la

1. Cf. M. Marrus (100).

Révolution française qui les libéra en leur accordant la citoyenneté. Voilà la raison de leur attachement à la République laïque et émancipatrice.

La présentation des attitudes spirituelles des Français réclame de faire place aux forces hostiles aux Églises, tout particulièrement, mais elle n'est pas seule en cause, à l'Église catholique. On a évoqué l'anticléricalisme des républicains, sa signification et ses aspects. L'anticléricalisme peut être d'abord une réaction politique contre l'influence politique et sociale de l'Église. Il peut aussi diffuser une idéologie propre, ennemie de toute religion. De cette irréligion militante, de ce non-conformisme français, l'histoire n'a guère été faite. Il faudrait relever les indices de l'anticléricalisme militant : refus de baptême, mariage et enterrement civils [1], réunions de propagande antireligieuse, manifestation lors de sermons, de processions, de pèlerinages. Il faudrait esquisser une sociologie. Elle montrerait que l'anticléricalisme militant touche des milieux divers : ouvriers et artisans parisiens ou lyonnais qui retrouvent dans le blanquisme la tradition déchristianisatrice de la sans-culotterie, paysans de la Creuse, de l'Yonne, de la Charente, bourgeois tout particulièrement dans les villes petites et moyennes des pays pratiquants qui, comme le notait Gabriel Le Bras, sont autant de foyers d'insoumission.

L'anticléricalisme militant a suscité des organisations. C'est ainsi que s'est créée, au Mans en 1883, une société dite la Libre-Pensée. Elle veille à la tenue des enterrements civils auxquels elle adresse une délégation de dix membres, qui jette une branche d'immortelles dans la tombe. Chaque Vendredi Saint, la société fait ripaille [2]. Les sociétés de Libre-Pensée ont un recrutement plus démocratique que la maçonnerie. Crétois, ancien instituteur et employé de préfecture, animateur inlassable de la société de Libre-Pensée du Mans, ne fut jamais maçon. Une cotisation écarte des loges les classes populaires. S'y retrouvent les membres de la

1. Cf. C. Mesliand, « Contribution à l'étude de l'anticléricalisme à Pertuis de 1871 à 1914 », *Archives de sociologie des religions*, 10, 1960. p. 49-62.

2. Cf. A. Bouton, *les Luttes ardentes des francs-maçons manceaux pour l'établissement de la République*, Le Mans, 1966.

petite et de la moyenne bourgeoisie. Les loges furent le ciment du « parti républicain », ce n'est pas le lieu ici d'évoquer leur rôle politique, mais elles furent aussi pour des dizaines de milliers de membres une manière de contre-Église, dont une meilleure connaissance serait indispensable pour connaître le visage spirituel de la France du temps.

2. Éducation et instruction

L'une des caractéristiques les plus remarquables du système scolaire est la place que tient l'enseignement secondaire. Il est, selon le mot pénétrant de Lucien Febvre, « sur la carte pédagogique, notre tout-puissant empire du Milieu ». La formule va loin qui indique à la fois la situation considérable de l'enseignement secondaire entre l'enseignement supérieur et l'enseignement primaire, la puissance des traditions, et le rôle qu'il joue dans la formation des élites. Là est bien l'essentiel : deux systèmes scolaires n'ont entre eux pratiquement pas de communications. L'école primaire est l'école du peuple, les lycées et les collèges, avec leurs classes élémentaires payantes, sont l'école de la bonne bourgeoisie. S'ils ont une bourse, les enfants des classes moyennes, voire les plus brillants sujets de l'école primaire, peuvent y accéder, ce qui est censé assurer un caractère démocratique au système. Pas plus que les effectifs des lycéens, ceux des bacheliers n'augmentent pendant la période qui nous préoccupe : ils varient entre 6 000 et 7 000 par an à partir de 1873. Ce seuil n'est dépassé qu'en 1891, avec la naissance du baccalauréat moderne. C'est donc une élite fort restreinte qui accède au baccalauréat. Les abandons en cours de scolarité, dus en partie au coût élevé de la rétribution, sont importants.

Détenu par une minorité, le baccalauréat constitue un brevet d'entrée dans la bourgeoisie, il est devenu, comme l'observe dès 1872 l'économiste libéral Courcelle-Seneuil, une manière de « mandarinat ». Cette critique est l'expression de tout un courant qui, avec Hippolyte Taine ou le linguiste Michel Bréal, dénonce un enseignement coupé de la vie, au style autoritaire. L'échec, en matière de réforme de l'enseignement secondaire, des « modernes » et des admirateurs des modèles anglo-saxons a une grande signification. Il suggère qu'à affirmer une évidence — l'enseignement secondaire est l'école de la bourgeoisie —, on n'épuise en rien la signification et on ne dit rien de l'originalité de celui-ci. Il est fort remarquable que les classes dirigeantes ne soient pas unanimes en faveur des humanités classiques, que la bourgeoisie des boursiers et des « nouvelles couches » ne soit pas moins attachée au modèle classique. Dans les pays voisins, au reste, les classes dirigeantes ont pu maintenir leur primauté sans la barrière sélective du latin. En fait, l'enseignement secondaire, héritier des collèges jésuites et oratoriens de l'Ancien Régime, révèle une conception aristocratique de la culture chère à une bonne partie des bourgeois français. Lecteurs de Virgile, d'Horace ou de Cicéron, ainsi de Jules Grévy si représentatif de la bonne bourgeoisie provinciale, ils honorent les études désintéressées pour cela même qu'elles ne préparent pas au monde réel de la technique et de l'économie. L'enseignement secondaire, exemple remarquable de décalage du mental sur le social, témoigne des aspirations d'une bourgeoisie fidèle à l'idéal des bourgeois du XVIIIe siècle de vivre « noblement », attachée à une civilisation latine de « légistes » et non de « producteurs ».

On comprend dans ces conditions que les débats sur le contenu des études suscitent des controverses très vives : les fondements même d'une société paraissent en jeu. La réforme de 1880 réduit l'importance des langues mortes qui gardent pourtant le tiers de l'horaire dans les classes proprement secondaires. Bien plus, les réformes de 1884 et 1890 réduisent les matières favorisées en 1880, sciences, langues vivantes, histoire, français. A côté de cet enseignement littéraire, sanctionné par le baccalauréat ès lettres, existent les classes « préparatoires » aux grandes écoles : on y accède après la troisième ou la seconde, elles mènent au baccalauréat ès sciences. Il faut attendre 1890 pour que disparaisse la distinction des deux baccalauréats.

Dans le même temps, l'enseignement spécial, créé par Victor Duruy, pour préparer aux carrières du commerce et de l'industrie, est peu à peu intégré à l'enseignement secondaire. Dès 1881, une commission présidée par Duruy remanie le cours des études : elles passent de quatre à cinq années, en deux cycles de trois et deux ans, sanctionnées par le baccalauréat de l'enseignement secondaire spécial. Celui-ci perd peu à peu de son originalité. En 1891, Léon Bourgeois transforme l'enseignement secondaire spécial en un enseignement moderne, crée un baccalauréat « moderne ». Celui-ci demeure de seconde zone, certaines carrières sont fermées à ses détenteurs : droit ou médecine; professeurs et élèves de l'enseignement classique méprisent les « français », les « bestiaux » : indice, une fois de plus, de la puissance des traditions.

Les collèges de l'enseignement secondaire privé, à la fin du siècle, accueillent autant d'élèves que les lycées et les collèges publics. Ils ne paraissent pas se distinguer, hormis l'empreinte religieuse, par une originalité majeure. L'internat, le primat des humanités, le souci du baccalauréat, autant de traits communs. L'éducation donnée aux jeunes filles de la bourgeoisie traduit toute une conception de la femme. Destinée au mariage, gardienne du foyer, elle doit apprendre à tenir sa maison, à régenter les domestiques, à élever ses enfants. Une solide formation morale doit garantir sa vertu. Elle doit faire honneur à son mari, avoir quelques clartés en littérature, posséder des arts d'agrément comme le piano, la peinture, le plus souvent les travaux à l'aiguille. La première éducation, dans la mesure du possible, et comme pour les garçons, se fait à la maison. Puis la jeune fille peut passer quelques années dans une pension, religieuse ou non : elle y reste souvent interne jusqu'à sa première communion. Vers quinze ans, son éducation est, en général, considérée comme achevée; tout au plus va-t-elle au « cours » suivre quelques enseignements. A Paris du moins, la mode est aux examens : les jeunes filles du monde et de la riche bourgeoisie, élèves des meilleures pensions, considèrent le brevet élémentaire comme le couronnement de leurs études. Le brevet supérieur reste une exception, le baccalauréat plus encore, puisque les jeunes filles ne sont pas nourries aux humanités. Pour la plupart d'entre elles, tout semble vérifier cette constatation d'une religieuse enseignante, Mère Marie du Sacré-Cœur, à propos de l'enseignement des couvents : « En éducation, nous semblons n'avoir eu qu'un seul rêve, posséder des élèves obéissantes et pieuses, et les conserver, lorsqu'il n'est pas trop tard, dans l'innocence qui n'est fondée que sur l'ignorance[1]. » Quand la jeune fille se marie, son ignorance de la vie est grande : une éducation moraliste dissimule les réalités de la chair, comme on dit. L'opinion est sévère pour la femme qui « faute ». Malgré le ton léger des vaudevilles, la femme adultère est une femme perdue.

Les républicains innovèrent dans le domaine de l'enseignement secondaire féminin. On a dit à quelles intentions répondait la loi Camille Sée. Son application fut difficile et marquée de prudence. Parlementaires et journaux de la droite s'émurent. On cria aux « casernes de jeunes filles », on vit dans les « déclassées » que ne manquerait pas de produire le système des bourses un réservoir de futures nihilistes, la loi fut dénoncée comme une œuvre d'immoralité et d'apostasie. Pas plus que les conservateurs, les républicains n'avaient le souci d'ouvrir la vie professionnelle aux jeunes filles : leur instruction, couronnée par un diplôme intérieur sans aucune sanction, devait demeurer un ornement domestique. La prudence du Conseil supérieur aidant — on ne voulait pas effaroucher les parents —, la scolarité des jeunes filles fut plus courte que celle des garçons et beaucoup moins chargée : les nouvelles lycéennes ne firent ni grec ni latin ni philosophie. On leur donna en revanche des cours de morale, de travaux à l'aiguille et de musique. Si le patronage de l'État était nouveau, le contenu de l'instruction féminine ne l'était guère.

L'enseignement secondaire des jeunes filles n'était pas conçu pour bouleverser la société. Il a eu cependant une conséquence sociale d'importance : il a créé une carrière sûre et honorable pour les femmes seules et sans fortune à une époque où l'exercice d'un métier — mises à part les aléatoires carrières artistiques — était une déchéance pour la femme de la bourgeoisie. D'abord soupçonnées et isolées, vouées par l'opinion au célibat ou à un mariage tardif et médiocre, les professeurs-femmes des lycées et collèges ont acquis droit de cité, par la dignité de leur vie autant que par l'indépendance matérielle de leur situation. Leurs élèves, qui appartenaient pour l'essentiel à la moyenne bourgeoisie, avaient devant elles un avenir de mère de famille, comme l'avait voulu le législateur, ou de professeur. Dans la période qui nous préoccupe, du

1. *Les Religieuses enseignantes*, Paris, 1898.

moins, tout autre débouché était exclu, les filles ne passaient pas le baccalauréat, l'enseignement supérieur leur était fermé. La situation ne semble pas avoir créé de problème véritable avant 1910, comme l'atteste le succès croissant de l'institution.

En effet, si les débuts ont été des plus modestes — les établissements ouvraient avec 30 ou 40 élèves —, l'accroissement fut régulier, sans recul jusqu'à 1914, à l'époque même où on parlait de « crise » du recrutement dans les lycées de garçons. En novembre 1891, l'enseignement secondaire des jeunes filles comptait 11 645 élèves, réparties entre 29 lycées, 26 collèges et 61 cours secondaires. Douze ans plus tard, avec un gain annuel qui passe de 700 à 4 000 élèves, la population scolaire féminine est de 28 207 élèves. Sans doute n'a-t-on guère mordu sur la clientèle traditionnelle des couvents : la prospérité s'explique donc plutôt, à cette date, par l'accès à l'enseignement secondaire de filles pour qui, vingt ans plus tôt, l'enseignement primaire aurait été jugé suffisant.

Dans les premières décennies de la IIIe République, l'enseignement supérieur change de visage et prend les traits qu'il va conserver jusqu'à notre temps. Jusque-là, si le droit et la médecine, qui formaient à des professions déterminées, avaient des étudiants, les facultés de lettres et de sciences étaient essentiellement le lieu de conférences mondaines, dont la principale raison d'être était la collation des grades, et notamment du baccalauréat. A la fin du second Empire, apparut une volonté de transformation, qu'illustre la création par Victor Duruy en 1868 de l'École pratique des Hautes Études. Celle-ci, dans un cadre très souple, devait former à la recherche critique. Tout un personnel universitaire, réuni dans la Société pour l'étude des questions d'enseignement supérieur, s'exprime à partir de 1881, dans la *Revue internationale de l'enseignement* [1], et fait pression pour des transformations profondes. Ce groupe — où l'on trouve des hommes alors au début de leur carrière et qui vont compter parmi les illustrations de la haute Université, ainsi parmi les historiens : Lavisse, Seignobos, Georges Weill —, rencontre un écho favorable auprès des ministres comme

1. Cf. A. Prost (26), qui a eu le mérite éminent de tirer de l'oubli une publication dont l'extrême richesse balaie les idées reçues sur la sclérose de l'enseignement supérieur voici un siècle.

l'helléniste Waddington, Ferry, Goblet. Les directeurs de l'enseignement supérieur, Albert Dumont (de 1879 à 1884), Louis Liard (de 1884 à 1902), font partie de cette communauté universitaire. L'œuvre d'un Albert Dumont, qui fut le premier directeur de l'École de Rome, puis recteur, enfin, à moins de quarante ans, directeur de l'Enseignement supérieur, est décisive [1]. La création des bourses de licence en 1877, puis d'agrégation en 1880, la création de maîtres de conférences, chargés d'encadrer les étudiants, tenus à l'assiduité, l'organisation de la licence, la création du diplôme d'études supérieures, première initiation à la recherche personnelle, autant d'innovations durables. Le nombre des étudiants s'accroît tout particulièrement en lettres et en sciences. Il double de 1875 (9 963) à 1891 (19 821). Les moyens sont appréciables : création de postes de professeurs et de maîtres de conférences, construction de « palais universitaires », reconstruction de la Sorbonne, on ne retrouvera un tel ensemble de constructions que sous la Ve République. Les animateurs de la Société d'enseignement supérieur souhaitaient une certaine autonomie administrative et financière. Les décrets Goblet, préparés par Liard, le 25 juillet 1885, donnent aux facultés la personnalité civile et les autorisent à recevoir des subventions des collectivités locales. Un autre décret, le 28 décembre, organisa conseil et assemblée de facultés. Pour Liard et Goblet, celles-ci devaient être le point de départ vers ces universités, foyers de vie régionale et de rayonnement scientifique, dont la création était depuis 1879 l'une des préoccupations majeures de la Société d'enseignement supérieur. Lavisse souhaitait établir ainsi « toutes les corrélations désirables entre l'enseignement des sciences et celui de la médecine, entre l'enseignement du droit et celui des lettres ». Il espérait aussi supprimer « cet isolement des facultés dont chacune a sa petite administration, ses petits instituts particuliers ». On craignit le démantèlement de l'université nationale. Les intérêts locaux ne voulurent pas de cinq ou six grandes universités régionales seulement. Mais commencer par l'organisation des facultés allait à l'encontre même de l'idée universitaire.

La loi du 10 juillet 1896 créa des universités, une par académie,

1. Lavisse a su lui rendre un exceptionnel hommage, dans la *Revue internationale de l'enseignement*, 1884.

qui remplaçaient les « corps des facultés », réunion des facultés d'un même ressort académique, dotée de pouvoirs financiers depuis 1893. Elle n'eut pas la portée attendue. Cet échec ne doit pas conduire à sous-estimer le fait majeur qui est la mise sur pied d'un haut enseignement scientifique, né du double souci de relever le défi porté par la science allemande et la naissance en 1875 des universités catholiques.

Celles-ci furent durement frappées par le rétablissement de la collation des grades. A la différence de l'enseignement secondaire privé, l'enseignement supérieur « libre » est un échec. Quand les facultés de l'État comptent près de 30 000 élèves, il y a au plus 1 400 élèves dans les facultés libres, « un sur dix des jeunes gens que nous avons élevés », constate, en 1900, le secrétaire général des facultés catholiques de Lille. En fait, si une fraction appréciable des élites échappe à l'université, c'est par le biais des Écoles spéciales, Polytechnique, les Ponts, les Mines, Centrale, les Grandes Écoles : là sont les filières nobles, quand les facultés forment ce « prolétariat de bacheliers » qui sollicitent en vain « des places dans l'enseignement », tels les Racadot et Mouchefrin des *Déracinés*.

On a dit l'importance que les républicains attachaient à l'école primaire, et le vote des lois qui fondèrent l'école de la République. Il reste à préciser l'application de celles-ci et à apprécier leur influence.

La pédagogie, à l'école primaire, est fondée sur la méthode concentrique : chaque année sont approfondies les connaissances inculquées l'année précédente. Le français, le calcul, l'histoire et la géographie, les sciences naturelles, l'instruction civique et morale sont les matières enseignées : elles doivent assurer un bagage suffisant pour toute l'existence, d'où le caractère encyclopédique de cet enseignement, que sanctionne le certificat d'études. « L'école élémentaire reste dominée par le souci de former des adultes pour une société rurale, commerçante, épargnante » (A. Prost).

L'école primaire commence, avant l'âge de la scolarité obligatoire, par l'école maternelle, terme qui, de façon significative, succède à celui de « salles d'asile » dès le décret du 2 août 1881. Les premiers programmes font des écoles maternelles une véritable préparation, assortie de « leçons », à l'école primaire. Mais très vite les écoles maternelles vont être dotées d'une pédagogie propre, fondée sur le jeu, grâce notamment à l'action de l'inspectrice générale Pauline Kergomard, très liée au haut personnel républicain, et sous l'influence des progrès de la psychologie de l'enfant. L'école maternelle devient « un établissement d'éducation, et non d'instruction », selon le vœu de P. Kergomard. Avant 1900, un enfant environ sur quatre, de deux à six ans, va à la maternelle. Celle-ci est mixte, à la différence de l'école élémentaire.

L'enseignement primaire se prolonge par l'enseignement primaire supérieur. Né d'une initiative de Guizot, celui-ci végétait. Lorsque l'enseignement spécial devint l'enseignement moderne, les écoles primaires supérieures reprirent sa place. La loi Goblet de 1886 fixa leur statut ainsi que celui des « classes d'enseignement primaire supérieur annexées aux écoles élémentaires et dites 'cours complémentaires' ». Il se développe rapidement. Plus de 60 000 élèves — enfants de paysans, plus souvent de commerçants et d'artisans, voire d'ouvriers, d'employés — passent par les EPS de 1889 à 1899. Somme toute, par la formation qu'il dispense dans les sections générales, les plus nombreuses, et les sections professionnelles, l'enseignement primaire supérieur assure des chances de promotion aux membres des nouvelles couches. Le brevet d'études élémentaires et le brevet supérieur ne permettent-ils pas de passer les concours administratifs des postes, des chemins de fer, d'entrer dans les écoles normales primaires?

Quel est le bilan de l'œuvre scolaire de la République? On l'a dit avec raison, la scolarisation élémentaire était acquise quand survint l'obligation. L'obligation scolaire de Ferry est « essentiellement une prolongation de la scolarité effective » (A. Prost). Auparavant ce n'était qu'entre huit et dix ans que presque tous les enfants allaient à l'école. Le progrès de la scolarisation n'est pas total. L'obligation scolaire connaît des dérogations. L'obtention du certificat d'études à onze ans dispense du temps de scolarité restant à couvrir, les enfants arrivés à l'âge de l'apprentissage — douze ans —, employés dans l'agriculture et l'industrie, obtiennent des dispenses de fréquentation. Surtout, le fonctionnement des commissions scolaires chargées de veiller à l'application de la loi est défectueux. Pèsent contre celles-ci les exigences des travaux des champs, la nécessité d'un salaire d'appoint, les travaux domestiques qui expliquent que le taux féminin de scolarisation soit inférieur au taux masculin [1].

Dès lors la proportion de conscrits illettrés demeure de 5,2 % en 1896. Demeure aussi le contraste ancien entre une France instruite au Nord d'une ligne qui va du Mont-Saint-Michel au lac de Genève, et une France attardée, la Bretagne, le Centre. Les départements industriels du Nord et du Nord-Ouest, Seine-Inférieure, Somme, Pas-de-Calais, Nord, Aisne se situent en-dessous des départements du Nord-Est et de l'Est. Comme l'observait E. Levasseur, « les agglomérations industrielles ne sont pas toujours une condition favorable au développement de l'instruction primaire ».

3. Culture du peuple, culture des élites

Dans quelle mesure l'école primaire a-t-elle contribué à modifier les systèmes de valeurs et à transformer les mentalités populaires? La question est indispensable : les républicains et leurs adversaires n'étaient-ils pas persuadés de l'influence déterminante de l'instruction élémentaire sur la formation des esprits? Pourtant la réponse est difficile. N'est-ce pas bien souvent l'évolution des mentalités qui a devancé l'école républicaine? A l'inverse, l'influence de celle-ci ne s'est pas fait sentir immédiatement. L'idée laïque, la foi au progrès, l'indifférence religieuse sont antérieures à l'école de Jules Ferry et de Ferdinand Buisson. Il reste que les instituteurs ont pu, en ce domaine, fortifier des attitudes et renforcer des évolutions. Les manuels d'histoire, de géographie, de lecture et de morale ont développé le sentiment national, et fixé les images légendaires du patriotisme : du Grand Ferré à Jeanne d'Arc, du chevalier d'Assas au tambour Bara. L'image de la France dont sont porteurs les manuels, tel *le Tour de la France par deux enfants*, est celle d'un pays aux ressources et au climat équilibrés, dominé par l'économie rurale et artisanale. L'économie et l'épargne sont les vertus privilé-

1. Cf. M. Leblond, « La scolarisation dans le département du Nord au XIXe siècle », *Revue du Nord*, juillet-septembre 1970, p. 387-398.

giées. Soumission de l'école primaire à la morale dominante de la bourgeoisie? La formule est sans doute insuffisante, et ne convainc guère plus que les pamphlets des catholiques expliquant la « déchristianisation » par le complot des francs-maçons et les menées des instituteurs. En fait, tout un peuple, au sens de Michelet, adhère très profondément aux valeurs que diffuse l'école de la République et ne met pas en doute la foi et la morale de l'école laïque; il croit à la science, à l'instruction, et aux chances de promotion offertes par la société libérale et démocratique. L'influence de l'instituteur n'a été si grande que parce que l'auditoire était préparé à l'entendre.

Aussi bien, d'autres sources d'information pèsent-elles dans le même sens. Le journal devient un produit de consommation courante. La grande presse d'information, à un sou, connaît un succès grandissant. Elle assure près de la moitié du tirage de 1870, les trois quarts en 1880 [1] grâce aux découvertes techniques (la rotative), à la diffusion par chemins de fer, en ballots, sans taxe postale, à l'appel massif de la publicité. *Le Petit Journal*, puis, après 1890, *le Petit Parisien* pénètrent dans les campagnes. *Le Petit Journal* républicain, socialement conservateur, tire à 220 000 exemplaires en 1872, à 700 000 en 1882. Aucune autre feuille de petit format (44 cm × 30) ne parvient à l'époque à l'imiter. Il publie les feuilletons de Xavier de Montépin et Jules Verne, et, à la première page, tantôt des commentaires politiques très simples, tantôt des chroniques moralisantes. C'est « dans cette petite presse que le peuple apprend à lire et, grâce à elle, qu'il peut ne pas oublier les leçons de l'école » (P. Albert).

La presse locale n'en garde pas moins une audience considérable. Presse de chefs-lieux d'arrondissement, voire de canton, seule presse lue bien souvent par les paysans, hebdomadaire ou bi-hebdomadaire, d'allure anodine, malgré des polémiques plus ou moins feutrées, hormis les périodes électorales. Presse départementale, faite de quotidiens, souvent subventionnés par un homme politique et qui tirent à quelques milliers d'exemplaires. Un rédacteur suffit qui travaille à coups de ciseaux. La nouveauté est l'apparition de grands organes régionaux, acquis, hormis le conservateur *Nouvelliste* de Lyon, à la cause républicaine : *le Progrès* à Lyon, *la Petite Gironde*

1. P. Albert (87).

à Bordeaux, surtout *la Dépêche* à Toulouse. Cette presse fait alors une part relativement faible aux informations locales et contribue en fait à accroître l'audience de la capitale et à uniformiser la vie française, favorisant la centralisation.

La grande presse s'efforce de conquérir les lecteurs par le recours à des suppléments illustrés, la place faite au fait divers, le feuilleton, type même de la littérature à destination populaire. Les feuilletons sont publiés ensuite dans des collections à bon marché. Cette littérature évoque volontiers le monde aristocratique, ou le temps de la monarchie, mais elle adopte aussi le ton « populiste », s'intéressant aux petites gens, aux midinettes, voire aux ouvriers. *La Porteuse de pain* de Xavier de Montépin, publié en 1884, a comme héroïne une veuve d'ouvrier injustement condamnée pour l'incendie d'une usine et un meurtre. Les magazines illustrés, les romans populaires, les catalogues des grands magasins sont les composantes d'une nouvelle culture populaire qui prend le relais des cultures traditionnelles ébranlées par l'action de l'école, les brassages dus au progrès des transports, aux mouvements de population, au service militaire. Le recul des patois est le signe le plus manifeste de cette évolution. Sans doute les instituteurs s'en prennent-ils aux enfants qui parlent patois. Mais, ce faisant, ils se conforment aux vœux des familles, soucieuses de permettre l'ascension sociale de leurs enfants par une sûre connaissance de la langue nationale. La résistance des parlers locaux reste vive dans les landes de la Bretagne intérieure ou les montagnes du Massif central. Pour les instituteurs, les petits fonctionnaires, qui se voulaient les obscurs agents du progrès, n'était-ce pas, avec la langue nationale, la République et le monde moderne qui étaient refusés?

On sait fort mal ce que lisaient ces Français, l'immense majorité, qui n'avaient pas reçu l'empreinte des lycées et des collèges. Sans doute peut-on affirmer la fortune de Victor Hugo, « poète national », comme le fut Béranger en d'autres temps, qui fait le lien entre les couches populaires et le public cultivé. La foule qui suit ses obsèques en 1885 atteste le rayonnement de l'auteur des *Misérables* et des *Châtiments*. Erckmann et Chatrian sont plus que Hugo des « écrivains du peuple », méprisés par le goût bourgeois. Ennemis des nobles et des prêtres, démocrates en défiance devant le socialisme, hostiles au pouvoir personnel, patriotes et adversaires des guerres, les auteurs des *Romans nationaux*, de l'*Histoire d'un homme du peuple*, de l'*Histoire d'un plébiscite*, incarnent au plus profond l'esprit républicain. Exilés, après 1871, ils représentent le mythe alsacien-lorrain. Si G. Bruno fait partir de Phalsbourg par la légendaire Porte de France les héros du *Tour de la France par deux enfants*, c'est bien parce que la petite place-forte vosgienne, grâce à Erckmann-Chatrian, était connue de millions de Français et que son nom éveillait de profondes résonances.

Cette analyse suggère qu'une telle culture est profondément politique [1]. Fête républicaine et patriotique, le 14 Juillet est aussi une fête laïque. Les enfants des écoles doivent y participer, pour « arracher les jeunes générations aux pratiques de la superstition [2] ». La religion civique doit remplacer les « vieux dogmes ». Coiffée du bonnet phrygien, couronnée de lauriers, tenant d'une main le drapeau, de l'autre s'appuyant sur l'épée, Marianne incarne la République :

C'est une femme au corps brûlant
Au sein gonflé d'indépendance...
Notre maîtresse à nous Français
Répond au nom de Marianne [3].

On aurait grand tort de sous-estimer la ferveur et l'enthousiasme populaire à l'occasion des premiers 14 Juillet et de méconnaître la puissance affective du mythe de la République. A Paris, les quartiers populaires sont les plus pavoisés. Fils d'un notable républicain, André Siegfried évoque son père, maire du Havre, faisant « en voiture découverte le tour des quartiers populaires, allant de permanence en permanence, serrant d'innombrables mains, encourageant les militants, laissant ici et là des présents et des subventions. La ville disparaissait sous les drapeaux tricolores, les banderoles, les inscriptions ». La fête populaire avec ses bals aux carrefours et le feu d'artifice est une liturgie politique. Avec la fin du siècle et la célébration du 1er Mai, le 14 Juillet perdit ce caractère d'unanimité militante inséparable des débuts de la République.

1. Cf. P. Joutard *in* G. Duby (4).
2. Conseil municipal de Paris, 22 juin 1880.
3. *Le Cri patriotique*, de 1882, l'un des multiples chants composés à la gloire de la République; cf. R. Sanson, *op. cit.*, p. 61.

Les luttes électorales, les discussions au cabaret sur les champs de foire sont dans la France des villages, des bourgs, des petites villes tout particulièrement, autant d'éléments de cette culture commune des classes moyennes à la paysannerie. Cette analyse vaut moins pour les grandes agglomérations. Là l'intégration sociale est moins forte, le progrès culturel dû au développement de la lecture, le rôle des instituteurs sont moins sensibles. Là s'affirment de nouvelles formes de loisirs, tel le café-concert. S'y retrouvent membres des classes populaire et bourgeoise, tant il est vrai que la stratification sociale et la stratification culturelle ne se recoupent pas entièrement.

Cependant les élites bourgeoises ont bien leur culture, qui s'exprime par l'hommage rendu à un certain nombre d'institutions et de valeurs consacrées par les canons du goût en matière artistique aussi bien que littéraire. On ne peut ici qu'énoncer quelques données incontestables et poser quelques questions, tant une histoire de l'art ou de la littérature sensible avant tout aux œuvres majeures donne une idée partielle de la réalité. Faut-il ajouter que l'incontestable domination culturelle de Paris, d'où partent les modes et les réputations, contribue à fausser l'image que l'on se fait de la culture bourgeoise?

Convaincue d'être une élite, privilégiée par sa culture, la bourgeoisie des premières décennies de la IIIe République a-t-elle compris les créations littéraires et artistiques de l'époque? On sait peu de chose des relations entre les créations des écrivains et des artistes et la société de leur temps. La bourgeoisie n'a pas là non plus de comportement unanime. Un banquier parisien, amateur éclairé ou collectionneur avisé, tel Cernuschi, est plus accessible aux nouveautés qu'un industriel de Lille ou un notaire de Mamers. Les audaces d'un temps peuvent être acceptées par la génération suivante : Wagner, incompris par le public du second Empire, fut, malgré les nationalistes, le « dieu » des années 90. Cependant le fossé qui sépare le goût du public des créations véritables paraît s'approfondir. « On me menait, chaque année, au vernissage du Salon, rappelle André Siegfried, pour me désigner les grands peintres de l'époque : Bonnat, Carolus Duran et Bouguereau; je savais vaguement qu'il y avait des barbouilleurs nommés Monet ou Renoir, mais de Cézanne ou de Van Gogh, je ne connaissais même pas le nom. » La faveur va en effet aux portraits de Bonnat, peintre minutieux des illustrations de la République naissante, aux tableaux de bataille de Meissonnier, de Detaille, d'Alphonse de Neuville, qui flattent le sentiment patriotique, à l'académisme de Bouguereau.

« Les débuts de l'impressionnisme marquent un des moments les plus aigus du conflit qui s'est produit à la fin du XIXe siècle entre le goût bourgeois et la création artistique » (J. Cassou). La première exposition du groupe impressionniste à la galerie du photographe Nadar, le 15 avril 1874, fit scandale, comme les expositions suivantes. Il faudra des années pour que les créations de l'impressionnisme ne suscitent plus d'hostilité. Renoir et Monet, l'ami de Clemenceau, trouvent quelque compréhension. Manet, qui reçoit une médaille au Salon de 1881, est décoré de la Légion d'honneur grâce à son ami Antonin Proust, l'éphémère ministre des Beaux-Arts du « grand ministère » Gambetta. Mais en 1890 encore, l'État refuse le don de l'*Olympia* au Louvre. Pissarro, Sisley inspirent la méfiance, Cézanne demeure incompris.

Si les canons de l'Académie des beaux-arts triomphent dans le domaine pictural, ou en sculpture, le génie isolé de Rodin est reconnu, encore la Société des gens de lettres refuse-t-elle son Balzac. L'architecture persiste à imiter les modèles classiques, boudant matériaux et formes nouvelles. Le décor de la vie n'est pas moins marqué par le souci des imitations: la République des républicains n'a pas connu un style d'ameublement original. Les années 1880 sont la belle époque du faux style Henri II : salle à manger au solennel buffet sculpté à deux corps, chaises carrées recouvertes de cuir de Cordoue, murs tapissés de teintes sombres.

Les bourgeois apprécient tout particulièrement les spectacles, divertissements sociaux par excellence où l'on se rend autant pour voir que pour être vu. Les théâtres subventionnés, Opéra, Opéra-Comique, Comédie-Française, sont fidèles aux valeurs sûres. Les habitués de l'Opéra font un accueil enthousiaste à Verdi, applaudissent Gounod, Massenet. A l'Opéra-Comique, *Carmen* fait scandale pour son réalisme en 1875. Les classiques triomphent à la Comédie-Française. Cependant, le public affectionne aussi des œuvres plus légères. L'opérette connaît son âge d'or, avec *la Fille de Mme Angot* de Lecocq, *la Mascotte* d'Audran, *Véronique* de Messager. De même le théâtre de boulevard où triomphent le vaudeville, les pièces de Labiche, de Meilhac et Halévy, attire un large public. Cette fortune du théâtre n'est pas propre à Paris. Les villes de province, même modestes, attachent un grand prix à avoir un opéra, une comédie.

La culture musicale se répand : Colonne et Pasdeloup organisent des concerts symphoniques hebdomadaires, pour éduquer le public. Mais l'organiste de Sainte-Clotilde, César Franck, n'est apprécié que par un cercle restreint. Duparc, Vincent d'Indy, les fondateurs de la Schola Cantorum trouvent plus de succès.

Le goût littéraire est dominé par la fortune du naturalisme. C'est l'heure des Goncourt, de Zola, de Maupassant. La série des Rougon-Macquart, *Histoire naturelle et sociale d'une famille sous le second Empire*, est publiée à partir de 1871. Elle heurte les esprits traditionnels, mais trouve le succès, comme l'a bien vu Albert Thibaudet, dans la bourgeoisie des « nouvelles couches », dont le positivisme se satisfait du déterminisme affirmé par le romancier. Que la presse publie en feuilleton Zola atteste son succès. Tous, et notamment les femmes, ne sauraient apprécier cette littérature « vulgaire » et « osée ». Octave Feuillet et Georges Ohnet offrent une littérature qui satisfait les aspirations au rêve et à l'idéal.

Les recherches poétiques échappent à l'attention et déroutent par leur hermétisme. Verlaine, Rimbaud, Mallarmé, sont quasiment inconnus. Il fallut le symbolisme — le manifeste de Moréas est de 1886 — pour les faire connaître, dans un milieu restreint. En revanche les parnassiens, avec Leconte de Lisle, paraissent accessibles; surtout Sully Prudhomme et François Coppée connaissent la célébrité : les auteurs de *la Justice* et des *Humbles* ne se conforment-ils pas à l'idéologie dominante de foi dans la science et le progrès? Ils vont, gagnant par l'école les classes populaires, faire figure de poètes officiels de la République, à l'instar de Victor Hugo.

Aux alentours de 1885, le climat se modifie et les systèmes de valeurs jusque-là dominants paraissent ébranlés. Cette « névrose fin de siècle » ne peut être séparée de l'histoire générale : les difficultés économiques et l'aggravation de la situation sociale, l'audience du nationalisme et du socialisme, ces idéologies qui annoncent le XXe siècle, le retour au spiritualisme, l' « esprit nouveau ».

C'est au moment des plus grands succès de Zola [1], en octobre 1883, qu'Eugène Melchior de Vogüé, qui va devenir le maître d'une génération, commence la publication de ses articles sur les romanciers russes, qui paraissent en volume en 1886. Dans Tolstoï et Dostoïevski, traduits de 1884 à 1888, les lecteurs français découvrent les masses souffrantes, l'aspiration à l'idéal, le « nihilisme et le pessimisme » ... « l'ombre de l'infini » (Vogüé). En 1889, Paul Bourget fait paraître *le Disciple*, mise en cause des idéaux du scientisme. La même année, Bergson écrit l'*Essai sur les données immédiates de la conscience*.. En 1892 et 1893, avec la mort de Taine et de Renan, disparaissent les hommes en qui, malgré la morosité de leur vieillesse, s'étaient incarnées les espérances mises dans la science, le progrès, la méthode positive. Significatives sont les transformations de la vieille citadelle de la pensée libérale : *la Revue des deux mondes*. Le 1er janvier 1895 elle publie un article de son directeur Brunetière, « Après une visite au Vatican », qui proclame les « faillites partielles » de la science [2]. Brunetière lui-même, comme Bourget, se rapproche de l'Église, garante de l'ordre social.

La mise en question du positivisme s'accompagne de la découverte des forces de l'irrationnel. C'est de 1889 que date l'ouvrage d'Édouard Schuré, *les Grands Initiés*. Le bouddhisme est à la mode, ainsi que l'occultisme et l'hypnotisme. Les esprits se passionnent pour les expériences de Charcot sur les hystériques de la Salpêtrière; la découverte de l'inconscient s'amorce. Le pessimisme de Schopenhauer que Challemel-Lacour avait révélé au public français dès 1870 dans *la Revue des deux mondes*, et dont Burdeau, le Bouteiller des *Déracinés*, avait traduit les œuvres trouve un grand succès chez les « décadents ». « Religion, mœurs, justice, tout décade ou plutôt tout subit une transformation inéluctable », proclame en 1886 le premier numéro du *Décadent*.

De ce mouvement complexe, on ne peut ici que relever les aspects majeurs. Il importe certes d'en mesurer les limites : il affecte d'abord des élites bourgeoises et parisiennes, des cercles relative-

1. Comme l'observe George Fonsegrive, *De Taine à Péguy. L'évolution des idées dans la France contemporaine*, Paris, 1917.
2. H. W. Paul, « The Debate over the Bankruptcy of Science in 1895 », *French Historical Studies*, 3, 1968, p. 299-327.

ment limités qui gravitent autour de revues parfois éphémères, *la Conque*, *le Banquet*, la *Revue blanche*, *le Mercure de France*... En 1889, *la Bête humaine* de Zola, *Fort comme la mort* de Maupassant, *le Dr Rameau* de Georges Ohnet sont les meilleurs tirages de l'année [1].

Cependant bien des signes attestent l'ampleur de la réaction contre le positivisme et le naturalisme. Les poètes symbolistes, avec Moréas, sortent de l'ombre Rimbaud, Verlaine, Mallarmé. En 1891, l'Enquête sur l'évolution littéraire menée par Jules Huret dans *l'Écho de Paris* témoigne du succès de ceux-ci. Qu'ils soient catholiques ou tentés par l'anarchisme, les symbolistes récusent la foi positiviste et la poésie claire. En 1893, Lugné-Poe crée *Pelléas et Mélisande*, de Maeterlinck, bien révélateur des états d'âme indéfinissables « fin de siècle ». Antoine au Théâtre libre joue Ibsen, Strindberg. Comme les romanciers russes, les dramaturges scandinaves apportent un « esprit nouveau » : le terme est du reste volontiers employé à l'époque pour désigner cette mutation de la sensibilité, marquée par le retour à l'idéalisme, au spiritualisme, à l'irrationnel. En peinture, Gauguin, Cézanne, Van Gogh, peintres maudits, vont au-delà de l'impressionnisme, resté attaché à leurs yeux aux « entraves de la vraisemblance ». Une esthétique nouvelle naît, qui se libère du réel.

1. Cf. J. Chastenet, (3, t. III), p. 233.

5

La République face au nationalisme et au socialisme

Avec la chute de Jules Ferry, le 30 mars 1885, s'achève le temps des « fondateurs » de la République. Une période nouvelle s'ouvre marquée par une instabilité ministérielle accrue, par la montée des oppositions ennemies du régime. La République libérale et parlementaire, en ces années de difficultés économiques et sociales, déçoit les masses. Voilà qu'elles se tournent vers des idéologies qui répondent mieux à leurs aspirations. Le nationalisme change de visage lors de la crise boulangiste, le socialisme devient une force politique. Mutations considérables dont il importe de prendre les dimensions.

1. Les élections de 1885

Les adversaires de Ferry ne constituaient pas une majorité de gouvernement. Les divisions accrues au sein des républicains ouvraient une période d'instabilité. Le président de la Chambre, Brisson, proche des radicaux, « pénétré d'esprit maçonnique » (J. Kayser), constitua un gouvernement de « concentration républicaine », formule qui désigne alors l'union des républicains jusqu'à l'extrême gauche contre les conservateurs [1]. Il n'alla guère au-delà des élections. Elles se firent au scrutin de liste que Waldeck-

1. Après 1919, le terme désignera l'union des radicaux et du centre droit, bref une conjonction des centres, par opposition au cartel avec les socialistes.

Rousseau, ministre de l'Intérieur de Ferry, avait fait accepter aux Chambres. Elles n'y voyaient plus les mêmes inconvénients que du vivant de Gambetta. Chaque département recevait un nombre de députés proportionnel à sa population, un pour 70 000 habitants. Un deuxième tour avait lieu en l'absence de majorité absolue. Ce système, unique dans l'histoire électorale française, desservit les républicains. Dans 34 départements [1], ils se divisèrent et présentèrent deux listes : l'une républicaine modérée, l'autre radicale, sur laquelle figuraient parfois des socialistes. A Paris, à la liste des « comités radicaux et progressistes » favorable à l'union des républicains s'oppose la liste des radicaux socialistes avec Clemenceau. Les droites surent s'unir sur une même liste. Elles reprochèrent aux républicains le déficit financier, la crise de l'économie, la politique laïque, « la guerre entreprise et conduite en Tunisie, au Tonkin et au Cambodge avec une criminelle imprévoyance [2] ».

La participation électorale fut plus élevée qu'en 1881. L'abstentionnisme passe de 31,4 % à 22,4 %. Les conservateurs retrouvaient pratiquement leurs chiffres et leurs bastions de 1877. Ils obtenaient les voix des anciens abstentionnistes de 1881 et d'un certain nombre d'électeurs républicains. Au premier tour, les conservateurs avaient 176 sièges contre 127 républicains. Le Nord, le Pas-de-Calais passaient aux conservateurs. Près de la moitié des sièges restait en balance : bien souvent leurs divisions avaient interdit aux républicains d'atteindre la majorité absolue. La remontée des conservateurs attestait la permanence des grandes forces politiques et le mécontentement dû aux difficultés économiques et à la politique des opportunistes. Elle entraîna un retour à la « discipline républicaine ». L'accord se fit sur les candidats les mieux placés au premier tour. Le plus souvent, la liste arrivée en tête fut maintenue; parfois furent formées des listes nouvelles de coalition. Les radicaux bordelais se retirèrent en faveur de Raynal, l'homme des conventions avec les compagnies de chemins de fer, les radicaux de la Côte-d'Or pour Spuller. Mais l'accord fut souvent favorable aux radicaux en tête au premier tour. Les électeurs suivirent cette

1. Selon Kayser (21) p. 141.
2. Déclaration signée par 76 députés sortants appartenant à la droite, *l'Année politique*, 1885, p. 198.

tactique. Bien plus, la liste républicaine unique gagnait souvent des voix par rapport à la somme des suffrages républicains du premier tour. La droite n'obtint que 25 sièges contre 244 à la gauche. Au total la nouvelle Chambre comptait 383 républicains dont 223 sortants pour 201 conservateurs dont 72 sortants. Ceux-ci étaient deux fois plus nombreux qu'en 1881. Les deux groupes de l'Appel au peuple bonapartiste (qui comptait 65 membres) et de la droite royaliste, tout en gardant leur autonomie, formèrent une « Union des droites ».

La remontée et le début de regroupement des conservateurs, le renouvellement du personnel, avec 41 % de nouveaux élus, les reclassements au sein des républicains, constituaient les principales données du scrutin. Les accords de désistement avaient favorisé les radicaux, mieux placés au premier tour que les opportunistes, qui absorbaient les débris du centre gauche. Les radicaux conservaient la même implantation, ils prenaient pied en Seine-et-Oise et dans la Haute-Garonne. La conquête du Sud-Ouest s'amorçait. Jacques Kayser[1], se fondant sur l'étude de la campagne électorale, des professions de foi et des premiers scrutins, estime à une centaine le nombre d'élus de l'extrême gauche : parmi eux quelques socialistes, qui exercent une action de surenchère sur les radicaux. En outre une quarantaine de députés de la gauche radicale sont proches de cette extrême gauche, dont le succès entraîne un rajeunissement du personnel : 30 élus radicaux ont moins de 40 ans, dont Millerand.

A eux seuls, les républicains de gouvernement réunis pour le plus grand nombre dans le groupe de l'Union des gauches n'ont plus la majorité, ils ne sont guère plus de 200. La Chambre formée de trois groupes à peu près égaux est ingouvernable. Seules sont possibles des coalitions instables, fondées qu'elles sont sur l'appui de la gauche radicale et la tolérance de l'extrême gauche, à moins qu'on n'envisage un gouvernement du centre, permis, hypothèse insoutenable aux vieux républicains, par la tolérance de la droite. Grévy, réélu président de la République le 28 décembre 1885, s'orienta d'abord vers la première formule.

Il appelle, pour la troisième fois, Freycinet, dont il apprécie les

1. (21), p. 146.

qualités manœuvrières, à former le gouvernement. Freycinet souhaite l' « appui de toutes les fractions de la majorité républicaine ». Pour la première fois, des radicaux, à titre individuel, entrent dans le gouvernement à côté des modérés. Mais Freycinet, s'il fait voter la loi du 30 octobre 1886 sur la laïcisation des écoles publiques, ne satisfait vraiment ni les radicaux, désireux de réformes sociales, ni les républicains modérés. Ferry dénonce, dans une lettre à Joseph Reinach, Clemenceau, « premier ministre occulte ». Freycinet tombe, victime des radicaux et de la droite, sur le crédit des sous-préfets, mais son successeur Goblet, proche des radicaux, reconduit pratiquement le ministère. Surtout il conserve le ministre de la Guerre de son prédécesseur, l'homme des radicaux, le général Boulanger, dont la popularité allait croissant au point de constituer un véritable phénomène politique. La crise boulangiste avait commencé.

2. La crise boulangiste et ses conséquences

Dans la crise boulangiste, première épreuve du régime, moins de dix ans après ses débuts, importent moins les épisodes d'une histoire, somme toute brève, que la compréhension d'un phénomène d'opinion aux composantes diverses et dont la signification déborde largement l'éphémère héros qui lui donna son nom.

Les difficultés sociales consécutives à la crise économique de 1882, la montée de l'antiparlementarisme, l'évolution enfin du nationalisme français, autant de données qui rendent compte du boulangisme. On a évoqué les difficultés de l'économie. Elles créent un climat social difficile, marqué de grèves, dont certaines, ainsi la grève de Decazeville au début de 1886, ont un retentissement national. A Paris éclate, en 1888, une très importante grève des ouvriers du bâtiment. Au mécontentement se mêle la déception devant la politique suivie par les républicains. Les ouvriers se détournent de la République parlementaire, socialement conservatrice et, par hostilité à l'opportunisme, vont placer ailleurs leurs espérances. Le fait, capital, n'avait pas échappé à l'auteur de l'*Histoire socialiste*[1], dirigée par Jaurès. Il a été depuis peu mis clairement en lumière[2].

L'antiparlementarisme n'affecte pas seulement le peuple ouvrier, mais aussi les classes moyennes, sensibles tout particulièrement dans les grandes villes à l'influence de la presse d'information et aux grands courants de l'opinion. Or la chute de Ferry, tout comme les élections d'octobre 1885, ouvre une période d'instabilité ministérielle qui frappe les esprits, peu sensibles à la stabilité de fait du personnel gouvernemental et à la continuité des grandes orientations politiques. Défions-nous du reste d'un anachronisme : parce que le régime a duré, nous risquons de sous-estimer le mécontentement né de la « valse des ministères » et l'inquiétude que celle-ci fait naître sur l'avenir d'un régime qui paraît, si peu d'années après ses débuts, très fragile. Alors résident en Tunisie, Paul Cambon, ami de Ferry, lié à tout le personnel républicain, écrit à l'automne 1885 à sa femme, au terme d'un séjour à Paris : « L'impression générale est que la République est au bout de son rouleau. Nous aurons l'an prochain des excès révolutionnaires, puis une réaction violente. Qu'en sortira-t-il? Une dictature quelconque », et à l'un de ses collaborateurs, il ajoute : « Il n'y a pas de gouvernement en France[3]. »

Le sentiment que la République est impuissante, hors d'état de préparer cette « revanche » dont elle devait être l'instrument, est particulièrement douloureux aux nationalistes. On a dit le patriotisme ardent des républicains après la défaite et leur volonté de forger une France nouvelle par l'école et l'armée. En mai 1882, est fondée la Ligue des patriotes[4]. Son premier président est l'historien Henri Martin. Parmi ses vice-présidents figure Félix Faure. Son délégué est le poète Paul Déroulède, l'auteur des *Chants du soldat*. La Ligue a le patronage de personnalités éminentes du monde républicain et se situe dans le sillage gambettiste. Son entreprise n'a d'autre objectif politique que de « développer les forces morales et physiques de la nation » et d'entretenir la flamme de la

1. Le tome consacré à la IIIe République est dû à J. Labusquière.
2. Par la thèse, malheureusement non imprimée, de Jacques Néré.
3. Paul Cambon, *Correspondance* I, 1940, p. 261.
4. Cf. R. Girardet, « La Ligue des patriotes dans l'histoire du nationalisme français », *Bulletin de la Société d'histoire moderne*, 3, 1958.

revanche. Déroulède prétend être un simple « sonneur de clairon ». La Ligue des patriotes première manière s'insère dans le mouvement d'éducation civique et patriotique si caractéristique des débuts de la IIIe République. Elle atteint très vite 182 000 adhérents, chiffre considérable hors de proportion avec ceux des organisations politiques et syndicales de l'époque. Mais la prudence des opportunistes face à l'Allemagne, l'abandon de la revanche pour les entreprises coloniales, amènent Déroulède à donner une autre orientation au mouvement dont il devient président en mars 1885. Il est convaincu que l'absence d'autorité met en danger le pays. Ce diagnostic l'amène à voir dans la « révision du régime parlementaire » un préalable à la « révision du traité de Francfort ». Apolitique au départ, la Ligue va, non sans remous internes, s'engager sur le terrain politique.

Aspirations sociales, refus de la République parlementaire, affirmation de la souveraineté populaire, exaltation du sentiment national : dans sa confusion et son vague même, un tel programme était de nature à enthousiasmer ceux qu'avait déçus la politique des opportunistes. Il s'inscrivait dans la tradition des hommes de 1793, dont les radicaux se disaient les continuateurs, ces radicaux qui crurent trouver dans Boulanger le « jacobin botté » dont ils rêvaient.

Lorsque Freycinet nomme Boulanger, alors commandant des troupes en Tunisie, ministre de la Guerre, il donne satisfaction à Clemenceau, lié à Boulanger, tout comme un autre radical, ministre de Freycinet, Granet. Le nouveau ministre a pour lui une carrière militaire brillante et des amitiés politiques. Il a le sens de la mise en scène et sait faire valoir ses initiatives. Rien chez lui de la discrétion des généraux qui le précédèrent au ministère de la Guerre. D'emblée il justifie les sympathies que lui porte l'extrême gauche; il s'en prend à « ces coteries qui font parade de leur hostilité » à la République. Il raye le duc d'Aumale des cadres de l'armée [1]. Il justifie la présence de l'armée à Decazeville : « Elle n'agit pas plus en faveur de la Compagnie contre les mineurs qu'elle n'agirait

1. Après le vote de la loi du 22 juin 1886 qui interdit le séjour en France aux chefs des familles royale et impériale, autorise l'expulsion des autres membres et leur interdit toute fonction et tout mandat électif.

demain en faveur des mineurs contre la Compagnie », et la gauche l'acclame quand il déclare : « Peut-être, à l'heure qu'il est, chaque soldat partage avec un mineur sa soupe et sa ration de pain. » Au ministère, Boulanger multiplie les initiatives. Son œuvre technique n'est pas négligeable : le fusil Lebel à répétition remplace le fusil Gras. Il améliore le sort de la troupe, autorise le port de la barbe, généralise l'usage des assiettes, Il s'efforce de rendre l'armée populaire : les guérites sont peintes en tricolore, la revue du 14 Juillet est rétablie. En 1886, à Longchamp, elle reçoit un lustre exceptionnel. La foule parisienne acclame le ministre de la Guerre et le chansonnier Paulus à l'Alcazar crée *En revenant de la revue*; sentant l'attente du public, il affirme :

Moi, j'faisais qu'admirer
Not'brave général Boulanger.

Le boulangisme est né dans l'opinion, servi par la chanson, l'image, la presse qui fait un large écho aux déclamations ou aux discours du ministre. A ce moment, hormis Ferry et ses amis d'emblée hostiles, le personnel républicain demeure favorable à Boulanger. Ne prépare-t-il pas un projet de réorganisation du service militaire conforme aux aspirations démocratiques : le service passera à trois ans, exemptions et volontariats seront supprimés, les curés iront « sac au dos [1] »? En revanche, les républicains modérés, mais non les radicaux, s'inquiètent sérieusement de Boulanger quand, autour de lui, se développe une campagne en faveur de la revanche, que soutiennent des journaux comme *la France militaire* ou *la Revanche*. Le ton, et les initiatives de Boulanger ne vont-ils pas pousser Bismark à une guerre préventive?

Le chancelier croit-il à l'imminence d'un conflit? Veut-il simplement tirer parti de la conjoncture pour obtenir plus aisément le vote d'une nouvelle loi militaire après la dissolution du Reichstag? Quoi qu'il en soit, Bismarck prend des mesures d'intimidation et, en plein hiver, mobilise des réservistes à proximité de la frontière. Dans le même temps, s'ouvre une période de réaction en Alsace-Lorraine qui contraste avec la tolérance observée depuis 1879 : le 31 décembre 1886, toute personne appartenant à l'armée fran-

1. La loi fut adoptée en juillet 1889.

çaise ne peut séjourner dans le Reichsland qu'après l'obtention d'une autorisation administrative, mesure étendue le 29 mars à tous les Français. Le procureur général de l'Empire fait perquisitionner chez des membres de la Ligue des patriotes domiciliés en Alsace-Lorraine. Un procès auquel est fait une très large publicité a lieu devant la Cour suprême de Leipzig. Mais les électeurs, le 21 février 1887, lors de la consultation qui suit la dissolution du Reichstag, malgré l'intimidation du gouvernement (« Les élections d'Alsace-Lorraine ne sont pas indifférentes pour la question de la guerre et de la paix »), élisent uniquement des « protestataires ». Les autonomistes sortants sont battus. Le gouvernement dissout toute société dont les tendances sont hostiles à l'Allemagne. Deux Alsaciens accusés d'espionnage sont jugés par la cour de Leipzig. Le 21 avril 1887, le commissaire de police de Pagny-sur-Moselle, Schnaebelé, convoqué par son collègue allemand pour affaire de service, est arrêté, sous l'inculpation d'espionnage en Alsace. On est au plus haut de la crise; l'émotion est extrême, les milieux nationalistes en France croient à la guerre. Boulanger en conseil des ministres propose d'adresser un ultimatum à l'Allemagne. Grévy l'arrête : « Un ultimatum, c'est la guerre et je ne veux point de la guerre [1]. » Le ministre des Affaires étrangères, Flourens, fait adresser une demande d'explication à Berlin, fondée sur la machination de la police allemande. Bismarck fait remettre Schnaebelé en liberté. La paix avait-elle été sérieusement menacée? Ce n'est pas certain, mais l'opinion le crut et la menace allemande, dont la perspective avait semblé s'éloigner depuis quelques années, reparut. Elle était liée, de manière indissoluble, à la condition malheureuse des « provinces perdues ». Comme l'écrit le Barrès de *l'Appel au soldat*, « un frisson traversa le pays ». Cette fièvre servit la popularité de Boulanger, à la fermeté de qui l'on attribua la libération de Schnaebelé. Mais les opportunistes, soucieux de maintenir la paix, désiraient se débarrasser d'un ministre de la Guerre qui menait à l'aventure. Le 17 mai, le cabinet Goblet tombe par 275 voix contre 257 : face à Boulanger, la droite et les républicains modérés ont fait front.

1. Bernard Lavergne, *Les Deux Présidences de Jules Grévy, 1879-1887*, Paris, Fischbacher, 1966, p. 422. Le député du Tarn rapporte les propos que lui tient le président de la République dont il est le confident.

Allait-on assister à un reclassement de majorité? L'hypothèse était d'autant moins invraisemblable qu'une double évolution s'esquissait, aussi bien à droite que dans les rangs des républicains modérés. A droite, certains songent à se rallier à une République conservatrice : en 1886, un ancien bonapartiste, protestant, Raoul Duval, forme un groupe de la droite républicaine. Surtout certains conservateurs, par peur des radicaux, sont prêts à tolérer un gouvernement dominé par les républicains modérés. Ceux-ci acceptent une République « ouverte » aux conservateurs, dès lors que ceux-ci ne cherchent pas à la détruire. Rouvier, lié aux milieux d'affaires, forma un gouvernement qui s'appuyait sur le groupe de l'Union des gauches, ferrystes et anciens gambettistes, avec la neutralité de la droite; Boulanger n'était plus ministre. La brièveté du ministère Rouvier ne doit pas conduire à sous-estimer le sens de l'expérience : elle annonce la « politique d'apaisement » qui va reprendre quelques années plus tard. Elle représente somme toute un retour à la conjonction des centres en vue d'une politique de défense sociale. Elle en retrouve les difficultés. Il est remarquable que Rouvier, dès son arrivée au pouvoir, ait déclaré qu'il ne conserverait pas le gouvernement, même avec la majorité, s'il n'avait pas une majorité républicaine [1], tant était forte la suspicion vis-à-vis de la droite. La question religieuse constituait toujours le problème majeur : les opportunistes pouvaient tout au plus promettre des accommodements avec la politique de laïcité, concession insuffisante aux yeux de la droite et surtout de ses électeurs. Déjà se profilent les questions que l'on retrouvera lors du ralliement. En outre, le soutien de la droite à Rouvier est d'autant plus vacillant que les progrès du boulangisme et de l'antiparlementarisme donnent à croire aux hommes de la droite autoritaire qu'il est possible d'abattre le régime en se servant du boulangisme.

Dès la démission du gouvernement Goblet, les amis de Boulanger ne manquent pas une occasion de susciter des démonstrations de l'opinion publique en faveur du ministre : pendant la crise même, le directeur de *l'Intransigeant*, Rochefort, l'ancien communard,

1. Un témoin aussi pénétrant que Seignobos y voit le premier exemple d'une pratique propre aux ministères français, qui est de ne tenir compte pour un vote de confiance que des majorités républicaines. Fidèle à cette tradition, Pierre Mendès-France refusa en 1954 les voix communistes...

recommande, profitant de l'élection partielle parisienne du 23 mai, d'ajouter le nom de Boulanger sur le bulletin de vote : plus de 38 000 bulletins le suivent. Le 8 juillet 1887, les partisans de Boulanger veulent empêcher son départ pour Clermont, où il est nommé à la tête du 13e corps. Extraordinaire manifestation où la foule chante *la Marseillaise* et les refrains en l'honneur du général Revanche.

Il reviendra quand le tambour battra,
quand l'étranger m'naç'ra notre frontière.
Il reviendra et chacun le suivra
Pour cortège il aura la France entière.

La manifestation inquiète les vieux républicains attachés à la suprématie du pouvoir civil : un Clemenceau se détache alors de Boulanger. Il craint le césarisme et le militaire trop populaire. Pourtant le peuple boulangiste vient bien de la gauche, voire de l'extrême gauche. Comme l'observe avec pénétration un chroniqueur du conservateur *Correspondant* [1] : « Les journalistes de *la Lanterne* et de *l'Intransigeant* qui exaltent Boulanger n'aiment guère l'armée, en fait Boulanger s'est laissé acclamer par le parti révolutionnaire comme un de ses chefs. » Boulanger a pour lui les hommes de la Commune : « Il est à craindre que, sauf pour M. Déroulède et ses amis de la Ligue, la revanche ne soit que le moindre souci de ces braillards... la revanche, pour eux, c'est la revanche à l'intérieur, la revanche contre les Versaillais, contre les bourgeois, contre les opportunistes, contre Ferry et Rouvier. » L'analyse est pénétrante et définit bien un boulangisme jacobin, plébéien, parisien.

Boulanger parti en province, la fièvre paraissait retomber quand éclate le scandale des décorations. Wilson, le gendre du président de la République, trafiquait de son influence, y compris pour l'obtention de la Légion d'honneur. Pour la première fois, le scandale frappe le régime dans l'entourage même de l'homme d'État qui l'incarne. Rouvier demande l'ajournement d'une interpellation de Clemenceau : il est renversé par 317 voix contre 228, le 19 novembre. La droite abandonne Rouvier « par peur de ses

1. 25 juillet 1887.

électeurs », comme l'écrit justement Adrien Dansette. Ils ne souffriraient pas qu'elle ferme les yeux sur l'affaire. Le scrutin a une autre raison : la droite parlementaire, au sein de l'Union des droites, est débordée par la droite autoritaire. Celle-ci, de tradition bonapartiste, trouve un appui de poids dans les déclarations du comte de Paris, le 15 septembre. Le prétendant se rallie au principe plébiscitaire, surtout il estime que le pays « dégoûté du parlementarisme républicain » voudra un gouvernement fort.

Derrière Rouvier, Grévy était visé. Aucun des hommes politiques pressentis n accepta de former le gouvernement. Grévy qui s'obstinait à demeurer président de la République démissionna enfin le 2 décembre. L'heure de Ferry n'était-elle pas venue? Fort de l'appui de la majorité du Sénat, il paraît avoir une majorité au Congrès; mais il trouve contre lui l'opposition acharnée de Clemenceau et des radicaux. Adversaires ou partisans de Boulanger, ceux-ci se retrouvent avec les hommes de la Ligue des patriotes et les blanquistes pour se déchaîner contre Ferry. Paris manifeste contre Ferry-Famine, abhorré depuis la Commune, et Ferry-Tonkin, qui a oublié la revanche. On s'attend au pire dans l'éventualité de son élection à la présidence de la République. A la réunion des républicains à Versailles, Ferry distance de peu Freycinet. Clemenceau pousse la candidature de Sadi Carnot, dont le nom est cher à la République mais qui n'est guère connu, sinon pour avoir comme ministre des Finances refusé des recommandations de Wilson. Au Congrès, Carnot est en tête au premier tour, au second Freycinet et Ferry se désistent pour lui. Comme en 1879, le personnel politique a préféré un homme relativement obscur, qui ne fera pas preuve à la magistrature suprême d'une autorité excessive, à une forte personnalité. Mais la crainte de troubles si Ferry était élu a pesé sur les délibérations de Versailles. En faisant peur aux opportunistes, radicaux, boulangistes, socialistes avaient triomphé de Ferry : le vaincu du 30 mars 1885 ne reviendrait jamais aux affaires.

La coalition est bien moins hétérogène qu'il ne semble à première vue : en vérité, elle n'est autre que celle de ce « parti national » qui va, en 1888 et 1889, ébranler la République. Certes un certain nombre de radicaux vont progressivement prendre leurs distances vis-à-vis de Boulanger, ainsi Clemenceau, encore ne dédaigne-t-il pas l'appui boulangiste contre Ferry, ainsi l'ancien pasteur Frédéric Desmons [1], personnalité éminente de la maçonnerie, député du Gard, qui s'écarte plus tardivement du mouvement. Certes les socialistes « possibilistes » font passer au premier plan la défense de la République, et les guesdistes se tiennent à l'écart du « parti national »; encore Lafargue voit-il en lui un « mouvement populaire » et Guesde, qui ne lui porte guère de sympathie, ne trouve pas en lui son premier adversaire. Mais les réserves, ou l'hostilité, d'une partie du monde radical ou socialiste, réserves et hostilité qui s'affirmèrent progressivement, ne doivent pas masquer ce fait massif : jusqu'au bout l'entourage de Boulanger, l'état-major du « parti national », est constitué d'hommes issus de l'extrême gauche radicale ou socialiste, Rochefort le polémiste, directeur de *l'Intransigeant*, Eugène Mayer, directeur de *la Lanterne*, les députés Laguerre, Francis Laur, Laisant, Le Hérissé, Turigny, vieux radical de la Nièvre, le sénateur Naquet. Seuls à ne pas venir de l'extrême gauche, un homme d'affaires, Dillon, le journaliste bonapartiste Georges Thiébaut, Déroulède enfin. Un même tempérament autoritaire est peut-être ce qui fait le mieux l'unité de ces hommes. Le radicalisme, Thibaudet l'a fortement senti, portait en lui cette virtualité proconsulaire et jacobine. Il associe l'autorité et la démocratie. L'aspiration à un régime fort, qui balaie les compromis et les compromissions de l'opportunisme, est inséparable de la volonté de rendre la parole au peuple, de rétablir la souveraineté populaire, confisquée par le parlementarisme et le régime représentatif instauré par la constitution « monarchiste » de 1875. La démocratie voulue par les révisionnistes sera sociale : les boulangistes, qui sont en majorité dans le groupe parlementaire « socialiste » formé le 16 décembre 1887, proposent un programme qui se situe dans la tradition du socialisme non marxiste ou du premier radicalisme : caisses de retraite, participation du travail au fruit du capital, coopération [2]. Les mesures en vue de la protection du « travail national » face à la concurrence étrangère font le lien entre ce socialisme et le nationalisme.

L'aspiration à la revanche, l'exaltation de la nation trahie par la

1. Daniel Ligou (98).
2. Cf. Z. Sternhell (117).

bourgeoisie opportuniste, rassemblent les partisans de Boulanger. Face aux partis qui divisent, la patrie fait l'unité. A cette fièvre nationaliste, se mêle le sentiment que la France est malade et décadente : pour sauver la patrie, il faut réviser le régime parlementaire. Enfin, le boulangisme est inséparable d'une protestation romantique contre l'ordre établi, contre un régime installé. La République ne suscite plus comme vingt ans plus tôt, à la fin de l'Empire, l'enthousiasme des jeunes générations. Barrès exprime admirablement ce sentiment de refus d'un pays « habité par des fonctionnaires qui pensent à leur carrière, par des administrateurs qui rêvent des bains de mer l'été, le baccalauréat pour le fils, la dot pour la fille, et par des comités politiques qui, à défaut d'un principe d'unité nationale, proposent des formules de faction » *(l'Appel au soldat)*.

Sur le thème venu en droite ligne des radicaux, « dissolution, constituante, révision », le « Comité du parti national » entreprit une campagne pour laquelle il ne refusa aucun concours. Dans cette coalition d'adversaires du régime, se rangèrent les conservateurs qui répudiaient l'orléanisme parlementaire. Boulanger, à l'insu de ses amis, rencontra le chef de l'Union des droites, le baron de Mackau, et lui fit des promesses [1] qui valurent à l'auteur de l'expulsion du duc d'Aumale des appuis de droite.

Cependant le régime parlementaire paraissait démontrer son impuissance. Carnot avait constitué un « cabinet d'affaires ». Il frappa Boulanger de retrait d'emploi, le 14 mars, puis le mit à la retraite le 27. Les amis de Boulanger avaient posé sa candidature à des élections partielles le 26 février. A la retraite, Boulanger était éligible. Il se présenta dans le Nord. Le jour de l'annonce de sa candidature, le 30 mars, Laguerre demanda l'urgence en faveur d'une proposition de révision déposée par les radicaux. Elle obtint 286 voix contre 237 : la droite, les radicaux, boulangistes ou non, renversaient le ministère modéré. On revint à la concentration avec les radicaux. Carnot appela Floquet, le président de la Chambre, qui s'entoura de Goblet et de Freycinet. Celui-ci était le premier civil à devenir ministre de la Guerre ; il allait le rester, sous

1. Adrien Dansette le démontre, confirmant les révélations de Mermeix dans *les Coulisses du boulangisme*, publiées en 1889.

divers ministères, près de cinq ans. Les hommes politiques qui avaient lancé Boulanger allaient s'efforcer de le combattre.

Boulanger est élu dans la Dordogne le 8 avril, par les voix radicales et bonapartistes, dans le Nord le 15 avril avec le soutien des voix ouvrières. Désireux de se faire plébisciter par l'opinion, il démissionne et se fait élire le 19 août à nouveau dans le Nord, dans la Somme et la Charente-Inférieure. Chaque fois, il réunit sur son nom les voix conservatrices, particulièrement bonapartistes et cléricales : ne s'est-il pas prononcé pour une « République ouverte »? — et les voix radicales et socialistes. Il est servi par des campagnes à l'américaine organisées par Dillon qui a vu à l'œuvre les « machines » des partis américains. Brochures, photographies et portraits, chansons, camelots appointés, bibelots portant l'effigie du « brave général », autant de nouveautés. Fort de ces succès, Boulanger se présente le 27 janvier 1889 à Paris. Les radicaux l'avaient mis au défi de se présenter : le bastion de la gauche et de la République lui réserverait une déconvenue. Ce fut un triomphe : le général obtient 245 236 voix contre 162 875 au radical modéré Jacques et 17 039 au terrassier Boulé, candidat des guesdistes et des blanquistes. Le peuple de Paris avait voté pour Boulanger, date capitale qui signifie bien plus qu'un engouement passager : au Paris des révolutions va bientôt succéder le Paris nationaliste.

Aussi bien est-ce de la province que va venir le salut de la République. Boulanger au soir du 27 janvier s'est refusé, hanté par le souvenir du 2 décembre et fidèle à la légalité, à marcher sur l'Élysée. Il espère que les élections générales de 1889 lui donneront le succès. Mais lors des élections partielles, il n'a pas affronté les forteresses républicaines de l'Est et du Sud-Est. Les conservateurs sont des alliés peu sûrs : dans l'Ardèche, ils ont préféré s'abstenir, entraînant en juillet sa défaite. Dans le Nord, une partie de l'électorat orléaniste s'abstient. Surtout, la défense républicaine s'organise. Au Grand Orient, le 23 mai 1888, Clemenceau a présidé la création, avec le gambettiste Ranc et le possibiliste Joffrin, de la Société des droits de l'homme et des citoyens. Elle veut défendre la République contre la dictature césarienne. La maçonnerie entre dans la lutte et, avec elle, ce réseau de comités et de sociétés républicaines si actif dans les bourgs et les petites villes. Un remède paraît s'imposer :

le retour au scrutin d'arrondissement, brise-lames de la vague plébiscitaire. Près des deux tiers des conseils généraux le réclament, quand les leaders radicaux restent favorables au scrutin de liste. L'élection de Boulanger à Paris conduit Floquet, pourtant hostile au scrutin uninominal, à déposer un projet de loi de rétablissement de l'arrondissement, voté à une faible majorité, 268 voix contre 222, par les républicains modérés et une partie des radicaux contre la droite convertie au scrutin de liste, une trentaine de radicaux et les 17 boulangistes. Le Sénat, si représentatif des campagnes républicaines, vota le projet à une majorité écrasante : 222 voix contre 54. Floquet avait fait accepter la loi électorale. Les républicains modérés jugèrent le moment venu de l'abandonner. Il ne paraissait pas capable d'arrêter le boulangisme. Il venait d'autre part de déposer un projet d'impôt sur le revenu et un projet de révision constitutionnelle, comportant un Sénat élu au suffrage universel à deux degrés. Grâce aux voix de la droite, les républicains modérés obtinrent l'ajournement de la révision. Floquet démissionna le 14 février. Carnot rappela Tirard, dont le second ministère avait plus de relief que le précédent. Il s'appuyait sur d'anciens gambettistes, Rouvier aux Finances, Spuller aux Affaires étrangères; surtout Constans, qui avait été ministre de l'Intérieur dans le premier cabinet Ferry, revenait place Beauvau. Le ministre annonça sa volonté « d'assurer le maintien de l'ordre légal et le respect dû à la République ». Huit jours après son entrée en fonction, il faisait dissoudre la Ligue des patriotes. Les membres du Comité étaient poursuivis pour délit de société secrète.

Cependant l'état-major boulangiste tente un suprême effort pour gagner les élections : il cherche à rallier les voix catholiques. Si les transactions avec les conservateurs ont été tenues secrètes, cette fois l'alliance est scellée au grand jour. Le 17 mars, Boulanger prend la parole à Tours au cours d'un banquet organisé par le journaliste Jules Delahaye [1]. Boulanger marque les limites de ses relations avec les conservateurs : « Personne parmi les conservateurs qui me suivent ne me fait l'injure que j'affirme la République pour la trahir. » La restauration est impossible et laisserait la

1. Alors au début d'une longue carrière; c'est lui qui va révéler le scandale de Panama; il finit à l'Action française.

nation « divisée ». On ne pouvait plus nettement dissiper les espérances que certains royalistes mettaient en Boulanger, « bélier » qui devait abattre la République. Mais, par-delà les leaders monarchistes, Boulanger s'adressait aux électeurs catholiques conservateurs et les invitait à entrer dans la République : « En acceptant la République, ils veulent que celle-ci soit libérale et tolérante... que l'on rompe avec ce système d'oppression... La République... doit répudier l'héritage jacobin de la République actuelle, elle doit apporter au pays la pacification religieuse. » Le discours de Tours irrita les chefs monarchistes qui espéraient se servir de Boulanger; quant à la gauche, elle put désormais dénoncer en Boulanger le « chef des cléricaux ». De nombreux électeurs catholiques n'avaient pas attendu ce discours pour soutenir Boulanger, malgré son entourage anticlérical et bien qu'il fût l'homme des « curés sac au dos ». L'intérêt du discours de Tours, dont l'auteur est Naquet, est de montrer la volonté des boulangistes de canaliser à leur profit les aspirations des catholiques à une République qui ferait la paix religieuse.

Constans prit l'initiative : cet agrégé de droit, enrichi par la politique et dont la gestion comme gouverneur général de l'Indochine ne fut pas sans susciter des critiques, savait intimider l'adversaire et manier les polices. Boulanger, menacé de passer en Haute Cour devant le Sénat pour « attentat contre la sûreté de l'État », s'enfuit à Bruxelles le 1er avril. Lui, Dillon et Rochefort furent poursuivis par contumace. Le pays ne bougea pas. Le 5 mai, anniversaire de la réunion des États généraux, s'ouvrait l'Exposition universelle, pour commémorer le centenaire de la Révolution française. Comme l'exposition de 1878 après le 16 mai, l'Exposition fait baisser la fièvre politique et fortifie la République. Une loi interdit, le 17 juillet, les candidatures multiples et impose la déclaration obligatoire de candidature afin d'éviter une démonstration plébiscitaire sur le nom de Boulanger. Celui-ci, condamné par la Haute Cour par contumace à la déportation le 14 août, devenait inéligible. Le verdict fit peu de bruit. Quelques jours plus tôt, les cendres de La Tour d'Auvergne, Lazare Carnot, Marceau et Baudin avaient été transférées au Panthéon : gloires nationales, révolutionnaires et républicaines. Le 18 août un banquet réunissait à l'occasion de l'Exposition les maires de France : fête gastronomique et républicaine offerte à cette province qui allait sauver le régime.

Conservateurs et boulangistes vont séparément à la bataille électorale. Là où ils n'ont pas de candidats, les premiers soutiennent les révisionnistes : le comte de Paris n'a-t-il pas, comme le prince Victor, le prétendant bonapartiste, fait sien le thème de la révision? Dans le cas inverse, les boulangistes apportent leur appui à la droite. C'est la situation la plus fréquente, en effet l'organisation électorale des boulangistes est inexistante. Aussi, sauf à Paris, le boulangisme est-il « dominé par l'Union conservatrice [1] » : au scrutin de liste le comité national aurait pu donner son investiture à des listes boulangistes, l'arrondissement le lui interdit. Le « parti national » ne dispose pas d'un personnel suffisant pour présenter de nombreux candidats face aux notables. Le clergé, plus nettement qu'aux élections précédentes, intervint dans la lutte électorale contre les républicains qui venaient de voter la loi établissant le service de trois ans et astreignant les séminaristes, comme les étudiants et les futurs membres de l'enseignement, à un service d'un an. La loi militaire et les lois scolaires constituaient désormais le grand thème de protestation des catholiques.

La participation électorale, le 22 septembre, fut comparable à celle des élections de 1885 qui avaient été, déjà, des élections de lutte. La gauche obtint 4 333 239 suffrages et 366 sièges, la droite 2 914 985 suffrages et 168 sièges, les boulangistes 709 223 voix et 42 sièges. Le système majoritaire et les désistements entre républicains favorisaient la gauche [2] dont plusieurs leaders, Goblet, Ferry, étaient cependant battus par des révisionnistes. Au total, la coalition de la droite et des boulangistes ne gagnait guère plus de 100 000 voix par rapport aux voix conservatrices de 1885. En fait, la réalité est plus complexe que ne le donne à croire la comparaison des chiffres globaux : sans doute y eut-il un électorat de gauche appréciable, notamment à Paris, qui vota boulangiste. Inversement, dans les campagnes, se poursuivait la conquête républicaine. On a souvent insisté sur l'insuccès boulangiste : il est indéniable dans le

1. A. Dansette (111), p. 235.
2. A la proportionnelle, elle eût gagné 52 sièges de moins; on suit ici G. Lachapelle, *les Régimes électoraux*, Paris, A. Colin, 1934. p. 78.

monde rural, où les candidats révisionnistes s'identifiaient en fait au personnel conservateur. En revanche, les boulangistes remportaient des succès considérables à Paris et perdaient fort peu de voix par rapport au 27 janvier [1]. Boulanger devançait le socialiste Joffrin dans le XVIIIe [2], Laguerre était élu dans le XVe, Laur à Saint-Denis. Le succès est acquis aussi à Bordeaux, où les boulangistes ont, localement, bénéficié de l'appui des guesdistes. A Nancy, l'emporte le jeune Maurice Barrès. A Rennes, Le Hérissé ancien radical. La France des grandes villes, la France de l'ère des masses, n'avait pas abandonné le général « national » et « social ». Mais la France des bourgs et des campagnes lui refusait son soutien : dès juillet, Boulanger, que ses amis avaient présenté dans 80 cantons lors des élections au conseil général, ne l'avait emporté que dans 12. Les législatives confirmaient ce premier test. Dès lors, c'en était fini du boulangisme : les conservateurs prenaient leurs distances; les hommes du parti « national », divisés, allaient finir dans le nationalisme ou dans le socialisme. Boulanger vaincu se suicida bientôt sur la tombe de sa maîtresse dans le cimetière d'Ixelles.

Encore que son intelligence politique fût plus grande qu'on ne l'a parfois dit, Boulanger, faute de sang-froid, d'esprit de suite et de décision, avait été le chef médiocre d'un mouvement dont la portée le dépassait. En vérité, la crise boulangiste, si profondément révélatrice, a contribué à modifier l'esprit public et les données de la vie politique. Que le boulangisme soit l'expression de la déception populaire devant la République opportuniste est une évidence. Il n'est pas moins certain que l'électorat populaire qui s'est détourné des républicains modérés ou des radicaux antiboulangistes est désormais vacant : il va grossir les rangs socialistes, où il retrouve du reste certains des chefs du parti « national ». Si la crise boulangiste favorise l'essor du socialisme, elle précipite aussi l'évolution du nationalisme, du patriotisme de la revanche au nationalisme antiparlementaire, autoritaire. Quoi de plus remarquable que les mutations électorales du Paris républicain et radical d'avant 1889?

1. Comme l'observe finement J. Néré.
2. Ses voix furent annulées et la Chambre, se refusant à casser l'élection, valida Joffrin.

Désormais les faubourgs passent au socialisme, le centre au nationalisme. Le foyer des révolutions du XIXe siècle n'est plus le cœur de la République. En ce sens, le boulangisme fortifie le poids de la province dans la vie française. Le rétablissement du scrutin d'arrondissement, odieux jusque-là aux républicains, va avoir la même conséquence. L'interdiction de la candidature multiple fait de l'élu l'homme de sa circonscription, dont il épouse très étroitement les intérêts. Il est d'autres conséquences : le radicalisme, jusque-là urbain et révisionniste, s'implante dans les campagnes. Bien plus, il devient sénatorial. Quant aux idées de révision de la constitution, de réforme de l'État, de renforcement de l'autorité dans la démocratie, elles sont marquées d'une tache d'infamie. Il n'est plus possible à gauche de reprendre les idées de Boulanger cet autre Badinguet. L'institution militaire est aussi une victime du boulangisme. L'armée n'a pas pris position comme telle dans la crise, mais que l'un de ses protagonistes fût un général va demeurer dans la mémoire républicaine.

3. Socialisme et mouvement ouvrier

« Nous glissions au fil du courant révisionniste. Survint la dure tempête de septembre qui brisa nos grosses espérances. Allions-nous périr? Plus d'un le crut, mais nous nous retrouvons sur cette belle plage hospitalière du socialisme. C'est un beau séjour que nous a fait la nécessité. Le socialisme, c'est notre Jersey à nous [1]. » Il faut toujours revenir à la célèbre phrase de Barrès, écrite par le jeune député de Nancy, à peine quelques mois après les élections de 1889. Révélatrice de l'évolution d'une partie du personnel boulangiste, elle donne le ton des années 90 et en formule le maître mot. La convergence des dates est significative : agitation pour la journée de huit heures à l'appel des guesdistes le 1er mai 1891 marqué par la fusillade de Fourmies; organisation du parti ouvrier français qui devient le premier parti de type moderne; naissance au congrès

1. *Le Figaro*, 3 février 1890. Boulanger était alors en exil à Jersey.

de Châtellerault à l'automne 1890 du parti allemaniste; encyclique *Rerum novarum* sur la condition des ouvriers en mai 1891; adoption en 1892 par la Fédération des syndicats du mot d'ordre de la grève générale; congrès constitutif, en 1892, de la Fédération des bourses du travail; succès socialistes aux municipales de 1892, aux législatives de 1893; évolution vers le socialisme d'hommes politiques issus de la bourgeoisie, venus du radicalisme comme Millerand, du ferrysme comme Jaurès, tous ces faits disent l'originalité d'un temps où le socialisme, jusque-là secte et idéologie, devient un grand mouvement, selon le mot d'Ernest Labrousse, où le syndicalisme prend son essor, où les classes dirigeantes jugent indispensable une politique de défense sociale.

Peut-être, pour s'orienter dans le paysage tourmenté des écoles socialistes et du mouvement syndical, faut-il partir du massif guesdiste[1]. Le parti ouvrier français de Jules Guesde (POF) est bien en effet le pôle d'attraction et de répulsion, qui détermine le classement des écoles socialistes et des tendances syndicales. On a évoqué les débuts du parti ouvrier. Il connaît au cours des années 1890-1898 une profonde mutation. Il accroît ses effectifs de manière considérable : 2 000 membres en 1889, 10 000 en 1893, 16 000 en 1898, chiffre modeste face à la population française et aux socialismes étrangers, appréciable face aux autres écoles socialistes. « La secte devient parti » (Claude Willard) et abandonne le ton des débuts, dominé par le messianisme révolutionnaire et la foi en l'imminence de la révolution. Le parti ouvrier s'organise sur le plan local, régional, national, selon le modèle de la social-démocratie allemande et cherche la conquête du pouvoir par la voie électorale. Le parti, qui a un nombre de suffrages dérisoire en 1889, a 160 000 électeurs en 1893, 295 000 en 1898, soit 40 % des voix socialistes et 2,7 % des électeurs inscrits.

Le parti est très largement, pour 60 % de ses membres, un parti d'ouvriers d'industrie. Les ouvriers du textile, particulièrement les tisseurs, comptent pour le quart. Faut-il voir dans leurs conditions de travail très dures, dans l'absence de toute issue, la raison de leur faveur pour un parti révolutionnaire à l'intransigeance dogmatique? Les métallurgistes viennent ensuite : ils représentent le

1. Renvoyons une fois pour toutes à la thèse de Claude Willard (118).

septième des ouvriers guesdistes. En revanche, les métiers du bâtiment, du cuir, du bois, ne viennent qu'ensuite : le guesdisme trouve d'abord son succès parmi les ouvriers de la grande industrie; encore les mineurs, dans la Loire comme dans le Nord, lui sont-ils réfractaires.

Viennent ensuite les commerçants : 17 % des membres du parti. Épiciers, cabaretiers, colporteurs, ils se modèlent sur leur clientèle ouvrière; pour certains, ce sont d'anciens ouvriers licenciés par les patrons. Enfin le POF a des adhérents paysans : 7 % de petits propriétaires, vignerons champenois ou languedociens, horticulteurs du Midi.

La carte du guesdisme révèle le poids massif du Nord de la France et particulièrement des foyers textiles : la Fédération du Nord, qui réunit Nord et Pas-de-Calais, compte la moitié des adhérents. Dans le Midi, dans l'Aude, l'Hérault, les Bouches-du-Rhône, le Gard, le POF est l'héritier des « rouges » de 1849. S'il est moins bien organisé que dans le Nord, il passe pour le parti le plus à gauche et prend le prolongement du radicalisme. Enfin le guesdisme est fort dans une dernière zone qui comprend l'Allier, la Loire, le Rhône, l'Isère, chez les métallurgistes de Montluçon, les ouvriers du textile de Roanne ou du Beaujolais, les papetiers de Voiron.

Les guesdistes, sans analyser l'originalité de la France de la fin du XIXe siècle, vulgarisent le marxisme. Ils créent un parti de classe à l'organisation centralisée, ils s'efforcent de subordonner à l'action du parti ouvrier la Fédération des syndicats, dont ils ont pris le contrôle depuis 1886. Autant de raisons de conflits et de divisions. La greffe marxiste, tout particulièrement sous la forme scolastique d'un Guesde, n'est pas reçue volontiers, trouve des résistances et suscite des réactions de rejet. Le modèle d'organisation répugne à la tradition socialiste française. Le mouvement ouvrier, jaloux de son autonomie et fidèle aux traditions libertaires, va reprendre son indépendance vis-à-vis du parti ouvrier.

Aux alentours de 1890, les deux écoles qui depuis dix ans s'opposent aux guesdistes, blanquistes et possibilistes, paraissent en perte de vitesse. Certes Vaillant, le disciple de Blanqui, l'ancien communard, garde un rayonnement personnel exceptionnel. Mais la crise boulangiste a profondément divisé le Comité révolutionnaire central. Eudes, qui disparaît à l'été 1888, après la grève des terrassiers, Granger et Ernest Roche, élus députés en 1889, sont ardemment boulangistes, fidèles à cet héritage du blanquisme : le nationalisme révolutionnaire et l'antiparlementarisme. Sous l'influence de Vaillant, dont la connaissance du marxisme est réelle, le Comité révolutionnaire central évolue, il reconnaît en 1892 « la lutte de la classe ouvrière contre la classe capitaliste comme la caractéristique du socialisme », se proclame internationaliste, renonce surtout à l'action clandestine : le 1er juillet 1898, il devient le Parti socialiste révolutionnaire. Dans cette synthèse « non doctrinaire des enseignements marxistes et de la tradition révolutionnaire française [1] », Vaillant se rapproche des guesdistes, dont pourtant il ne partage nullement la conception d'un syndicat dépendant du parti. Si d'autre part les guesdistes jugent la lutte anticléricale secondaire, les vaillantistes professent un athéisme vigoureux, dans la tradition de la sans-culotterie.

En 1890, la Fédération des travailleurs socialistes de Brousse est en déclin. Certes elle a de fortes positions à Paris qu'attestent 8 élus au conseil municipal, dont Brousse, vice-président du Conseil, mais, hormis la Fédération des Ardennes, l'implantation provinciale se restreint : les groupes adhérents sont près de trois fois moins nombreux au congrès de Châtellerault en octobre qu'à Saint-Étienne en 1882 [2]. La structure très lâche de l'organisation n'explique pas seule ce recul. En fait, la stratégie de « défense républicaine » suivie lors du boulangisme n'a pas toujours été comprise. Brousse est l'allié des radicaux, il passe pour modéré. Jean Allemane, ouvrier typographe, trait exceptionnel dans le socialisme de l'époque dont les leaders sont issus des classes bourgeoises, ancien communard, a fondé, dès 1888, le journal *le Parti ouvrier*. En octobre 1890, Allemane et ses amis, notamment le poète J.-B. Clément, leader de la Fédération des Ardennes, sont exclus de la Fédération des travailleurs socialistes. Ils créent aussitôt, reprenant le sous-titre de la Fédération, le Parti ouvrier socialiste révolutionnaire

1. Selon la formule de J. Howorth, « La propagande socialiste d'Édouard Vaillant pendant les années 1880-1884 », *le Mouvement social*, juillet-septembre 1970.
2. Cf. M. Winock, « La scission de Châtellerault et la naissance du parti allemaniste (1890-1891) », *le Mouvement social*, avril-juin 1971.

(POSR). Certes, les allemanistes, ainsi les désigne-t-on, bien que le parti ait voulu l' « effacement absolu des personnalités », conservent le programme législatif et municipal de la Fédération des travailleurs socialistes, mais ils affirment leur foi révolutionnaire dans la lutte des classes, professant un antimilitarisme et un antiparlementarisme vigoureux. Les luttes électorales ne valent pour eux qu' « à titre de propagande ». Les élus sont considérés comme de simples mandataires qui remettent leur démission en blanc. Ils versent à la caisse du parti le plus gros de leur indemnité. Pour les allemanistes, la vraie lutte se mène sur le terrain économique : aussi attachent-ils une importance capitale aux syndicats, arme décisive du prolétariat, base de la société de l'avenir où les syndicats géreront les entreprises. Les allemanistes prennent à leur compte le mot d'ordre de la grève générale. Le parti est ouvriériste, non qu'il refuse les intellectuels — jeunes normaliens, Lucien Herr et Charles Andler adhèrent au POSR — mais par son idéologie. On mesure l'importance du POSR, véritable plate-forme dans le mouvement ouvrier et socialiste. Proche de l'anarchie, antimilitariste, attaché à la démocratie directe, il prend la relève du blanquisme, se réclame du manifeste des Égaux et dispute Paris aux vaillantistes. Antiparlementaires, mettant leurs espoirs dans les syndicats que dirigent certains d'entre eux, Bourderon, la tonnellerie, Faberot, la chapellerie, les allemanistes annoncent le syndicalisme révolutionnaire aux origines duquel ils jouent un rôle décisif. Faut-il ajouter que l'allemanisme n'a pas renoncé au « socialisme municipal » et peut fort bien mener à un réformisme pratique? Au vrai, dans sa complexité même, l'allemanisme est très représentatif de la réalité de ces socialismes dont l'indispensable histoire-batailles ne doit pas faire méconnaître le vrai visage.

Hormis le puissant guesdisme, que son organisation et son dogmatisme mettent à part, il n'est pas toujours facile de distinguer entre des courants dont l'historien doit se garder de majorer les divergences. Aussi bien s'agit-il de petits groupes, de sectes, dont le caractère minoritaire exaspère l'aptitude à la division et l'incapacité à surmonter les conflits autrement que par la scission. Aux oppositions de personnes, de tempéraments, s'ajoute le climat de suspicion fondé sur la conviction, parfois justifiée, de menées policières. Les conflits prennent la forme d'affrontements idéologiques, sans doute expriment-ils en fait autre chose et rien n'est plus frappant que l'intensité des luttes idéologiques et la pauvreté de fait de la pensée socialiste française en cette fin du XIXe siècle. Il n'est pas sûr du reste que les militants aient perçu toutes les nuances que l'historien qui fait l'inventaire des organisations se plaît à déceler. Étudiant le monde ouvrier dans la région lyonnaise, Y. Lequin constate les incertitudes du vocabulaire et la confusion du langage [1]. Il n'observe pas de « corps de doctrine cohérents. Le même militant peut fort bien exprimer, en même temps, des propositions qui semblent, par référence à la construction doctrinale et à sa logique, parfaitement contradictoires ». L'action comme la répression, qui ne s'embarrassent pas de nuances, peuvent fonder une brève unité et déterminer des reclassements. Ne sous-estimons pas non plus le poids des personnalités et des militants : un blanquiste vient-il dans une localité? Il fonde un groupe qui, lui parti, peut végéter. Vaillant gagne à son parti le Cher, son département d'origine et, par-delà, les départements voisins. J. B. Clément joua un rôle décisif dans les Ardennes. Cependant, l'implantation des familles socialistes autres que le guesdisme mérite une explication qui fait appel à l'histoire autant qu'à la sociologie. Les artisans, les employés, les ouvriers de Paris ou de Lyon, répugnent au collectivisme guesdiste. Dira-t-on que les petits producteurs indépendants et les salariés qui ignorent la grande industrie s'accommodent mal du collectivisme? Peut-être, encore ne faut-il pas oublier que les mineurs du Pas-de-Calais ou de la Loire, attachés à leurs traditions corporatives et convaincus des chances d'une négociation, votent pour des socialistes réformistes.

En vérité, deux traditions historiques qui ne se recouvrent pas donnent la clef de la résistance au guesdisme : la tradition révolutionnaire qui va de 1793 à la Commune; la tradition républicaine fondée sur l'union des classes moyennes et du prolétariat contre la réaction. A ce double héritage, sauf dans le Midi, le guesdisme ne participe guère. *La Carmagnole* et *la Marseillaise* restent longtemps en honneur au côté de *l'Internationale* qui ne s'imposa que tardivement. A la première de ces traditions, le socialisme français doit la méfiance vis-à-vis de l'organisation, le goût de la démocratie

1. Y. Lequin, « Classe ouvrière et idéologie dans la région lyonnaise à la fin du XIXe siècle », *le Mouvement social*, octobre-décembre 1969.

directe, le culte des minorités héroïques, la foi dans les vertus de la gestion directe par les producteurs, l'anticléricalisme enfin dont l'intensité ne se dément guère. N'est-ce pas cet anticléricalisme qui fonde chez beaucoup, dès lors qu'ils acceptent les luttes électorales, l'adhésion à la stratégie de défense républicaine? Celle-ci s'impose tout particulièrement dans les petites villes, où les loges maçonniques favorisent les contacts entre socialistes et radicaux.

On comprend alors dans le socialisme français le rôle des « indépendants », qui sont rebelles à toute organisation. Le terme peut désigner de simples militants[1], des intellectuels, journalistes ou écrivains, des parlementaires. Ce sont des indépendants qui ont fondé les premiers quotidiens socialistes qui auront « quelque durée, quelque tirage, quelque influence[2] ». *La Bataille*, fondée en 1882 par Lissagaray, l'historien de la Commune, *le Cri du peuple*, fondé par Jules Vallès en 1883, paraissent l'un jusqu'en 1887, l'autre jusqu'en 1890, ils ont un rayonnement très supérieur à celui des organes hebdomadaires des courants évoqués plus haut. Tout comme Benoît Malon, l'ancien berger du Forez, qui crée en 1885 *la Revue socialiste*, ils s'efforcent de donner la parole aux diverses écoles. Benoît Malon s'efforce de réaliser une synthèse : « le socialisme intégral ». Il conteste « la lutte pour les seuls intérêts matériels ». Le socialisme doit mener à la rénovation de toute la vie sociale : « Réformes familiales, réformes éducatives, revendications politiques et civiles, émancipation des femmes, élaboration philosophique, adoucissement des mœurs, car, la question contemporaine n'est pas seulement sociale, elle est aussi morale[3]. » Cette affirmation de la dimension éthique du socialisme renoue avec la tradition utopique du socialisme français.

Au Parlement, la figure de proue de ce socialisme indépendant est Alexandre Millerand, puis bientôt Jaurès. Issu de la bonne bourgeoisie parisienne, élu à 26 ans à une élection partielle en décembre 1885, radical, membre du groupe ouvrier de la Chambre,

1. *Ibid.* Parfois qualifiés de « révolutionnaires indépendants ».
2. M. Prélot, *L'Évolution politique du socialisme français*, Paris, Spes, 1939. Cet essai pénétrant est resté souvent ignoré à cause de sa date de publication.
3. Benoît Malon, « Le socialisme intégral », *la Revue socialiste*, 1891, p. 141 et 203, cité par M. Prélot, *op. cit.*, p. 106.

Millerand se refuse à choisir entre Ferry, la réaction bourgeoise, et Boulanger qui est l'Empire : « Nous voulons la République démocratique et sociale. » Dans la Chambre de 1889, il est proche des élus divers qui se réclament du socialisme. En 1893, il prend la direction de *la Petite République*, qui devient la tribune des socialistes indépendants. Condamnation de l'action violente, foi dans le suffrage universel, développement de la propriété sociale des services publics, un tel programme pouvait convenir aux membres des classes moyennes, aux ruraux, aux radicaux avancés. Aux élections du 20 août 1893, si les autres formations socialistes réunies n'ont que 16 élus, les socialistes indépendants sont 21 ; ils constituent un pôle d'attraction, qui va attirer une douzaine d'élus venus du radicalisme ou du boulangisme.

Socialisme, syndicalisme, pour nos contemporains, les deux termes désignent deux réalités diverses et un système de relations complexe. A l'époque qui nous préoccupe, la distinction est largement formelle et les liens entre le socialisme et le syndicalisme sont assez étroits pour justifier une étude parallèle.

On a évoqué la renaissance des chambres syndicales après la Commune, l'effort de Barberet et de ses amis pour créer un syndicalisme modéré qui collabore avec l'État. La loi Waldeck-Rousseau de 1884 veut mettre en accord le droit avec le fait ; elle veut favoriser l'essor de syndicats professionnels qui aient « exclusivement pour objet l'étude de la défense des intérêts économiques, industriels, commerciaux et agricoles ». La loi impose le dépôt des statuts et noms des administrateurs, disposition à laquelle refusent de se plier un certain nombre de syndicats. La loi n'a pas, dans les premières années, les conséquences attendues : méfiance vis-à-vis de la procédure de déclaration, répression patronale qui refuse le droit syndical, refus de négociation, médiocrité de la conjoncture économique. En 1891, le nombre de syndiqués demeure dérisoire [1]. En octobre 1886, à Lyon, le congrès constitutif de la Fédération nationale des syndicats ouvriers ne réunit guère plus d'une centaine de délégués. Les guesdistes l'emportent sur les modérés et dominent la Fédération jusqu'en 1894 ; mais celle-ci n'a qu'une activité restreinte. Aux yeux des guesdistes, l'action syndicale permet avant

1. Il n'atteint pas 141 000. Cf. P. Sorlin (40), p. 297.

tout de développer une agitation et de former à la conscience politique. Ne sous-estimons pas l'influence des syndicats guesdistes, notamment dans les manifestations du 1er mai pour la journée de huit heures en 1890 et 1891. Mais le refus de reconnaître une valeur propre au syndicalisme, l'intransigeance de Guesde, la faiblesse de l'organisation de la Fédération, la crainte persistante des ouvriers devant la politique du parti expliquent le déclin de l'influence guesdiste dans les syndicats.

Les bourses du travail vont contribuer à donner au mouvement ouvrier français son originalité. L'idée de bourses du travail est due à l'économiste libéral belge Gustave de Molinari. A l'exemple de la Belgique, répondant d'autre part à l'invite de la loi de 1884, un certain nombre de municipalités, à partir de 1887, mettent des locaux à la disposition de syndicats. Ces bourses du travail sont à la fois bureaux de placement, sièges de l'union locale des syndicats, lieux de réunion et de documentation. Loin d'être dépendantes du parti maître de la municipalité, les bourses vont être les bastions de l'indépendance syndicale. Les syndicalistes blanquistes allemanistes, anarchistes, vont se servir des bourses du travail contre la Fédération des syndicats guesdistes.

En février 1892, a lieu à Saint-Étienne le congrès constitutif de la Fédération des bourses : 10 bourses sont représentées. Les bourses connaissent un rapide développement : elles sont 40 en 1895, 51 en 1898. Depuis 1895, le secrétaire de la Fédération, où il succède à un blanquiste, est Fernand Pelloutier. Il a à peine 27 ans; jusqu'à sa mort en 1901, il va marquer de son influence le mouvement ouvrier, dont il comprend d'autre part les aspirations profondes, sans pour autant en être issu. Petit-fils d'un carbonaro, fils d'un employé des postes fixé à Saint-Nazaire, Pelloutier, après son échec au baccalauréat, est devenu journaliste à *la Démocratie de l'Ouest*. Comme d'autres socialistes ou syndicalistes, il est par ses origines, sinon un bourgeois, en tout cas, comme il le disait lui-même, un hybride. Il est alors dans le sillage d'un jeune avocat, candidat aux élections de 1889 sous l'étiquette radical révisionniste, Aristide Briand. Rédacteur en chef de *la Démocratie de l'Ouest* en 1892, il fait de celle-ci un organe socialiste, ouvert à toutes les tendances. Avec Briand, il orchestre le thème, déjà lancé par les anarchistes et les allemanistes, de la grève générale. Au congrès du Parti ouvrier à Marseille, Guesde s'oppose à la grève générale. Pelloutier rompt avec les guesdistes. Venu à Paris, il se tourne vers les allemanistes et les anarchistes. En 1894, il est le secrétaire adjoint; l'année suivante, il est le secrétaire de la Fédération des bourses du travail. S'il n'est nullement représentatif du milieu ouvrier, du moins, Pelloutier suit-il un itinéraire fort éclairant, du radicalisme à un socialisme teinté de guesdisme, du guesdisme à l'anarchisme et au syndicalisme ; encore ces étapes sont-elles fort enchevêtrées [1]. Il témoigne par là de l'évolution de la fraction la plus déterminée du mouvement ouvrier. Il témoigne aussi de l'influence des anarchistes : les bourses du travail vont contribuer à leur pénétration dans les syndicats.

Les années 1892-1894 virent reparaître la « propagande par le fait » et les attentats individuels, qui avaient disparu depuis plusieurs années. Les anarchistes eux-mêmes jugeaient cette action inefficace : « Un édifice basé sur des siècles d'histoire ne se détruit pas avec quelques kilos d'explosif », écrivait Kropotkine dans *la Révolte* en 1891. La pénétration de l'« idée anarchiste » dans les masses était autrement importante que les attentats. La vague terroriste de 1892-1894 amena le vote de lois de répression, baptisées « lois scélérates ». Les syndicats, terrain privilégié pour la propagande anarchiste, deviennent aussi un refuge à l'abri de la légalité. Dans *les Temps nouveaux*, de Jean Grave, Pelloutier observe que « maints syndicats d'Alger, de Toulouse, de Paris, de Beauvais, de Toulon, entamés par la propagande libertaire, étudient aujourd'hui les doctrines dont hier ils refusaient, sous l'influence marxiste, d'entendre même parler ». La masse a ainsi appris « la signification réelle de l'anarchisme, doctrine qui pour s'implanter, peut fort bien, répétons-le, se passer de la dynamite ». Surtout l' « entrée des libertaires dans le syndicat » donne aux syndiqués la juste conception de celui-ci : « Laboratoire des luttes économiques détaché des compétitions électorales, favorable à la grève générale avec toutes ses conséquences, s'administrant anarchiquement, le syndicat est donc bien l'organisation à la fois révolutionnaire et libertaire qui pourra seule contrebalancer et arriver à

1. Cf. J. Julliard, « Fernand Pelloutier et les origines du syndicalisme d'action directe », *le Mouvement social*, avril-juin 1971.

détruire la néfaste influence des politiciens collectivistes. » Bastion des « hommes libres » contre les « autoritaires », le syndicat brisera, la révolution venue, « toute tentative de reconstitution d'un pouvoir nouveau », il fondera l' « association libre des producteurs libres ». Un tel texte traduit bien autre chose que les méditations solitaires d'un individu, il reflète les sentiments diffus d'un monde de militants, anarchistes, allemanistes, socialistes déçus par les luttes politiques. Ainsi naît un anarcho-syndicalisme, refus à la fois du collectivisme et du réformisme, dont maintes raisons expriment la fortune. Faut-il redire le refus par le patronat de reconnaître les syndicats et de négocier avec eux, l'impuissance du personnel politique à faire aboutir les réformes sociales? Un exemple : la loi sur la responsabilité des patrons dans les accidents du travail n'aboutit au Sénat qu'en 1898... Le mépris de la politique et l'antiparlementarisme frappent les socialistes parlementaires surtout après leur entrée en force à la Chambre en 1893. Ces données rendent compte de l'écho des traditions libertaires, toujours vivace, par-delà une conquête marxiste dont la portée a sans doute été majorée. Que le monde ouvrier ne soit pas à cette date dominé par les ouvriers de la grande industrie n'est pas moins déterminant. Les ouvriers hautement qualifiés : les artisans du bâtiment, de la métallurgie (fondeurs et chaudronniers), du livre, des métiers d'art, par leur vie de travail même, découvrent les thèmes majeurs de l'anarcho-syndicalisme : gestion par les producteurs, « culture de soi-même », pour reprendre le mot de Pelloutier, éducation. D'autre part les ouvriers les plus misérables — terrassiers, dockers — fournissent des troupes, séduites par les mots d'ordre d'action directe et acquises à des luttes violentes.

Bien qu'il s'agisse d'un mouvement qui demeure minoritaire : le nombre des syndiqués est de 450 000 en 1895, et tous ne sont pas des anarcho-syndicalistes, sa portée ne peut être sous-estimée : le mouvement ouvrier français, fidèle à son autonomie et à son indépendance ne va s'engager ni dans la voie trade-unioniste, ni dans la voie allemande d'une organisation subordonnée à la social-démocratie. Cependant d'autres virtualités que le syndicalisme révolutionnaire restent présentes dans le mouvement syndical : syndicats d'obédience guesdiste, particulièrement dans le textile, syndicats réformistes, chez les mineurs, à la Fédération du livre, dominée par le positiviste Keufer. Les municipalités radicales, qui peuvent comprendre des socialistes, certaines loges maçonniques s'efforcent de favoriser ce réformisme pratique mal connu : l'histoire sert d'abord les héros... mais sans doute plus considérable qu'on ne le dit : on comprendrait mal sinon l'ampleur du « millerandisme » par la suite.

Ce mouvement ouvrier divisé est traversé d'aspirations à l'unité. Elles s'expriment notamment au sein d'une organisation secrète dont le nom s'inspire du précédent des États-Unis et de la Belgique : la Chevalerie du travail[1]. Fondée en 1893, elle s'apparente à la maçonnerie, à laquelle adhèrent nombre de chevaliers du travail. Anarchistes, comme Pelloutier, allemanistes, comme Guérard, qui sera secrétaire général de la CGT, guesdistes comme Lafargue, socialistes anarchisants comme Briand. Si les allemanistes tiennent en son sein une place capitale, la Chevalerie du travail par son recrutement divers prélude à l'unité syndicale.

En 1894, à Nantes, Briand fait adopter par la majorité de la Fédération nationale des syndicats le principe de la grève générale. L'idée s'impose d'autre part d'unifier la Fédération, qui réunit des fédérations de métier et d'industrie, et la Fédération des bourses qui réunit les unions locales. En septembre 1895, à Limoges, les majoritaires non guesdistes de la Fédération des syndicats forment la Condédération générale du travail. L'organisation guesdiste survit jusqu'en 1898. Allemane, Guérard, secrétaire du Syndicat des chemins de fer, mais aussi Keufer, ont joué un rôle déterminant dans la fondation de la CGT. L'organisation reste à construire. La Fédération des bourses tient à son indépendance vis-à-vis de la Confédération et Pelloutier se tient à l'écart. Jusqu'au début du siècle, l'existence de la CGT reste chétive. Elle ne réunit pas toutes les organisations syndicales. Quelques mois après sa fondation, Keufer constate que quatre organisations seulement ont payé leur cotisation : le Livre, les Chemins de fer, le Cercle des mécaniciens et la Fédération des porcelainiers. L'intitulé du congrès : congrès des chambres syndicales, des groupes corporatifs, des fédérations de métiers, des unions et bourses de travail, dit bien la complexité des organisations existantes. Les statuts

1. M. Dommanget (120).

enregistrent cette situation : la CGT admet syndicats, bourses, unions locales de syndicats, fédérations départementales ou régionales de syndicats, fédérations nationales de métiers, fédérations d'industrie. Allemanistes, libertaires et réformistes s'accordent pour faire inscrire dans les statuts : « Les éléments constituant la Confédération générale du travail devront se tenir en dehors de toutes les écoles politiques. » Là est bien l'important, pour le présent comme pour l'avenir : les partisans de l'indépendance syndicale l'ont emporté.

6

La République modérée 1889-1898

1. Question sociale, démocratie chrétienne et ralliement

Les progrès du socialisme et du mouvement ouvrier mettent la « question sociale » au premier plan des préoccupations dans les années 1890. On n'a pas suffisamment remarqué ce fait capital : la Commune et sa répression n'entraînèrent pas de trouble profond au sein des classes dirigeantes conservatrices et des couches nouvelles républicaines en ascension. Seuls les réactionnaires légitimistes, nobles et prêtres de l'œuvre des Cercles catholiques d'ouvriers, virent dans l'insurrection populaire le signe de l'échec de la société libérale issue de la Révolution. Mais la bourgeoisie, orléaniste ou républicaine, n'a pas trouvé dans le drame de mai 1871 de raisons qui ébranlent ses certitudes. La Commune paraît une parenthèse tragique mais aberrante. Elle ne suffit pas à mettre en cause la foi dans l'ordre social libéral et l'individualisme. Les méditations moroses d'un Renan ou d'un Taine ne trouvèrent du reste guère d'écho. Au total, la foi dans la République, la science et le progrès ne furent guère affectés. Plus que la peur et la défense sociale, comptent les espérances mises en cette société nouvelle « sans prêtre et sans roi », que voulaient fonder les républicains.

Au contraire, dans les années 1890, le « remords social » marque les classes bourgeoises. A l'indifférence de vingt ans plus tôt font place la curiosité, l'intérêt, la pitié, voire la volonté de réformes pour empêcher la révolution. Quelques exemples suggèrent cette transformation des esprits. Dans *le Figaro*, peu après la fusillade de Fourmies, le journaliste Jules Huret publie une « Enquête sur la question sociale en Europe [1] ». Elle donne la parole aux principaux leaders socialistes français et européens et à des personnalités du patronat, qui n'apparaissent guère à leur avantage. Elle décrit aussi la condition ouvrière, à partir d'exemples précis, comme le font à cette date statisticiens, philanthropes, « sociologues », tout particulièrement les disciples de l'école de *la Réforme sociale* de Le Play. Enquêtes et monographies se multiplient. Le Musée social, fondé en 1894, réunit une très riche documentation. Le roman de Zola, *Germinal*, paraît en 1886, les mineurs en sont les héros. La bourgeoisie, le patronat sont décrits avec des traits âpres. Des peintres représentent les grèves : indice de l'intérêt d'un public.

De cette évolution, quelle est la portée et quelles sont les conséquences? Au sein de la bourgeoisie s'affirment les initiatives qui prétendent mettre fin aux maux de la condition ouvrière : lutte contre l'alcoolisme, campagne contre le concubinage, amélioration de l'hygiène et du logement — la Société des habitations à bon marché est fondée en 1896 —, appel au développement de caisses de retraite, de sociétés de secours mutuel. Moralisme et paternalisme sont incontestables, le libéralisme économique n'est en rien mis en cause. On ne doit pas pour autant négliger l'importance d'un mouvement qui se fait l'écho des réalisations patronales et qui suscita des initiatives, ainsi dans le Nord, ou au Creusot. Se retrouvent associés, on le redira, des catholiques hostiles à l'intervention de l'État, et des républicains modérés, préoccupés d'économie sociale, comme le maire du Havre, Jules Siegfried. Ils croient que l'initiative privée suffit à résoudre les maux de la société et à mettre fin aux abus. Une partie des classes moyennes en vient, en revanche, à douter des vertus du libéralisme et de l'individualisme économique. Elle ne croit plus que l'instauration du régime républicain suffit à résoudre les questions sociales. A côté des idéaux républicains et démocratiques, elle fait sien l'idéal socialiste. L'évolution d'un Jaurès, ou celle du jeune Léon Blum, paraît ici

1. Reproduite en volume en 1897, avec une lettre d'introduction de Jaurès.

exemplaire. Elle illustre le glissement de tant de jeunes intellectuels, en quête de justice, vers le socialisme. Ils pensent qu'il faut porter à leur épanouissement les principes de liberté et d'égalité nés de la Révolution. Mais d'autres répudient les idéaux du libéralisme politique, de la démocratie et de la raison. Ils professent un anticapitalisme qui s'accompagne à l'occasion d'antisémitisme. Ils marquent leur sympathie aux idées anarchistes.

Les progrès du socialisme et la montée de la démocratie sociale favorisent les mutations au sein du monde catholique français et l'essor du catholicisme social. Celui-ci, tout comme le socialisme, est la retombée en France d'une vague qui touche l'ensemble des pays touchés par la révolution industrielle. Comme le socialisme le catholicisme social eut en France un succès plus tardif et plus limité que dans les pays d'Europe centrale. Il n'en revêtit pas moins aux yeux des contemporains une importance considérable et suscita, tout comme le socialisme, l'inquiétude des tenants du libéralisme économique. On a évoqué le premier catholicisme social, contre-révolutionnaire, antilibéral, corporatif et paternaliste, celui d'Albert de Mun et de l'œuvre des Cercles catholiques d'ouvriers. Il est une autre école de pensée et d'action dont on ne saurait sous-estimer le rôle, celle de *la Réforme sociale*, fondée par Frédéric Le Play. Certes, Le Play ne veut pas faire œuvre confessionnelle. Cependant il fait référence au Décalogue et à une société régie par les principes de l'Évangile. Invitant les « autorités sociales » à accomplir leur devoir de patronage, l'école de *la Réforme sociale* a sans doute tenu une large place dans l'essor des œuvres patronales. Mais sa véritable importance est ailleurs : elle est d'avoir permis, par le recours aux enquêtes, aux monographies, une prise de conscience des réalités sociales. A cet égard, l'itinéraire d'un prêtre comme l'abbé Lemire, obscur professeur de collège à Hazebrouck avant de devenir une des figures de proue de la démocratie chrétienne, est exemplaire : il a été tour à tour marqué par l'œuvre des Cercles et par *la Réforme sociale*. De la première, il conserve l'hostilité au libéralisme, le rêve d'une société corporative, de la seconde il acquiert le goût des études sociales. Comme nombre de militants, prêtres ou laïcs de la « démocratie chrétienne », il gardera toujours au cœur quelque chose de l'idéal du traditionalisme : méfiance vis-à-vis de l'industrialisme et nostalgie de l'ordre éternel des champs, hostilité — non exempte d'antisémitisme — au monde de l'or et de la spéculation, rêve d'une société corporative où se réconcilieraient le capital et le travail.

Mais cet héritage ne doit pas conduire à méconnaître les ruptures et les innovations, dans le mouvement de la « démocratie chrétienne » qui s'affirme à partir de 1892-1893. Le mot même de démocratie mérite que l'on s'y arrête : il signifie non seulement le souci de la cause du peuple, mais aussi le refus d'une société hiérarchisée, l'aspiration à une société fraternelle. Cette démocratie sociale, voie intermédiaire entre le libéralisme et le socialisme, également récusés, les démocrates chrétiens ne l'envisagent pas très différemment des radicaux : la coopération, la participation aux bénéfices, la mise en œuvre de la solidarité, voilà les remèdes au mal social.

Du social au politique, le pas est vite franchi, au moins par l'aile la plus hardie du mouvement qui fait siens les idéaux de la démocratie politique : acceptation de l'héritage de 89 et de la souveraineté du peuple, autonomie du politique, distinction du temporel et du spirituel : c'est la tradition catholique libérale qui est alors retrouvée. L'encyclique *Rerum novarum*, le 15 mai 1891, comme la volonté de répondre au défi socialiste, précipitent un mouvement qui, pour plusieurs années, va s'imposer à l'attention. Création de journaux et de revues, formation de syndicats, de coopératives, de caisses rurales, congrès régionaux ou nationaux qui rassemblent des centaines de militants : l'importance du mouvement est loin d'être négligeable. Il inquiète les socialistes. « Avant peu, écrit Gérault-Richard, les prétendus démocrates chrétiens nous auront rattrapés. » Jaurès n'est pas moins sensible, il le montre dans ses articles de *la Dépêche*, à l'ampleur du phénomène. Celui-ci inquiète aussi le personnel opportuniste. Les préfets et les commissaires spéciaux attachent une grande attention aux manifestations de ce qu'ils désignent comme le « socialisme chrétien ». A la tête de cette démocratie chrétienne, très cléricale par ses dirigeants, des prêtres, comme ceux qui se réunissent à Reims en 1896 à l'appel de l'abbé Lemire. Ils veulent « aller au peuple », « sortir de la sacristie » où les a confinés le libéralisme religieux, « refaire la France chrétienne », sans bien distinguer s'il faut d'abord refaire des institutions chrétiennes ou forger un peuple chrétien. A ces prêtres se joignent des employés, souvent anciens des patronages, des fils de la bourgeoisie, anciens élèves des collèges, mais aussi des ouvriers. Dans le Sud-Est, à Lyon et à Saint-Étienne, le Nord, à Lille, à Charleville, à Roubaix, dans l'Est, à Nancy et à Reims, en Bretagne, à Brest et à Rennes, s'affirme une carte durable. Mais, active dans les villes, la démocratie chrétienne trouvera ses seuls succès électoraux dans les campagnes où les paysans désireux de s'émanciper de la tutelle des notables votent pour des prêtres, l'abbé Lemire à Hazebrouck en 1893, l'abbé Gayraud élu à une élection partielle dans le Léon en 1896. Le politique n'est au reste que l'émergence d'un bouillonnement très intense qui, au plus profond, est religieux. Remise en cause du statut clérical, contestation du style traditionnel d'autorité, exigence de démocratie dans l'Église, aspiration à des formes nouvelles de la mission : l'abbé Calippe[1], un prêtre d'Amiens, dans un roman d'anticipation, imagine un « moine ouvrier », autant de données qui se profilent dans ces années si neuves et qui marquèrent une génération de prêtres et de militants. Oui, là comme ailleurs, les années 90 sont déterminantes.

Ne sont-elles pas aussi des années de fermentation intellectuelle dans le clergé instruit et les institutions d'enseignement ecclésiastiques? La création des instituts catholiques porte ses fruits. Du décalage entre l'enseignement traditionnel et les sciences religieuses va naître la crise moderniste. Elle ne paraît en pleine lumière qu'une dizaine d'années plus tard. Mais déjà l'enseignement de l'abbé Duchesne, historien de l'antiquité chrétienne, de l'abbé Loisy, exégète, fondateur en 1892 de la revue *Enseignement biblique*, suscite controverses et suspicion. Loisy doit, à l'automne 1893, quitter la chaire d'écriture sainte à l'Institut catholique. Premiers indices de remous plus amples.

Désireux d'apporter des remèdes à la question sociale, avides d'apostolat, prêtres et militants veulent aussi réconcilier l'Église et la République et font leur l'invite de Léon XIII au ralliement. Mais si les démocrates chrétiens sont ralliés à la République, tous les catholiques républicains ne sont pas démocrates et le ralliement ne saurait être confondu avec la démocratie chrétienne. Les raisons du ralliement sont complexes et doivent être présentées avant de

1. Cf. E. Poulat (106).

marquer les étapes du mouvement et sa portée. Le rôle personnel de Léon XIII est considérable. Depuis son avènement en 1878, il a toujours fait preuve de modération dans ses relations avec la République. Il n'a pas jugé souhaitable d'encourager à la protestation violente face à la politique de laïcisation. A plusieurs reprises, il a laissé entendre que les catholiques français devraient accepter les institutions. Au lendemain des élections de 1889, il lui paraît indispensable d'intervenir. Des intentions diverses le guident : affirmer la distinction du pouvoir spirituel et du pouvoir temporel, rompre la solidarité des catholiques français et de la monarchie, sauvegarder le Concordat et le budget des cultes menacés par les radicaux, en permettant l'entente des conservateurs et des républicains modérés. Les arrière-pensées diplomatiques sont présentes : le Saint-Siège est l'adversaire du jeune royaume d'Italie et reste intransigeant sur la « question romaine », ses relations avec l'Allemagne protestante et l'Autriche-Hongrie joséphiste sont médiocres; dans ces conditions, de bonnes relations avec la République, protectrice des missions outre-mer, sont souhaitables. La France demeure aux yeux de Rome la « fille aînée de l'Église ».

Ces préoccupations rencontrent celles d'une fraction du personnel politique conservateur qui estime vain de rester à contre-courant de l'évolution de l'esprit public. L'acceptation du régime semble inévitable. Face aux progrès du radicalisme et du socialisme, il paraît indispensable de s'entendre avec les républicains de gouvernement pour fonder une majorité qui défende l'ordre social. Somme toute, ce serait revenir à la conjonction des centres. En mars 1890, l'orléaniste Jacques Piou fonde un groupe parlementaire de la « droite constitutionnelle », qui accepte les institutions « légalement établies » pour défendre la société menacée. Une partie du personnel opportuniste n'était pas insensible à de telles avances. Mais il ne pouvait envisager un rapprochement que si les conservateurs acceptaient à tout le moins de ne pas remettre en cause les « lois intangibles de la laïcité », fondement de la République. Aux yeux des républicains, elles devaient être la « pierre de touche » du ralliement.

Après plusieurs tentatives infructueuses pour trouver un membre de l'épiscopat qui accepte de prendre une initiative, Léon XIII jette son dévolu sur le cardinal Lavigerie. Primat d'Afrique, archevêque d'Alger et de Carthage, fondateur des pères blancs, le cardinal, au terme d'entretiens avec le pape [1], accepte de parler. En novembre 1890, accueillant l'état-major de l'escadre de la Méditerranée, le cardinal, à la surprise des officiers de marine monarchistes, invite les catholiques à accepter la République : « Quand la volonté d'un peuple s'est nettement affirmée, que la forme d'un gouvernement n'a en soi rien de contraire, comme le proclamait dernièrement Léon XIII, aux principes qui peuvent faire vivre les nations chrétiennes et civilisées, lorsqu'il faut, pour arracher son pays aux abîmes qui le menacent, l'adhésion sans arrière-pensée à cette forme de gouvernement, le moment vient ... de sacrifier tout ce que la conscience et l'honneur permettent, ordonnent à chacun de nous de sacrifier pour l'amour de la patrie. » En quelques phrases s'esquisse toute la thématique du ralliement : la reconnaissance de la volonté du suffrage universel, et l'acceptation des institutions, le refus de la politique du pire et la volonté, comme le proclame plus loin le cardinal, de lutter contre le « péril social », le patriotisme enfin, devant qui doivent s'incliner les anciennes fidélités.

Les radicaux ne virent dans le toast qu'une ruse de l'Église, la presse opportuniste dit sa satisfaction, les royalistes protestèrent. Organe de ceux qui se voulaient « catholiques d'abord », indifférent à la forme du régime, mais soucieux de voir respecter les « droits de l'Église », *l'Univers* ne se scandalisait nullement de l'acceptation du régime républicain, mais doutait que le primat d'Afrique acceptât du même coup les « lois contre la religion ». Que la République rende d'abord aux catholiques les libertés qui leur sont dues. Au total, au sein du monde catholique, la réserve, sinon l'hostilité, l'emporte. La partie a du reste été mal engagée. Le nonce à Paris ignorait tout de l'initiative de Léon XIII et du cardinal et ne la soutient guère. Les évêques, pour la plupart, qu'ils jugent l'intervention du cardinal malheureuse ou inopportune, se taisent. Quatre seulement, deux pour, deux contre, interviennent publiquement. Mgr Freppel, l'évêque d'Angers, dénonce « l'illusion » de Lavigerie : « Croire que la République en France est une simple forme de gouvernement, comme ailleurs, en Suisse, et aux États-Unis par exemple, et non pas une doctrine foncièrement et radicalement

1. Cf. Xavier de Montclos (124).

contraire à la doctrine chrétienne. » Les républicains ne sont-ils pas unanimes à exiger des catholiques l'acceptation des lois scolaires et de la loi militaire? L'évêque d'Angers ne faisait là que développer l'argumentation de la majorité des catholiques militants.

Quelques mois plus tard, l'archevêque de Paris, le cardinal Richard, dont l'entourage est monarchiste, détourne de leur sens les intentions de Léon XIII. Le 2 mars 1891, il publie une « Réponse à d'éminents catholiques qui l'ont consulté sur leur devoir social dans les circonstances actuelles ». S'il affirme que l'Église ne condamne aucune forme de gouvernement, il dénonce « les sectes antichrétiennes » qui veulent faire « d'un ensemble de lois antireligieuses la constitution essentielle de la République ». Il invite les catholiques à l'union, sur le terrain de la défense religieuse, en mettant entre parenthèses leurs préférences politiques. On est loin de l'adhésion à la République. Les monarchistes, la plupart des journaux catholiques, sont satisfaits de la lettre du cardinal. Soixante-deux évêques lui envoient leur approbation. Quelques mois plus tard est fondée l'Union de la France chrétienne. Son comité, où l'on retrouve les principaux chefs conservateurs, réclamait le « concours des chrétiens et de tous les honnêtes gens, quelles que fussent leurs opinions politiques, pour défendre et réclamer, d'un commun accord, les libertés civiles, sociales et religieuses ». L'Union ne disait mot de la République. Bien plus, à Toulouse, le 19 juillet 1891, le représentant du comte de Paris, le comte d'Haussonville, jugeait « infiniment probable » qu'aux prochaines élections les candidats des comités monarchiques s'identifieraient à ceux des comités de l'Union de la France chrétienne.

Léon XIII est contraint d'aller de l'avant. Il nomme à Paris un nouveau nonce : Mgr Ferrata, ancien auditeur de nonciature à Paris, ami du cardinal Lavigerie, fin connaisseur de la vie politique française. Sa situation est délicate : le moindre incident est exploité par les camps extrêmes — monarchistes et radicaux — pour faire échouer l'apaisement escompté. En février 1892, après une déclaration des cardinaux français, publiée sans que le pape ait été consulté et qui condamne le « gouvernement de la République » tout en invitant à l'acceptation des institutions, Léon XIII est contraint à parler clairement. Le 14 février, il reçoit Ernest Judet, rédacteur au *Petit Journal* et lui fait d'importantes déclarations, reproduites le 17. Le procédé, inhabituel, d'un appel à l'opinion, marque à lui seul l'importance de l'événement. Le 20 février est publiée, datée du 16 et rédigée en français, l'encyclique *Au milieu des sollicitudes* : l'Église n'est liée à aucune forme de gouvernement; accepter la République n'est pas accepter une législation hostile à la religion. « Les gens de bien doivent s'unir comme un seul homme pour combattre par tous les moyens légaux et honnêtes ces abus progressifs de la législation. »

Remerciant, le 3 mai, les cardinaux de leur adhésion à l'encyclique, le pape précise sa pensée et refuse de « fausses interprétations » : il met en garde contre ceux qui « subordonneraient tout au triomphe préalable de leur parti respectif, fût-ce sous le prétexte qu'il leur paraît le plus apte à la défense religieuse ». Tel allait bien être, en effet, l'argument majeur des adversaires du ralliement : les « réfractaires ».

L'accueil fait à l'encyclique fut mitigé. Une vingtaine d'évêques dirent leur satisfaction. La majorité fut réservée : sans être attachés à la royauté, les évêques, souvent issus du catholicisme intransigeant, nommés sous Pie IX, sont foncièrement hostiles à la République laïque. Dans l'Ouest et le Midi, ils craignent pour les œuvres qu'alimentent les monarchistes. Un certain nombre d'évêques ne publient pas l'encyclique. Certains donnent une interprétation fort restrictive. Dans le diocèse de Cambrai (c'est-à-dire le département du Nord), un bref communiqué indique simplement que l'encyclique « rappelle les devoirs comme les droits des pouvoirs constitués et les obligations qu'imposent à tous les chrétiens les dangers qui menacent la religion ». Pas plus que les évêques, les clercs ne peuvent formuler une opposition ouverte. Les réfractaires avoués sont la minorité. Mais de l'adhésion réticente à l'adhésion sans arrière-pensée, que de nuances! Pour les uns, le pape infaillible a parlé *ex cathedra*, pour d'autres il a donné un simple conseil. Surtout, que signifie : accepter la République? S'agissait-il d'une République « baptisée » et devenue chrétienne, comme le souhaitent *la Croix* et les assomptionnistes, ou de la République de Jules Ferry? Tel était bien le fond du débat qui va faire apparaître d'extraordinaires divisions au sein du monde catholique. L'union de la France chrétienne prononce sa dissolution. Ses chefs, Buffet, Chesnelong, Keller, Lucien Brun, se retirent de la vie publique : ils ne veulent ni aller à l'encontre des volontés du pape, ni abandonner leurs fidélités. Une fraction de la droite royaliste, derrière le comte d'Haussonville, reconnaît l'autorité du pape « en matière de foi », mais proclame ses droits « comme citoyens ». Fidèles à la « tradition nationale », ils sont les héritiers d'un gallicanisme politique, qui récuse la légitimité de l'intervention du Saint-Siège sur le plan temporel. On comprend dès lors que face au ralliement les catholiques ne se divisent pas selon le clivage entre intransigeants et libéraux. Des catholiques de tradition libérale, orléanistes comme le comte d'Haussonville, figurent au premier rang des réfractaires au côté d'hommes dont jusque-là ils étaient profondément éloignés, venus du légitimisme contre-révolutionnaire. Mais des catholiques intransigeants, par fidélité à l'ultramontanisme, vont suivre les consignes romaines, ainsi de *l'Univers* ou d'Albert de Mun, au congrès régional de l'Association catholique de la jeunesse française (ACJF) à Grenoble le 22 mai 1892. L'orateur dit sa détermination de placer son action politique « sur le terrain constitutionnel ». Autant que par l'obéissance au pape, il est mû comme nombre de légitimistes, ainsi Henri Lorin, qui suivent le même itinéraire, par la volonté d'aller au peuple, seul fondement du pouvoir depuis la disparition de la dynastie légitime. Ennemi de l'orléanisme, il a placé dans le peuple ses espérances. Pour lui, et pour ses amis, l'encyclique *Rerum novarum* et l'encyclique sur le ralliement ne se séparent pas.

Le monde des « ralliés » est loin d'être homogène. *La Croix* dit accepter la République, mais appelle en fait à la constitution d'un grand parti de défense religieuse : « Attaquons les lois de malheur et poussons tous les catholiques, royalistes, bonapartistes, républicains, à unir leurs efforts pour essayer loyalement d'établir en France une République chrétienne. » Si elle accepte le drapeau tricolore, c'est à la condition de faire figurer sur le blanc l'effigie du Sacré-Cœur, signe de la consécration de la République au Christ. Nombre de démocrates chrétiens ne pensent pas différemment. Ils songent à un parti catholique et social comme celui dont Albert de Mun esquisse le programme à Saint-Étienne en décembre 1892, et rêvent d'un État confessionnel. Ils acceptent la démocratie, plus que la République. D'autres, au contraire, acceptent l'État laïque, se contenteraient d'une application sans sectarisme des lois scolaires, et refusent le parti catholique. Tel est aussi le point de vue de Jacques Piou qui, au début de 1893, donne au groupe de la droite constitutionnelle la dénomination de Droite républicaine. Il veut préparer « la formation d'un parti tory » conservateur à l'anglaise, qui groupe tous les « hommes de bonne volonté ». Il invite « tous ceux qui entendent tenir tête aux apôtres du néo-radicalisme socialiste et aux sectaires de la franc-maçonnerie » à se réunir pour une « République ouverte, tolérante, honnête ». Sans conteste Léon XIII désirait la création d'un grand parti conservateur, regroupant les catholiques et les « honnêtes gens », mais il souhaitait que ce parti fût ouvert aux préoccupations sociales. Or les hommes politiques qui suivent Piou, souvent liés au monde des intérêts, ainsi du prince d'Arenberg, ou du baron Hély d'Oissel, sont avant tout soucieux de la défense de l'ordre social. On touche là aux difficultés majeures du ralliement : ceux mêmes qui acceptent d'entrer dans la République ne le font pas pour les mêmes raisons. Les uns veulent sauver la société, les autres aller au peuple, les uns veulent mettre fin à la législation impie, les autres sont prêts à accepter celle-ci provisoirement, les uns rêvent du centre allemand ou du parti catholique belge, les autres du parti conservateur anglais.

On dira, en évoquant l'histoire politique des années 1893-1898 quelles furent les incidences du ralliement. Il suffisait ici de marquer ses ambiguïtés. Elles rendent compte de la méfiance du personnel républicain qui craint aussi bien le socialisme chrétien que le cléricalisme et aux yeux de qui les interventions romaines sont suspectes. Il demeure qu'en mettant fin aux solidarités entre l'Église et les monarchistes, Léon XIII avait rendu possible des reclassements qui, autant que les conséquences du boulangisme et la montée du socialisme, expliquent l'évolution politique de la France à partir des années 1890.

2. Protectionnisme et Panama Les élections de 1893

Au lendemain de la crise boulangiste, le monde parlementaire retrouva son calme : « Après la mort du général, tout redevint un vague marais », écrira le Barrès de *Leurs figures*. Après les élections de 1889, la « concentration républicaine » qui avait triomphé du boulangisme se maintint : les opportunistes grossis des radicaux modérés formaient la majorité. Lorsque Tirard, en mars 1890, démissionne devant un vote hostile du Sénat protectionniste qui refuse de ratifier le traité de commerce franco-turc, Freycinet prend la tête d'un gouvernement qui n'est guère remanié, et qui dure près de deux ans. Le souvenir de la menace boulangiste, la montée du péril socialiste expliquent cette stabilité. Constans à l'Intérieur, Rouvier aux Finances restèrent ainsi en fonction près de trois ans.

C'est sous le gouvernement des républicains modérés que s'épanouit l'évolution vers le protectionnisme commencée en 1881 et 1885. Méline, président de la commission des Douanes, prit la tête du mouvement à la Chambre. Les industriels du textile, de la métallurgie et les milieux agrariens menèrent une active campagne. Ils reprirent les idées d'un professeur d'économie politique, P. Cauwès, disciple de F. List, dont le cours d'économie politique exalte la notion d'économie nationale. La Chambre élue en 1889 à l'arrondissement était particulièrement sensible aux doléances des milieux agricoles et favorable au protectionnisme.

Les traités de commerce ne furent pas renouvelés [1]. La loi du 11 janvier 1892 soumit les produits étrangers à deux tarifs : un tarif général maximum, en cas de l'absence de convention particulière, un tarif minimum appliqué aux pays avec lesquels une convention est signée. Dans les deux cas, les droits étaient nettement plus élevés que précédemment. Les défenseurs du libre-échange, privés de l'appui des régions viticoles depuis la crise du phylloxera, se

1. Le traité de Francfort avait accordé à l'Allemagne la clause de la nation la plus favorisée. Les droits sur les produits allemands ne pouvaient être supérieurs aux droits fixés par un traité avec un autre État. Les industriels se plaignaient de la concurrence allemande.

réduisaient aux soyeux lyonnais et aux armateurs des grands ports. Ni Léon Say, ni Aynard, ni le Marseillais Charles-Roux, ni les radicaux, défenseurs des consommateurs urbains, ne purent convaincre la majorité. Ferry, président de la commission des Douanes au Sénat, donnait la raison de l'évolution du personnel républicain vers le protectionnisme : « Le mouvement protectionniste actuel a ses racines dans la démocratie qui cultive la vigne, le blé. C'est pour cela qu'il a réussi [1]. » En instaurant ce système protecteur, qui s'appliquait aux colonies, la France ne faisait que suivre l'évolution générale. Mais « la défense du travail national », comme disait Méline, ne fut guère mise à profit, à la différence de l'Allemagne ou des États-Unis, pour un développement de l'industrie. Elle constitua une rente de situation pour les industriels et les agrariens.

L'opportunisme avait su triompher de ses adversaires et mener une politique d'affaires. Les radicaux, mécontents de l'absence de réformes sociales et du ton bienveillant de Freycinet vis-à-vis du clergé, l'abandonnèrent, le 18 février 1892, le lendemain de l'interview de Léon XIII à Judet. Le terne Loubet lui succède, alors qu'avec le scandale du Panama [2], nationalistes, antisémites et boulangistes s'efforcent de porter un coup au régime.

Le scandale est divulgué sur la scène politique à l'automne de 1892, à l'entrée d'une année électorale. En 1888, la Compagnie du canal de Panama, déjà en difficulté, avait voulu émettre des obligations à lots. Le vote d'une loi était nécessaire. La bienveillance des parlementaires fut facilitée par la distribution de chèques. L'émission de l'emprunt ne suffit pas à empêcher, en janvier 1889, la faillite d'une entreprise ruineuse. Une instruction fut ouverte contre les administrateurs de Panama en mai 1891.

La Libre Parole d'Édouard Drumont et le journal boulangiste *la Cocarde* dénoncèrent les parlementaires compromis. Dans la nuit du 19 au 20 novembre, le baron de Reinach, agent financier de la compagnie, oncle et beau-père de Joseph Reinach, gambettiste, directeur de *la République française*, meurt subitement. Le 21, Jules Delahaye, qui avait été à l'origine du discours de Boulanger à

1. P. Barral (57); et Augé-Laribé, (56), p. 242-244.
2. Cf. Jean Bouvier (119).

Tours, stigmatise « tout un syndicat politique sur qui pèse l'opprobre de la vénalité ». Approuvé par l'extrême gauche et la droite, il obtint une commission d'enquête parlementaire que présida le radical Brisson : à la demande de celle-ci, la Chambre demanda l'autopsie de Reinach, malgré l'avis du gouvernement qui démissionna. Ribot, ancien magistrat venu du centre gauche, forma, le 6 décembre, un gouvernement, ébranlé au bout d'une semaine par la démission du ministre des Finances Rouvier, mis en cause ainsi que Clemenceau. Ribot parvint à grand peine à éviter le vote d'une proposition de loi qui donnait à la commission d'enquête des pouvoirs judiciaires. Pour montrer sa fermeté, il fit arrêter, le 16 décembre, deux administrateurs du Panama, dont Lesseps et un ancien député. Il fit demander la levée d'immunité parlementaire de cinq députés dont Rouvier. Celui-ci se justifia devant la Chambre : il avait accepté l'aide de Reinach pour rembourser le directeur du Crédit mobilier d'un emprunt contracté lorsqu'il était président du Conseil afin de lutter contre le boulangisme. Floquet, à la commission d'enquête, dut reconnaître que, pour combattre la candidature de Boulanger dans le Nord, en avril 1888, il avait « suivi d'aussi près que possible la répartition des fonds de publicité de la Compagnie (300 000 francs), non au point de vue commercial... mais au point de vue politique qui regardait l'État ». Le 20 décembre, Déroulède avait dénoncé les relations de Clemenceau avec l'aventurier Cornelius Herz, « agent de l'étranger », réfugié en Angleterre à la mort de Reinach qu'il faisait chanter. Clemenceau dut convenir qu'il avait accepté l'appui financier de Herz pour son journal *la Justice*. Comme Floquet, comme Rouvier, il était frappé par le scandale.

Le procès en cour d'appel pour « escroquerie » contre les administrateurs de la Compagnie de Panama aboutit à un verdict léger qui fut cassé par la Cour de cassation. Le procès en cour d'assises visant la corruption de parlementaires aboutit le 21 mars 1893 à la condamnation de Baïhaut, ministre des Travaux publics en 1886, qui avait accepté 375 000 francs. Les autres parlementaires étaient acquittés : les procès n'établirent pas de preuves de corruption. Seul Baïhaut avait avoué. Au total la campagne contre les « chéquards » — le mot est de novembre 1892 — n'avait pas ébranlé le régime comme l'avaient espéré les Delahaye, les Drumont, les

Déroulède. Barrès traduit bien dans la fin de *Leurs figures* la déception des adversaires de l'opportunisme : « Comme jadis après la fièvre boulangiste, l'accès de Panama tombé, on était revenu au plus immoral ' chacun pour soi '. » Cependant le scandale laissait des traces profondes : le grand public avait reçu la révélation des collusions entre le monde des affaires, la presse et le personnel politique. Bien plus, Floquet et Rouvier avaient justifié ces collusions par les exigences de la politique même. L'ampleur du scandale, qui entraîne une mutation du personnel politique, montre que l'opinion comme l'observe Seignobos, était « très soupçonneuse en matière d'argent ». Pourtant le scandale parlementaire était relativement mince : quelques parlementaires corrompus, davantage d'imprudents discrédités, c'était assez pour satisfaire la revanche des boulangistes. L'autre scandale financier qui, lui, ne fut guère évoqué, tenait dans le poids exceptionnel des commissions prélevées par les banques dans les affaires de Panama. Enfin la révélation de la vénalité de la presse, qui aurait reçu « de 12 à 13 millions sur les 22 consacrés par Panama à sa publicité » (P. Albert), frappa moins l'opinion que celle de la corruption des parlementaires, sur laquelle insistèrent les journaux.

La crise ministérielle joua une fois de plus son rôle cathartique : Ribot, qui avait déjà remanié son gouvernement en janvier, abandonnant Freycinet, Loubet, Burdeau, accusés d'avoir voulu étouffer l'affaire, démissionna le 30 mars 1893 sur un incident mineur. Avec Charles Dupuy, ancien inspecteur d'académie, député de la Haute-Loire, c'est un homme nouveau qui arrive à la présidence du Conseil : signe du renouvellement du personnel politique entraîné par l'affaire de Panama. Le ministre de l'Instruction publique Raymond Poincaré n'a que trente-trois ans. Une génération nouvelle accède aux responsabilités ministérielles en même temps que s'esquisse un reclassement des forces politiques. Les opportunistes regardent vers la droite ralliée : ils songent à abandonner les majorités de concentration avec les radicaux pour revenir à une majorité fondée sur les centres. Tel est le sens des déclarations de Charles Dupuy à Toulouse au printemps de 1893. « Les conseils partis de Rome dans une pensée élevée d'apaisement... ne sont indifférents à aucun de ceux qui pensent. » Il ne propose aucune concession en matière de laïcité, ce qui irrite les catholiques, mais il envisage une loi sur les associations pour « régler les rapports de la société civile et religieuse dans un large esprit de tolérance ». Jonnart, député du Pas-de-Calais, gendre d'Édouard Aynard, républicain et catholique, important banquier, député du Rhône, « salue avec joie le mouvement qui se produit dans l'opinion, car il peut puissamment contribuer à la paix sociale ». Il ajoute : « La République indiscutée, c'est la fin de la politique de concentration [1]. » Constans affirme lui aussi que la République doit désormais être tolérante. Tous se félicitent du ralliement, qui permettra une majorité de défense sociale. Dupuy n'hésite pas à agir avec fermeté face au mouvement ouvrier : le 1er mai 1893, il fait fermer la Bourse du travail à Paris, deux mois plus tard, le 7 juillet, il fait occuper la Bourse par la troupe, les syndicats n'ayant pas voulu se plier à la déclaration imposée par la loi de 1884. L'occupation de la Bourse succédait à une semaine de manifestations de rues, nées d'une agitation étudiante sans origine politique au départ : la condamnation pour outrage aux mœurs d'un étudiant des Beaux-Arts, à laquelle se joignent des ouvriers, indice d'une conjoncture troublée qui prélude aux élections [2].

« La question sociale, proclame Millerand dans sa profession de foi aux électeurs du XIIe arrondissement est la question des élections de 1893. L'affaire de Panama a montré toutes les forces sociales de ce pays au service et sous les ordres de la haute finance. C'est contre elle qu'il faut concentrer nos efforts. La nation doit reprendre sur les barons de cette nouvelle féodalité cosmopolite les forteresses qu'ils lui ont ravies pour la dominer : la Banque de France, les chemins de fer, les mines. » Sur ce thème qu'il avait défendu à la Chambre dès février, Millerand, devenu en juillet directeur de *la Petite République*, s'efforce de rassembler les « militants de toutes les fractions socialistes », des radicaux, d'anciens boulangistes. Il trouva l'appui d'un Goblet ou d'un Pelletan

1. Cité par Lecanuet, *Les Premières Années du pontificat de Léon XIII*, Paris, 1931, p. 580.
2. Cf. M. Rebérioux, « Jaurès et les étudiants parisiens au printemps de 1893 », *Bulletin de la Société d'études jaurésiennes*, juillet-septembre 1968. Seignobos remarque que Dupuy fut soupçonné d'avoir provoqué l'émeute du Quartier latin pour servir de prétexte à l'occupation de la Bourse par les troupes.

qui ne souhaitaient plus collaborer avec les républicains modérés : à gauche aussi le temps de la concentration paraissait révolu. Aussi bien la concentration républicaine avait-elle pour fin de défendre le régime : celui-ci n'était plus mis en cause. Les élections de 1893 ne se firent pas pour ou contre la République, ni pour ou contre le cléricalisme, mais sur la « question sociale ».

Les élections de 1893 méritent analyse. L'ampleur des abstentions frappe. Elles atteignent 28,8 % des inscrits; entre 1876 et 1914, ce chiffre n'a été dépassé qu'en 1881 avec 31,4 % des inscrits. Comme en 1881, on peut penser que les électeurs de droite, faute de candidats dans un certain nombre de circonscriptions acquises à la gauche, sont les principaux responsables de cette montée de l'abstentionnisme, ainsi dans la France méditerranéenne et le Centre. On ne saurait non plus négliger le trouble entraîné par le ralliement, il explique qu'il y ait plus de 35 % d'abstentions dans le Finistère et la Loire-Inférieure, entre 30 et 34,9 % dans le Morbihan, le Maine-et-Loire et les Côtes-du-Nord [1]. Mais l'accroissement du nombre des abstentionnistes : 500 000 de plus qu'en 1889, ne suffit pas à rendre compte de l'effondrement de la droite : elle n'obtient pas un million et demi de voix contre près de trois millions en 1889 [2]. En fait, plusieurs centaines de milliers d'électeurs conservateurs paraissent avoir voté pour les républicains. On comprend dès lors la progression de ceux-ci : républicains modérés, radicaux, et radicaux-socialistes obtiennent plus de quatre millions huit cent mille voix, soit cinq cent mille de plus qu'en 1889. Les socialistes atteignent six cent mille voix. Des transferts complexes se sont effectués : révisionnistes de 1889 et radicaux votant socialiste, électeurs républicains modérés passant à un radicalisme assagi, qui, dans le Sud-Ouest, attire d'autre part une partie de l'électorat bonapartiste, conservateurs venus à la République modérée.

Ainsi le socialisme a-t-il reçu les fruits du boulangisme et l'opportunisme ceux du ralliement. Une cinquantaine de socialistes ont été

1. Cf. A. Lancelot, *op. cit.*, p. 58.
2. 2 914 985 voix (les suffrages boulangistes, 709 223, ne sont pas compris dans ce chiffre). En 1893, les ralliés obtiennent 458 416 voix, les monarchistes 1 000 381, les suffrages révisionnistes qui sont loin de pouvoir être tous comptés au bénéfice de la droite sont de 171 626 voix. Cf. M. Fournier, *Revue politique et parlementaire*, juin 1898, p. 491.

élus : en leur sein seize membres seulement des quatre organisations : cinq guesdistes, cinq allemanistes, quatre blanquistes, deux broussistes. Les socialistes indépendants sont une vingtaine, dont neuf élus dans la Seine. Vont s'adjoindre à eux quelques radicaux socialistes; ainsi Thierry Cazes élu à Lectoure, Mirman à Reims, ou certains révisionnistes, tel Ernest Roche élu dans la Seine. Tous ces élus forment un groupe parlementaire auquel seuls les allemanistes n'adhèrent pas, et que dominent les personnalités de Millerand, Jaurès, Viviani.

Les radicaux revenaient un peu plus nombreux : la statistique du ministère leur attribuait cent vingt-deux sièges, en fait, comme le montrèrent les premiers scrutins de la législature, ils pouvaient attirer à eux en outre une cinquantaine de députés élus comme républicains. Mais le radicalisme change de visage. Si, à Paris et dans les grandes villes, le socialisme prend sa place, il s'implante dans les campagnes, notamment dans le Sud-Ouest. Il perd deux de ses chefs, Floquet et Clemenceau, qui avait pourtant cherché refuge dans la circonscription de Draguignan. Tous deux sont victimes du Panama.

Les républicains de gouvernement étaient plus de trois cents et avaient la majorité, mais leur manque de cohésion explique l'instabilité du début de la législature. En fait, ils sont environ 250 à suivre une attitude commune. Certains restent attachés à la concentration républicaine et laïque avec les radicaux. D'autres songent à se tourner vers la droite et les ralliés. Ceux-ci sont 32. Les principales figures du monde des ralliés ont connu l'échec : Piou à Saint-Gaudens, Albert de Mun dans le Morbihan, où les royalistes sont responsables de sa défaite et, pour l'abattre, votent radical [1], Étienne Lamy, l'un des 363, « républicain de la veille », dans le Jura. Au sein du groupe des ralliés, dominent d'anciens orléanistes et des bonapartistes. La droite conservatrice — peu de ses membres se disent encore monarchistes, mais tous gardent le silence sur la République — a une cinquantaine d'élus : 56. Au total, le climat d'apaisement et le ralliement faisaient perdre à la droite près de la moitié de ses sièges. En ce sens l'initiative de Léon XIII connaissait

1. Il revint à la Chambre, élu à une élection partielle à Morlaix au début de 1894.

un réel succès : les partis monarchiques étaient définitivement frappés. Désormais, ce serait sur le terrain de la défense religieuse que les conservateurs s'efforceraient de lutter. D'autre part, le ralliement avait permis à une frange de l'électorat conservateur de voter pour les républicains modérés au nom du moindre mal. Mais le glissement vers l'extrême gauche rejetait ceux-ci vers la droite. Le Barrès de *Leurs figures* a bien vu le phénomène : Suret-Lefort est réélu dans la Meuse avec la complaisance secrète des conservateurs.

Des élections de 1889 et de 1893, le personnel politique sortait profondément renouvelé [1]. Aux victimes du boulangisme s'ajoutaient celles du Panama. Les hommes qui ont dominé la vie politique depuis l'avènement de la République disparaissent, qu'il s'agisse des opportunistes ou des radicaux. Cent quatre-vingt-dix élus sont de nouveaux venus. Sans doute, des vaincus de 1889 retrouvent leur siège en 1893, mais, sauf Goblet ou Jaurès, ils n'ont pas grande envergure. Les hommes qui comptent sont entrés depuis peu dans la vie politique : Léon Bourgeois chez les radicaux, Paul Deschanel, Jonnart, Georges Leygues, Poincaré chez les modérés. André Siegfried, familier des dîners parlementaires qu'organisait son père, discernait en eux « une autre génération, distincte des ancêtres républicains et qui, née dans le régime, n'avait pas eu à souffrir pour le fonder ». Ces hommes vont dominer la scène politique jusqu'aux alentours de 1930. Ils vont donner un style nouveau à l'opportunisme discrédité en imposant le terme de « progressisme ». Deschanel, dans un discours-programme dès la rentrée parlementaire, affirme la nécessité d'une politique « progressiste » pour épargner à la France les périls du socialisme révolutionnaire.

3. Le temps des progressistes

Contrairement à ce que l'on pouvait escompter au vu des résultats, les premières années de la législature ouverte par les élections

1. Cf. P. Sorlin, (40), p. 354-355.

de 1893 furent marquées par une extrême instabilité ministérielle : quatre gouvernements se succédèrent de novembre 1893 à avril 1896; en revanche le ministère Méline d'avril 1896 à juin 1898 battit tous les records de durée atteints jusque-là. La majorité modérée issue des élections ne se dégagea, en effet, véritablement qu'au milieu de la législature; de la même manière, ce n'est qu'en 1883, derrière Ferry, que s'était dégagée la majorité issue des élections de 1881. Sans suivre les péripéties d'une histoire politique complexe, il est indispensable d'essayer de marquer les grandes étapes de la période, avant d'esquisser le bilan de la république progressiste.

Dès la rentrée parlementaire, Charles Dupuy démissionna, abandonné par les ministre proches des radicaux. Casimir-Perier forma le 1er décembre un gouvernement de centre. Il engagea aussitôt la lutte contre les anarchistes, mettant à profit l'émotion créée par l'attentat de Vaillant à la Chambre. Il fit voter une loi sur la presse et sur les « associations de malfaiteurs » dont les adversaires craignaient qu'elles ne fussent utilisées contre les socialistes. D'autre part, sans faire de concessions à droite, le ministère annonça une politique d'apaisement en matière religieuse. Spuller, l'ancien collaborateur de Gambetta, devenu ministre de l'Instruction publique, des Beaux-Arts et des Cultes, lors d'un débat de grande importance, le 3 mars 1894, affirma qu'il était temps de « faire prévaloir en matière religieuse un véritable esprit de tolérance ». Il fit appel à un « esprit nouveau » défini comme « l'esprit qui tend, dans une société aussi profondément troublée que celle-ci, à ramener tous les Français autour des idées de bon sens, de justice et de charité qui sont nécessaires à toute société qui veut vivre ». Sous le vague du propos, apparaissait bien le désir de « réconcilier tous les citoyens » face au péril socialiste. Mais n'était-ce pas rompre avec la tradition « républicaine »? Aussi le gouvernement, qui refuse les voix de la droite comme de la gauche, accepte-t-il un ordre du jour de confiance dans la volonté du gouvernement de « maintenir les lois républicaines et de défendre les droits de l'État laïque » : il obtient 280 voix contre 120. La droite et les ralliés[1] se sont partagés entre le vote hostile — il est le fait de seize intran-

1. Cf. notre article, « Droites et ralliés à la Chambre des députés au début de 1894 », *Revue d'histoire moderne et contemporaine*, avril-juin 1966, p. 117-135.

sigeants qui se joignent à l'extrême gauche —, l'abstention que choisissent quarante-cinq conservateurs, et le vote favorable qu'adoptent 18 députés; quelques anciens bonapartistes et une dizaine de ralliés. Une cinquantaine de radicaux ont voté contre le gouvernement avec les socialistes. Les autres se sont abstenus.

La majorité de centre chère au cœur de Casimir-Perier est donc fort étroite. Elle est menacée par la « coalition des partis extrêmes » que stigmatise Paul Deschanel et la surenchère que ceux-ci exercent sur les groupes proches d'eux. Le 22 mai 1894, Millerand et un monarchiste venu de l'œuvre des Cercles, de Ramel, réclament, contrairement au ministre des Travaux publics, Jonnart, que la loi de 1884 « s'applique aux ouvriers et employés des exploitations de l'État ». Le gouvernement eut contre lui 251 voix, pour lui 217. Si 37 députés de droite (dont 22 ralliés) avaient voté pour Casimir-Perier, dont ils approuvaient le conservatisme social, les autres s'abstinrent ou votèrent contre. Surtout, le gouvernement était abandonné par une partie des républicains modérés. Plus que son attitude en matière syndicale, ils désapprouvaient sa politique religieuse et étaient réticents devant l' « esprit nouveau ».

Pourtant Charles Dupuy qui revient aux affaires va s'appuyer sur la même majorité de centre. Celle-ci, après l'assassinat du président Carnot à Lyon par l'anarchiste Caserio, élit Casimir-Perier à la magistrature suprême. Dupuy fit voter une nouvelle loi contre les « théories anarchistes ». Elle transférait aux tribunaux correctionnels la « propagande anarchiste par voie de presse ». Les socialistes, la majorité des radicaux, l'extrême droite s'opposèrent en des débats houleux à ces mesures « scélérates ». Le gouvernement était harcelé par les socialistes et les radicaux, qui multipliaient interpellations et questions. Par crainte de perdre des électeurs de gauche, une frange des républicains modérés votait contre le gouvernement et s'efforçait de ne pas perdre le contact avec les radicaux. Le gouvernement Charles Dupuy succomba à son tour le 14 janvier 1895 aux attaques de Millerand sur l'application des conventions avec les compagnies de chemin de fer. La crise ministérielle se doubla d'une crise présidentielle ; le 15 janvier, Casimir-Perier, par un message, annonçait sa démission. Très vivement attaqué par les socialistes pour qui, actionnaire de la Compagnie d'Anzin, petit-fils du ministre de Louis-Philippe, il incarnait le capital, le président de la République supportait mal cette « campagne de diffamation et d'injures ». Il avait vu dans l'échec de Charles Dupuy le signe de la division de la majorité qui l'avait élu à l'Élysée. Surtout il ne pouvait s'accommoder du rôle dévolu par la pratique à la présidence de la République : « Je ne me résigne pas à comparer le poids des responsabilités morales qui pèsent sur moi et l'impuissance à laquelle je suis condamné. » La troisième crise présidentielle de l'histoire de la République se termina par l'appel à une personnalité de second plan, conformément à une tradition déjà établie. Au premier tour, Brisson eut les suffrages des radicaux et des socialistes, les modérés se divisèrent entre deux anciens gambettistes : Waldeck-Rousseau élu depuis peu au Sénat, après plusieurs années de retraite politique [1], et Félix Faure, le ministre de la Marine. Waldeck, peu connu des nouveaux députés progressistes, suspect d'autoritarisme, est distancé par Félix Faure, dont l'élégance rassure. Au second tour, celui-ci est élu par 430 voix contre 361 à Brisson avec l'appui d'une partie des conservateurs. Une nouvelle majorité se profilait.

Avant pourtant que ne se constitue un gouvernement soutenu par la droite, deux cabinets seraient nécessaires. Ils lèveraient tour à tour l'hypothèque d'un retour à la concentration et d'un gouvernement radical. Ribot tenta la concentration avec un « cabinet d'union républicaine ». Il fit voter des mesures d'amnistie, rompant avec la politique de Charles Dupuy. Le vote d'une loi fiscale taxant les congrégations, dite loi d'abonnement, affaire apparemment de peu d'importance, prit des proportions exceptionnelles. *La Croix*, organe des assomptionnistes, mena une campagne appelant à la résistance. Les « réfractaires » montèrent en épingle cette « persécution » pour démontrer la vanité du ralliement. Attaqué à droite, Ribot ne s'imposa pas à gauche. Il fut renversé le 28 octobre pour avoir refusé la publication d'un rapport sur le scandale d'une compagnie de chemin de fer. Une nouvelle fois, la collusion entre les affaires et la politique entraînait une crise ministérielle.

Léon Bourgeois forma un ministère homogène radical faute d'avoir le concours des modérés. Il n'avait de majorité à la Chambre qu'avec la tolérance d'une partie des républicains de gouvernement.

1. Cf. P. Sorlin (40).

Au Sénat, il était nettement en minorité. Le gouvernement comportait des figures nouvelles, Paul Doumer aux Finances, Émile Combes à l'Instruction publique et aux Cultes, Mesureur au Commerce. Huit membres du gouvernement étaient francs-maçons [1]. Bien que Bourgeois ajournât la perspective de la séparation et annonçât simplement une loi sur les associations préalable à un règlement des relations entre l'Église et l'État, il trouva l'hostilité résolue de la droite catholique. Celle-ci, hormis les rares démocrates chrétiens, n'est pas moins opposée, comme les républicains modérés, à l'impôt sur le revenu, seul point du programme radical que conserve Léon Bourgeois. Il souhaite par une réforme de la fiscalité corriger les inégalités sociales et mettre en œuvre une politique de solidarité dont il esquisse, dans un article de *la Nouvelle Revue* [2] qui eut un grand retentissement, les fondements. Il développe la théorie du quasi-contrat social, pour montrer la dette des privilégiés vis-à-vis des déshérités. L'impôt progressif, les lois d'assurance sociale et de protection ouvrière, l'arbitrage obligatoire sont les revendications qui découlent de cette doctrine. Mesureur annonça « un socialisme sage, pratique ». Les projets de réforme fiscale comportant la déclaration du revenu parurent ouvrir la voie à l'inquisition et au collectivisme. Le ministère fit simplement voter par la Chambre le principe de l'impôt sur le revenu. Encore un amendement de l'opposition rejetant la « déclaration globale et la taxation » ne fut-il rejeté que grâce aux voix des ministres. Lors de leur session de printemps, 55 conseils généraux marquèrent leur défaveur à l'encontre du projet; dès lors un certain nombre de députés hésitants abandonnèrent le gouvernement. Sans véritable majorité à la Chambre, celui-ci dut démissionner devant l'opposition du Sénat. Le conflit dura trois mois et posa un problème constitutionnel considérable : le Sénat avait-il le droit de renverser un gouvernement? La démission de Tirard en 1890, après un vote défavorable du Sénat, avait paru un prétexte et n'avait pas créé de précédent. En 1896, Léon Bourgeois fut contraint de démissionner par la Haute Assemblée. Comme il ne tenait pas compte des votes d'hostilité du Sénat, celui-ci ajourna le vote des

1. J. Kayser (21), p. 229.
2. Publié ensuite en volume : *Solidarité*, Paris, A. Colin, 1897.

crédits destinés à ramener le corps expéditionnaire de Madagascar. Les présidents des groupes de la majorité du Sénat affirmèrent : « Trois fois le Sénat, à des majorités considérables, a refusé sa confiance au ministère. Cependant, en violation de la loi constitutionnelle, ce ministère s'est maintenu au pouvoir... Nous ne refusons pas les crédits, mais nous ne pouvons pas les accorder au ministère actuel. » Léon Bourgeois démissionna; sans doute n'avait-il pas de majorité à la Chambre, mais par son geste il donnait au Sénat un pouvoir dont celui-ci ne manquerait pas d'user dans la suite de l'histoire de la IIIe République, et particulièrement après 1919.

Méline, l'ancien ministre de Ferry, l'homme de la politique protectionniste, forma un gouvernement homogène modéré. Deux anciens collaborateurs de Ferry figuraient dans le gouvernement : Rambaud à l'Instruction publique, Gabriel Hanotaux aux Affaires étrangères dont il avait déjà détenu le portefeuille sous Charles Dupuy. Barthou était à l'Intérieur. Le président du Conseil détenait le portefeuille de l'Agriculture. Le gouvernement aurait le soutien de la France des campagnes. Il trouva l'appui du Sénat et, à la Chambre, une majorité étroite, mais fort stable, qui se renforça pendant les 26 mois que dura le ministère. La raison de cette exceptionnelle stabilité est simple : les républicains de gouvernement, sauf le groupe de l'Union progressiste qui s'était rapproché des radicaux, acceptaient la rupture avec la gauche, bien plus, ils s'accommodaient de l'appui, ou de l'abstention favorable, de la droite, même non ouvertement ralliée à la République. C'est ainsi que le 12 mars 1898, lors d'une interpellation sur la politique générale du gouvernement, tous les députés de droite sauf une dizaine d'abstentionnistes votèrent pour le gouvernement qui obtint 295 voix contre 215. Aussi bien, Méline avait-il rejeté « l'anticléricalisme, où il voyait une tactique des radicaux pour tromper la faim des électeurs », et poursuivait-il l'apaisement. Certes il ne renonça pas à affirmer les droits de l'État en face de l'Église avec qui il eut des conflits mineurs. Il ne mit pas davantage en question les lois laïques, mais il ne poursuivit qu'avec lenteur la laïcisation des écoles publiques, il ferma les yeux sur le retour des congréganistes. Le rallié Jacques Piou put écrire par la suite : « De nouvelles fondations furent faites, et la propriété ecclésiastique prit même des proportions jusque-là inconnues »[1].

Soutenu par les partisans de la défense sociale, le gouvernement ne put même pas imposer un projet de réforme de l'impôt direct qui devait frapper les valeurs mobilières y compris la rente française. Tout au plus parvint-il à faire adopter plusieurs lois sociales conformes au programme des progressistes, dont la loi de 1898 sur la responsabilité des accidents du travail.

4. L'évolution des forces politiques

Face à la majorité modérée, l'opposition de gauche radicale et socialiste se fortifia. Ainsi se profile un reclassement des partis de grande conséquence. Le socialisme assure son implantation par la conquête de mairies : les élections municipales de 1896 sont un succès : Lille, Roubaix, Denain, Limoges, Montluçon, Commentry, Roanne, Firminy, Marseille, Toulon, Sète, Carmaux, Dijon, autant de villes qui demeurent ou deviennent socialistes. L'heure d'un socialisme municipal a sonné : guesdistes, vaillantistes, broussistes, indépendants, pratiquent un réformisme de fait, s'efforçant de développer les services publics, de recourir à une fiscalité démocratique. A l'initiative des républicains socialistes du XIIe arrondissement, dans la circonscription de Millerand, un banquet des municipalités socialistes réunit, sauf les allemanistes, tous les leaders du socialisme, Brousse, Guesde, Vaillant et les trois socialistes indépendants qui ont pris à la Chambre une place considérable, Jaurès, Millerand, Viviani. Millerand s'efforça de dresser les bases d'un programme commun. Il définit le socialisme par la « substitution nécessaire et progressive de la propriété sociale à la propriété capitaliste ». Il imagine donc un passage par étapes au socialisme. Les raffineries de sucre lui semblent l'exemple d'une industrie suffisamment concentrée et « mûre dès à présent pour l'appropriation sociale ». Il rassure en revanche les petits

1. *Le Comte Albert de Mun*, Paris, Spes, 1925, p. 176, et *le Ralliement*, Paris, Spes, 1928, p. 60.

propriétaires. La « conquête des pouvoirs publics » se fera par le suffrage universel, les « moyens révolutionnaires » sont écartés. De même que Millerand fond le courant démocratique et le courant socialiste, il ne sépare pas l'affirmation de l'internationalisme de l'attachement à la « patrie française, incomparable instrument de progrès matériel et moral ». Le discours de Saint-Mandé, dont le retentissement fut considérable, ne doit pas être mal interprété : malgré son ton rassurant, il inquiète au plus haut degré la bourgeoisie [1]. Bien que réformiste, il ne trouva pas sur le moment l'opposition des guesdistes. Ceux-ci ne s'orientaient-ils pas alors vers une voie parlementaire et réformiste [2]? Un premier pas était fait vers l'unité socialiste, vingt-huit socialistes de la Chambre approuvèrent une déclaration proche du discours de Saint-Mandé, les allemanistes restèrent à l'écart.

Les propos de Millerand, autant qu'aux socialistes, s'adressaient aux radicaux-socialistes et aux radicaux, alliés indispensables. Ébranlé par la crise boulangiste et l'affaire de Panama, le radicalisme change alors de visage. Selon le mot de Daniel Halévy, « le radicalisme moderne va naître ». S'il perd les grandes villes, il étend son audience dans la France rurale comme l'ont révélé les élections de 1893. Autre indice : les radicaux entrent au Sénat. A l'initiative de Combes, sénateur de la Charente, ils forment en 1891 le groupe de la « gauche démocratique», appelé à une longue histoire, qui réunit une quarantaine de sénateurs appartenant à la famille radicale. Celle-ci reste partagée entre une aile qui se proclame « radicale-socialiste » et une aile modérée, mais tous se réunissent dans l'anticléricalisme militant et le refus de la République « ouverte », de toute concession à la droite et aux ralliés. Face aux modérés, qui paraissent trahir la République, les radicaux vont entreprendre un effort nouveau d'organisation, regroupant les Fédérations et les comités des départements. En novembre 1894, de jeunes radicaux, René Renoult, collaborateur de Floquet, Klotz, rédacteur au *Voltaire*, qui n'ont pas atteint la trentaine [3], fondent le Comité central d'action républicaine. Patronné par

1. Sorlin, (40), p. 358.
2. C. Willard (118).
3. J. Kayser (21), p. 216.

les principaux parlementaires, Floquet, Brisson, Bourgeois, le Comité se propose une tâche de propagande et d'organisation. Il veut maintenir une liaison entre les comités radicaux dans le pays, les loges maçonniques, la presse locale d'inspiration radicale. Le Comité est infiniment plus dynamique que l'Association pour les réformes républicaines, qui réunit des parlementaires à l'initiative du député de la Seine, Mesureur. Les deux organisations fusionnent en novembre 1895 en un Comité d'action pour les réformes républicaines : il réunit 70 comités, 53 loges maçonniques, 62 journaux. On est aux origines de la constitution du parti radical.

Divisés sur les questions économiques et sociales, les radicaux vont attaquer Méline sur sa politique religieuse. « L'Église s'infiltre partout », s'écrie Léon Bourgeois à Château-Thierry en 1897. « C'est à Rome qu'aux prochaines élections se dresseront les listes panachées destinées à former à la Chambre une majorité de droite. » La lutte contre le cléricalisme, l' « Internationale noire », est le mot d'ordre que développent, inlassables, les orateurs radicaux. Les loges soutiennent cet effort : la maçonnerie glisse de l'opportunisme au radicalisme et le convent de septembre 1897 veut la fin du « gouvernement réactionnaire et clérical ». Brisson décrit les milles formes de l'hydre cléricale : « Ces comités électoraux répandus partout et obéissant au mot d'ordre des pères de l'Assomption, le journal *la Croix* multipliant ses éditions locales, enrôlant sous sa bannière avec le clergé des paroisses, toutes les congrégations d'hommes et de femmes et les mille confréries enfantées par l'imagination féconde de l'Église; les petits fonctionnaires surveillés, espionnés, terrorisés ou embrigadés; les gros incertains et inquiets[1]. » Bref l' « esprit nouveau » mène au retour de la Ligue... Discours profondément révélateur de la peur que suscite l'Église catholique et de la crainte d'un retour d'influence des notables vaincus après le 16 mai. Aussi bien, l'anticléricalisme, autant qu'une stratégie politique qui permet l'union des gauches et une orientation philosophique, est l'expression de l'idéal social du radicalisme : il fonde l'émancipation des petites gens vis-à-vis des notables traditionnels, de la « société », au sein de laquelle,

1. Cité par Lecanuet, *les Signes avant-coureurs de la séparation*, Paris, 1930, p. 110.

particulièrement en province, l'influence sociale du catholicisme est si considérable. L'anticléricalisme est démocratique et fait peuple. Face à la réaction qu'incarne Méline, les radicaux revendiquent le retour à la République laïque et militante bien plus qu'ils n'insistent sur l'impôt sur le revenu; la moitié seulement des élus radicaux en 1898 le réclament.

Face au dynamisme radical et socialiste, les « progressistes » sont mal à l'aise. S'ils ont la majorité à la Chambre, leur organisation dans le pays est quasi inexistante. Le Comité national républicain du Commerce et de l'Industrie [1], fondé en avril 1897, patronné par Deschanel, Siegfried, Poincaré, Waldeck, renforce l'évolution des modérés vers le protectionnisme, suscite brochures et réunions pour défendre le ministère Méline. Mais il s'agit avant tout d'un groupe de pression au service d'une politique. Une autre organisation va naître à l'initiative de la *Revue politique et parlementaire*, fondée en 1894 par un ancien professeur de droit, Marcel Fournier, pour donner une doctrine aux « partisans résolus de l'initiative privée ». La revue devient très vite l'organe de réflexion de la République modérée. Fournier qui s'est assuré de l'appui de Waldeck-Rousseau fonde en 1898 le Grand Cercle républicain, lieu de réunion et secrétariat politique à la fois, qui veut toucher la bourgeoisie du commerce et de l'industrie. Le Cercle recueille à peine un millier d'adhésions. La bourgeoisie de province boude ce regroupement, sauf dans l'Est et le Nord où l'industriel Eugène Motte, futur vainqueur de Guesde à Roubaix, lui donne son appui. Waldeck, lors de l'inauguration du Cercle le 22 mars 1898, exalte les principes de la Révolution française, face au socialisme. Il invite « à ne pas concevoir le progrès en dehors de la liberté ». Mais, ni dans l'élaboration d'un programme, ni dans la mise sur pied d'une organisation, le Grand Cercle républicain ne répondit aux espoirs de Waldeck, qui souhaitait un « grand parti compact, homogène, ayant des principes supérieurs et constants ». Le Centre ne sut constituer cette majorité solide de gouvernement à laquelle aspirait Waldeck, fidèle à la suprême pensée du gambettisme. S'il faut tenir compte du faible goût de cette famille politique pour l'organisation, il convient également d'observer que, dans leurs

1. P. Sorlin (40), p. 363 et 381.

circonscriptions, nombre de républicains modérés, en butte aux attaques des réactionnaires, ne veulent pas se couper du parti du mouvement, de la gauche. Méline disait « ni la révolution, ni la réaction ». Le soutien de la droite donna à croire à certains de ses amis politiques, sensibles aux campagnes des radicaux, que Méline risquait bien de favoriser la « réaction ».

L'attitude de la droite intransigeante ne pouvait que renforcer cette manière de voir. A la Chambre, la droite conservatrice et les ralliés appuient Méline. Mais les catholiques intransigeants voient là un marché de dupes : l'administration, s'indignent-ils, reste sectaire, les lois laïques demeurent intangibles. Le gouvernement ne satisfait pas les intérêts catholiques. Il ne s'engage pas non plus sur la voie des réformes sociales, souhaitées par les démocrates chrétiens et catholiques sociaux. Ainsi le ralliement, effectif à la Chambre, est bien moins visible dans le pays. « Réfractaires », ralliés du bout des lèvres qui n'acceptent, et avec quelles réticences, que le terrain constitutionnel, sans prononcer le mot de République, partisans d'une République chrétienne, qui rêvent d'abolir au plus tôt les lois scolaires et militaires, démocrates chrétiens qui acceptent la République, mais jugent socialement rétrograde le régime, républicains catholiques qui acceptent à titre d'hypothèse les lois laïques, au sein de ces courants divers entre lesquels se partagent les catholiques français l'emportent sans conteste ceux qui, acceptant sans plus la constitution, veulent changer la législation et faire l'union des catholiques sur le terrain de la défense religieuse. Telle est l'attitude de l'important groupe de presse animé par les pères de l'Assomption. Le réseau des diffuseurs de *la Croix* et de l'hebdomadaire populaire de grand tirage *le Pèlerin*, est mis à profit pour donner naissance à une organisation en vue des élections, les comités « Justice-Égalité ». Rien ne pouvait davantage inquiéter les républicains, modérés ou radicaux. La polémique antilaïque véhémente de *la Croix*, sa démagogie sociale anticapitaliste marquée d'un antisémitisme aux fondements économiques et religieux à la fois, les convainquent que l'Église, pour « ressaisir sa domination, se dit républicaine et même socialiste [1] ».

En vue des élections de 1898, Rome s'efforça de coordonner

1. Appel du Comité central d'action républicaine, 1894.

l'action des catholiques. Piou était desservi par sa timidité en matière sociale, son passé monarchiste. Léon XIII se tourna vers Étienne Lamy, républicain de toujours. A son appel, un certain nombre de groupements catholiques, des démocrates chrétiens et des amis de Lamy aux comités Justice-Égalité formèrent une Fédération électorale. Le programme était un compromis : « Acceptation loyale du terrain constitutionnel, réforme, en ce qu'elles ont de contraire au droit commun et à la liberté, des lois dirigées contre les catholiques, entente avec tous ceux qui veulent un régime de paix, dans la liberté et la justice. » Lamy avait dû composer avec ses alliés les plus puissants : les comités Justice-Égalité. Il engagea même des négociations infructueuses avec Méline sur les lois scolaires. Coalition hétérogène, la Fédération électorale éclata rapidement. L'épisode confirmait deux données capitales : l'extraordinaire division des catholiques, l'hostilité du plus grand nombre des catholiques militants (il en allait autrement des simples pratiquants ou des catholiques de tradition) aux lois laïques. Dès lors que la République s'identifiait à la laïcité, le ralliement ne pouvait qu'être un échec, les élections de 1898 le confirmeraient. En fait, les initiatives de Léon XIII avaient eu pour conséquence principale de mettre fin aux fidélités monarchiques. La défense catholique devenait désormais l'un des thèmes majeurs de la droite.

Ainsi, conjonction des centres au Parlement, le ralliement se heurtait-il dans le pays à la lutte des blocs et à l'hostilité de la droite et de la gauche sur la question religieuse.

5. Les ambitions extérieures

La République modérée poursuivit le renforcement de l'armée et mit fin à l'isolement international de la France. Ce faisant, comme l'a fort bien vu Jacques Bainville [1], elle apaisait cette anxiété d'où était né le boulangisme. Celui-ci contraignit les hommes de gouvernement à un intérêt accru pour la défense nationale. Cette œuvre

1. *La IIIe République*, Paris, Fayard, 1935, p. 153-154.

militaire fut, pendant près de cinq ans, de mars 1888 à janvier 1893, sous la responsabilité du même ministre de la Guerre, Freycinet, l'ancien délégué de Gambetta à la Défense nationale. Amélioration de l'armement : mise en service du fusil Lebel, du canon de 75 en 1897, organisation du haut commandement et des réserves, tels sont les points les plus apparents d'une œuvre continue qu'exalte Freycinet le 9 septembre 1891 à l'issue des manœuvres de Champagne. Elle atteste à ses yeux « que le gouvernement de la République, malgré des changements de surface, est capable de longs desseins dans l'accomplissement des œuvres nationales ». Freycinet tenait ces propos quelques jours après qu'une « situation nouvelle » eut été créée sur le plan diplomatique par l'accord franco-russe du 27 août.

Après la démission de Bismarck, en mars 1890, le gouvernement allemand a renoncé au maintien du traité de « réassurance » avec la Russie, « trait essentiel de la politique bismarckienne » (P. Renouvin). Dès lors le gouvernement du tsar, non sans lenteur et hésitation, va se tourner vers la République française, dont il n'apprécie pourtant guère le régime, même s'il se félicite de voir les emprunts russes souscrits sur le marché français, à partir de novembre 1888 et de la fermeture par Bismarck du marché financier allemand aux emprunts russes. Depuis des années, les banques françaises et notamment le Crédit lyonnais [1] s'intéressaient aux « grandes affaires » russes. Les initiatives des établissements de crédit servent la politique du gouvernement français qui recourt à l'arme financière. Pour mettre fin aux atermoiements de la Russie, le gouvernement français en mai 1891 fait pression sur la banque Rothschild afin de faire échouer une demande d'emprunt [2]. Le renouvellement de la Triple Alliance entre l'Allemagne, l'Autriche-Hongrie et l'Italie, en mai 1891, l'annonce par le gouvernement italien de l'existence, depuis 1887, d'un « accord méditerranéen » qui associe l'Angleterre, l'Italie, l'Autriche-Hongrie, déterminent le gouvernement russe à passer d'une simple bonne entente à un accord précis. Le gouvernement français souhaite obtenir une convention mili-

1. J. Bouvier (59) et R. Girault (122).
2. Cf. sur tout ceci, la mise au point lumineuse de P. Renouvin, (12), p. 22-127.

taire comportant un engagement automatique de mobilisation face à toute mobilisation de la Triplice. L'échange de lettres du 27 août 1891 prévoit seulement que les deux gouvernements se concerteront en cas de menace à la paix. Le gouvernement russe ne veut pas prendre d'engagement militaire précis. Le tsar consent enfin à une négociation.

Le 18 août 1892, le général de Boisdeffre signe avec le chef d'état-major russe une convention militaire tenue secrète. La France obtient la mobilisation « simultanée et automatique » sans « concert préalable ». Mais elle accepte de mobiliser, même si l'Autriche-Hongrie seule mobilisait contre la Russie. Certes l'entrée en guerre n'est prévue qu'en cas d'attaque venant de l'Allemagne, il demeure que le gouvernement français, pour obtenir la signature de la convention, prend un risque en cas de conflit austro-russe. Pourtant le tsar qu'inquiètent de nouvelles initiatives allemandes hésite encore. C'est le 27 décembre 1893 qu'il adopte définitivement la convention. En octobre, l'escadre russe s'était rendue à Toulon, témoignant devant l'opinion de la réalité de l'alliance. L'évolution de la politique allemande avait permis au gouvernement français d'obtenir cette alliance russe à laquelle Gambetta avait songé. L'ampleur des emprunts russes sur le marché français [1] avait servi considérablement la diplomatie française. La France abandonnait l'isolement où elle demeurait depuis 1871 et trouvait une alliance de revers. En même temps qu'est conclue l'alliance franco-russe, les relations franco-allemandes paraissent s'améliorer, après la phase de tension qui correspond à la crise boulangiste. L'idée de la « revanche » recule. Les raisons de cette évolution sont diverses : le souvenir de défaite s'éloigne. En 1890, arrivent à l'âge d'homme les générations qui n'ont pas connu le désastre. En Alsace-Lorraine, l'autonomisme l'emporte à partir des élections de 1893, en 1898 douze des quinze députés élus au Reichstag disent leur « loyalisme » vis-à-vis de l'empire allemand. Les « provinces perdues » n'offrent plus l'image de la protestation, même si l'attachement affectif à

1. Les capitaux prêtés à la Russie par l'épargne française atteignent 1,4 milliard au 1er janvier 1889, 5,7 milliards au 1er janvier 1892, 10,6 au 1er janvier 1895. Cf. R. Girault, « Sur quelques aspects financiers de l'alliance franco-russe », *Revue d'histoire moderne et contemporaine*, janvier-mars 1961.

la mère patrie demeure. L'acceptation de l'état de fait, en Alsace-Lorraine comme en France, prévaut. Pour autant, la question d'Alsace-Lorraine n'a pas disparu : elle demeure présente à l'inconscient collectif. Nul gouvernement ne pourrait renoncer explicitement à l'Alsace-Lorraine. Celle-ci reste l'obstacle à un rapprochement franco-allemand.

Pourtant, dans les années de la République modérée, le personnel gouvernemental ne répugne pas à une telle éventualité, qui assurerait la liberté d'action de la France outre-mer, où elle rencontre avant tout l'hostilité de la Grande-Bretagne [1]. Gabriel Hanotaux, qui est de 1894 à 1898 ministre des Affaires étrangères, reconnaît « la nécessité d'une collaboration avec l'Allemagne » (P. Renouvin), sans que l'on puisse dire nettement s'il voit là un « mouvement tournant » ou l'amorce de plus amples développements. Hanotaux interprète du reste de façon stricte l'alliance franco-russe, et se refuse à donner à la Russie un appui autre que diplomatique dans les questions balkaniques. Cependant le refus du gouvernement français de reconnaître le « fait accompli » de 1871 interdit à une politique de rapprochement de prendre corps. Significatives sont les réactions de l'opinion : lorsqu'en juin 1895, le gouvernement français envoie des navires de guerre pour assister à l'inauguration du canal de Kiel, il doit se défendre de son initiative devant les attaques des nationalistes et des radicaux, voire d'un socialiste comme Millerand. Ce dernier évoque la « justice immanente » tandis que Goblet dénonce la « violation du droit international lors de l'annexion de l'Alsace-Lorraine [2] ».

Dans les années qui suivent la chute de Ferry, pendant la crise boulangiste, l'expansion coloniale connaît un temps d'arrêt. Aussi bien la tension franco-allemande de 1887 marque-t-elle le retour des préoccupations continentales. A partir de 1890, le climat change. C'est dans les années de la République modérée que naît le « parti colonial ». Le terme, employé couramment, désigne les groupes divers intéressés au développement de la colonisation. En novembre

1. « Les Anglais ... sont les vrais bénéficiaires de la situation créée par la question d'Alsace », écrit en 1898 le *Bulletin du Comité de l'Afrique française* qui invite à « chercher sur ce continent » la sécurité ou même des appuis afin d'éviter « de dangereuses aventures » en Asie et en Afrique.
2. 19 juin 1895.

1890, a été créé le Comité de l'Afrique française qui associe hommes politiques, intellectuels, officiers « pour développer l'influence et le commerce français ». En 1895 est fondée l'Union coloniale, qui réunit des hommes d'affaires et des « praticiens de la vie économique aux colonies ». C'est en 1892 qu'est fondé à la Chambre un « groupe colonial ». Il est présidé par Eugène Étienne [1], fils d'officier, député d'Oran, ancien gambettiste, l'incarnation même de la politique d'expansion. L'un des vice-présidents du groupe est le prince d'Arenberg, président du Comité de l'Afrique française et du conseil d'administration du canal de Suez. Un autre vice-président est le député et hommes d'affaires marseillais Charles-Roux. Le groupe compte alors 91 députés, issus pour les deux tiers des groupes du centre [2]. Il suit les questions coloniales à la Chambre, constituant un véritable groupe de pression. Ses effectifs vont s'accroître et son poids auprès des ministres des colonies sera déterminant. Le Comité de l'Afrique française organise des conférences, subventionne des missions scientifiques ou d'exploration en Afrique. Il exalte les raisons patriotiques de l'expansion. L'Union coloniale s'attache d'abord à la défense des intérêts économiques. Son premier président, Mercet, administrateur du Comptoir d'escompte, s'adressant au ministre des Colonies, Delcassé, déplore que, jusque-là, commerçants et industriels aux colonies n'aient pas été « encouragés ». Il se félicite de l'abandon de ces « errements déplorables », indice parmi d'autres des bonnes relations du « parti colonial » avec le personnel gouvernemental.

Ces organismes ne sont pas les seuls à agir sur l'opinion. Les sociétés de géographie sont en plein développement. L'exposition de 1889 fait une large place aux colonies. Les thèmes exotiques connaissent une fortune croissante dans la littérature. L'opinion publique évolue vis-à-vis de la colonisation. Celle-ci ne suscite plus l'hostilité qu'elle rencontrait dix ans plus tôt. La création de l'armée coloniale en 1893 évite au contingent les campagnes outre-mer. La fin de l'isolement depuis l'alliance russe ne rend plus indispensable de garder les yeux fixés sur la « ligne bleue des

1. Cf. Herward Sieberg, *Eugène Étienne und die französische Kolonialpolitik (1887-1904)*, Cologne, 1968.
2. Cf. Henri Brunschwig (10), p. 111-137.

Vosges ». Le nationalisme ne limite plus ses perspectives à l'horizon continental. La droite conservatrice hostile à la colonisation devient favorable aux entreprises outre-mer. Cette évolution est inséparable à la fois du glissement de la droite vers le nationalisme et de son acceptation progressive de la République. Le prince d'Arenberg est un des principaux ralliés. Les catholiques, qu'ils acceptent ou non la République, sont acquis à la cause de l'expansion française outre-mer. Elle sert la cause des missions : en cette fin du XIXe siècle, les deux tiers du total des missionnaires dans le monde sont français [1]. Adhérer à l'œuvre de la France outre-mer est une manière d'affirmer son patriotisme tout en condamnant l'œuvre de laïcité dans la métropole.

L'action du parti colonial, et particulièrement celle d'Étienne qui fut sous-secrétaire d'État aux colonies de février 1889 à février 1892, de Gabriel Hanotaux qui demeura quatre ans au Quai d'Orsay, de Delcassé, l'ancien collaborateur de *la République française*, ministre des Colonies en 1894 [2], détermina une reprise de l'expansion dont, sans faire l'histoire, il faut rappeler les étapes. Les années 1890-1893 sont décisives pour la création de l'Afrique occidentale française [3]. Le rôle d'Étienne qui a une vision impériale de l'Afrique française est déterminant. Le Soudan est conquis après les campagnes contre Ahmadou (1890-1893) et Samory (1891-1898), puis le Togo et le Dahomey entre la Côte de l'Or et la Nigeria britannique. A Madagascar, une campagne coûteuse en 1895 substitue au demi-protectorat de 1885 un véritable traité. Les révoltes de 1896 conduisent à l'annexion. Alliant la fermeté à la souplesse, Gallieni pacifie la Grande Ile. Dans cette expansion, la France rencontre les ambitions de l'Angleterre. Lorsque Hanotaux est ministre des Affaires étrangères, au risque d'un conflit, la mission Marchand est envoyée en direction du bassin du Nil [4]...

En quelques années s'est édifié un vaste empire, œuvre d'une minorité de coloniaux : missionnaires, commerçants, militaires désireux de fuir la vie médiocre des garnisons de la métropole. Celle-ci

1. Selon Mgr Baunard, *Un siècle de l'Église de France*, p. 433, les missionnaires français dans le monde sont 70 114, dont 17 184 hommes.
2. C'est alors que naît le ministère des Colonies.
3. Renvoyons aux mises au point de J. Ganiage (11).
4. Marchand prend Fachoda le 10 juillet 1898.

a laissé faire, dans une relative indifférence nuancée de curiosité qui a succédé à l'hostilité passionnée des années 80. Les observateurs lucides constatent que l'entreprise n'est pas rentable et que les colonies achètent davantage à l'étranger qu'à la métropole. Leur place dans la vie française reste faible. Sans doute le principal atout des coloniaux est-il d'avoir dérivé vers leur cause toute une part du courant nationaliste.

Conclusion

Le premier chapitre de ce livre s'intitule « La fin des notables », et sans doute fallait-il, avec Daniel Halévy, dire la mutation que représente la victoire des républicains sur les hiérarchies sociales traditionnelles. Pourtant les limites de cette mutation sont évidentes : les élites sociales ne changent guère. Le personnel politique lui-même ne se démocratise que fort lentement : en 1900 encore, on ne compte qu'une trentaine de députés d'origine sociale modeste. Avant 1898, le nombre de députés originaires de la moyenne ou de la petite bourgeoisie est inférieur au tiers. Entre 1871 et 1898, plus des deux tiers des parlementaires ont bénéficié d'une instruction supérieure, critère d'appartenance à la bourgeoisie [1]. C'est seulement avec les élections de 1902 et la victoire des radicaux que le personnel politique va s'ouvrir plus largement à la petite bourgeoisie et aux classes moyennes. Cette transformation va de pair avec la naissance de partis politiques au sens moderne du terme, avec l'entrée dans l'ère des masses et des organisations, avec le poids croissant du socialisme et du nationalisme.

Ces réalités du premier tiers du XXe siècle se profilent simplement dans la France du dernier quart du XIXe siècle, celle de Gambetta, de Ferry, de Méline. La République parlementaire, la République bourgeoise surmonte les crises, forte d'un large assentiment, et d'abord du soutien du monde rural. La stabilité du régime, par-delà l'instabilité des ministères, exprime-t-elle, comme on l'a parfois suggéré, l'immobilisme de l'économie et de la société? Même si ce

1. Cf. les travaux de M. Dogan et notamment son important article, « Les filières de la carrière politique en France », *Revue française de sociologie*, octobre-décembre 1967, p. 468-492.

dernier diagnostic était pleinement exact, il resterait à mettre en évidence le lien de l'économique et du social au politique. Au vrai ce type d'explication, qui comporte assurément quelque vérité, néglige peut-être l'essentiel. Le succès d'un système politique tient d'abord à des raisons politiques. La République parlementaire, méfiante devant les pouvoirs, attentive aux droits et aux libertés de l'individu, incarnait bien l'idéal dominant. Longtemps elle ne se soucia guère des questions sociales, mais seules des minorités, à l'extrême gauche ou à l'extrême droite, lui en firent reproche.

Dans *l'Orme du mail*, écrit par Anatole France dans les dernières années de l'opportunisme, l'universitaire, M. Bergeret, confesse la raison de son attachement à la République : « Elle gouverne peu, je serais tenté de l'en louer plus que de tout le reste. » Cette France libérale est désireuse de s'émanciper de la tutelle des autorités sociales traditionnelles et de l'Église. Par là elle est la fille de la Révolution, guère plus éloignée d'elle que nous ne le sommes de Gambetta. D'autres souvenirs l'ont durablement marquée, ceux du 2 Décembre et du 16 Mai, qui fondent l'hostilité au « pouvoir personnel » et la crainte de l'autorité. Autorité et démocratie sont désormais deux notions antagonistes. Cela est grave pour l'avenir, mais les contemporains n'en ont pas vraiment cure. Jusqu'à la fin du siècle, la République ne fut pas affrontée à des problèmes si graves qu'elle n'ait pu les résoudre, et les valeurs sur lesquelles elle reposait — l'instruction, le progrès, le régime parlementaire, le libéralisme, la patrie enfin — demeurèrent l'objet d'une large adhésion.

Chronologie sommaire

1871	16 avril	Loi municipale.
	15 avr.-11 juill.	Lois sur la presse.
	10 mai	Traité de Francfort.
	21-28 mai	La Semaine sanglante.
	29 juin	Revue de Longchamp.
	2 juillet	Élections partielles à l'Assemblée nationale.
	6 juillet	Publication du manifeste du comte de Chambord.
		Échec de la fusion.
	29 août	Loi sur les conseils généraux.
	31 août	Loi Rivet définissant les pouvoirs de Thiers.
	23 décembre	Naissance de l'œuvre des Cercles catholiques d'ouvriers.
		E. Renan : *la Réforme intellectuelle et morale.*
1872	14 mars	Loi contre l'Internationale.
	30 mars-25 avr.	Adresses des conseils généraux à Thiers.
	29 juin	Convention fixant l'évacuation des départements occupés.
	juillet	Tarifs protecteurs.
	27 juillet	Loi militaire (service de cinq ans).
	26 septembre	Discours de Gambetta à Grenoble.
	6 octobre	Pèlerinage national à Lourdes.
		Jules Verne : *le Tour du monde en 80 jours.*
1873	7 janvier	Mort de Napoléon III.
	15 mars	Convention d'évacuation du territoire.
	28 avril	Élection de Barodet à Paris.
	24 mai	Démission de Thiers. Mac-Mahon président de la République. Broglie vice-président du Conseil.
	24 juillet	Loi déclarant d'utilité publique l'érection d'un sanctuaire à Montmartre.
	16 septembre	Libération du territoire.
	sept.-octobre	Tentative de restauration.
	19 novembre	Loi du septennat.
		Rimbaud : *Une saison en enfer.*
1874	16 mai	Broglie renversé par la coalition des extrêmes.
	22 mai	Cissey vice-président du Conseil.

		Monet : *Impression, soleil levant*. César Franck : *Rédemption*.
1875	30 janvier	Amendement Wallon.
	24 février	Loi sur le Sénat.
	25 février	Loi sur l'organisation des pouvoirs publics.
	10 mars	Buffet vice-président du Conseil.
	12 juillet	Loi relative à la liberté de l'enseignement supérieur.
	16 juillet	Loi sur les rapports des pouvoirs publics.
1876	30 janvier	Élections sénatoriales.
	20 fév.-5 mars	Élections législatives.
	9 mars	Dufaure président du Conseil.
	2-10 octobre	Premier congrès ouvrier à Paris.
	12 décembre	Ministère Jules Simon.
		Mallarmé : *l'Après-midi d'un faune*.
1877	4 mai	Discours de Gambetta contre le cléricalisme.
	16 mai	Renvoi de Jules Simon.
	17 mai	Gouvernement Broglie.
	30 mai	Manifeste des 363.
	25 juin	Dissolution de la Chambre.
	14-28 octobre	Élections législatives.
	23-24 novembre	Ministère Rochebouët.
	13 décembre	Second ministère Dufaure.
1878	6 janvier	Renouvellement des conseils municipaux.
	12 avril	Amnistie pour les délits de caractère politique de la période du 16 mai.
	mai	Ouverture de l'exposition universelle.
	mai	Début du plan Freycinet.
1879	5 janvier	Élections sénatoriales.
	30 janvier	Démission de Mac-Mahon. Élection de Grévy.
	4 février	Ministère Waddington.
	21 juin	Révision constitutionnelle. Retour des chambres à Paris.
		Mort du prince impérial.
	9 août	Loi Paul Bert sur les écoles normales.
	20 octobre	Congrès socialiste de Marseille.
	28 décembre	Ministère Freycinet.
1880	27 février	Loi sur le Conseil supérieur de l'Instruction publique.
	9 mars	Rejet de l'article 7 par le Sénat.
	18 mars	Loi sur la collation des grades et la liberté de l'enseignement supérieur.
	29 mars	Décrets contre les congrégations non autorisées.
	juin	Exécution des décrets.
	juillet	Amnistie des communards.
	12 juillet	Loi supprimant l'obligation du repos dominical.

	14 juillet	Célébration officielle de la fête nationale.
	25 septembre	Ministère Ferry.
	21 décembre	Loi sur l'enseignement secondaire des jeunes filles.
		Rodin : *le Penseur.*
1881	12 mai	Protectorat en Tunisie.
	16 juin	Loi sur la gratuité de l'enseignement primaire.
	30 juin	Loi sur les réunions publiques.
	29 juillet	Loi sur la presse.
	21 août-4 sept.	Élections législatives.
	14 nov. 1881-26 janv. 1882	Ministère Gambetta.
1882	19 janvier	Krach de l'Union générale.
	30 janvier	Ministère Freycinet.
	28 mars	Loi sur l'enseignement obligatoire et la laïcité de l'enseignement.
	29 juillet	Chute du gouvernement à propos de l'intervention en Égypte.
	7 août	Ministère Duclerc.
	septembre	Congrès de Saint-Étienne. Les guesdistes se séparent des possibilistes.
	31 décembre	Mort de Gambetta.
1883	29 janvier	Ministère Fallières.
	21 février	Deuxième ministère Ferry.
	juillet	Ratification par la Chambre des conventions avec les compagnies de chemin de fer.
	23 août	Protectorat sur l'Annam.
	24 août	Mort du comte de Chambord.
1884	21 mars	Loi sur les syndicats professionnels.
	5 avril	Loi municipale.
	27 juillet	Loi sur le divorce.
	14 août	Revision constitutionnelle.
		Ouverture du salon des Indépendants.
1885	28 mars	Droits protecteurs sur les blés.
	30 mars	Chute de Ferry.
	6 avril	Ministère Brisson.
	9 juin	Traité de T'ien-tsin. La Chine renonce à l'Annam.
	4-18 octobre	Élections législatives au scrutin de liste.
		Zola : *Germinal.*
		Pasteur inocule le premier vaccin contre la rage.
1886	7 janvier	Troisième ministère Freycinet. Boulanger à la Guerre.
	janvier	Grève de Decazeville.
	13 mars	Interpellation sur la grève de Decazeville.

	29 mars	Naissance de l'Association catholique de la jeunesse française.
	22 juin	Loi interdisant le séjour en France aux chefs des familles ayant régné sur la France.
	11-16 octobre	Premier congrès de la Fédération des syndicats à Lyon.
	30 octobre	Loi laïcisant le personnel des écoles publiques.
	11 décembre	Ministère Goblet.
		Drumont : *la France juive*. Rimbaud : *les Illuminations*.
1887	20-30 avril	Affaire Schnaebelé.
	30 mai	Ministère Rouvier. Boulanger quitte le ministère.
	2 décembre	Démission de Grévy après le scandale des décorations.
	3 décembre	Élection de Sadi Carnot.
	12 décembre	Premier ministère Tirard.
		Antoine fonde le Théâtre libre.
1888	15 mars	Boulanger mis en non-activité par retrait d'emploi.
	3 avril	Ministère Floquet.
	15 avril	Boulanger député du Nord.
	Décembre	Premier emprunt russe sur la place de Paris.
1889	27 janvier	Élection de Boulanger à Paris.
	13 février	Rétablissement du scrutin d'arrondissement.
	22 février	Deuxième ministère Tirard.
	1er avril	Fuite de Boulanger à Bruxelles.
	15 juillet	Loi militaire de trois ans.
	22 sept.-6 oct.	Élections législatives.
		Exposition universelle. La Tour Eiffel.
		P. Bourget : *le Disciple*.
1890	17 mars	Quatrième ministère Freycinet.
	octobre	Congrès de Châtellerault. Scission allemaniste.
	12 novembre	« Toast d'Alger » du cardinal Lavigerie.
1891	1er mai	Incidents de Fourmies.
	15 mai	Encyclique *Rerum novarum*.
	23 juillet	Visite de la flotte française à Cronstadt.
1892	11 janvier	Tarif douanier.
	20 janvier	Déclaration des cardinaux français.
	7-8 février	Congrès constitutif de la Fédération des bourses du travail à Saint-Étienne.
	20 février	Encyclique *Au milieu des sollicitudes*.
	27 février	Ministère Loubet.
	juillet	Convention militaire franco-russe,
	19 novembre	Interpellation Delahaye sur l'affaire de Panama.
	6 décembre	Ministère Ribot.

1893	mars	Création de la Droite républicaine.
	4 avril	Ministère Charles Dupuy.
	20 août et 3 sept.	Élections législatives.
	3 décembre	Ministère Casimir Périer.
1894	30 mai	Deuxième ministère Charles Dupuy.
	24 juin	Assassinat du président Carnot.
	27 juin	Élection de Casimir-Périer à la présidence de la République.
	17 et 27 juillet	Lois « scélérates » contre les anarchistes.
	17-22 septembre	Le Congrès corporatif de Nantes adopte le principe de la grève générale.
	décembre	Condamnation de Dreyfus.
1895	17 janvier	Élection de Félix Faure à la présidence de la République.
	26 janvier	Ministère Ribot.
	23-28 septembre	Congrès constitutif de la CGT à Limoges.
	1er octobre	Protectorat de la France sur Madagascar.
	1er novembre	Ministère Léon Bourgeois.
1896	29 avril	Ministère Méline.
	24 mai	Congrès ouvrier chrétien à Reims.
	30 mai	Discours de Millerand à Saint-Mandé.
	10 juillet	Loi relative à la constitution des universités.
	24 août	Congrès ecclésiastique de Reims.
1897		Barrès : *les Déracinés.*
	décembre	Congrès démocrate chrétien de Lyon.
1898	14 janvier	É. Zola : *J'accuse.*
	8 et 22 mai	Élections législatives.
	10 juillet	Le capitaine Marchand s'installe à Fachoda.

Orientation bibliographique

Il a fallu se résoudre à des choix sévères pour ne pas dépasser un seuil d'environ 120 titres. Les travaux récents comportent d'ordinaire d'importantes bibliographies auxquelles le lecteur peut se reporter. On a fait figurer, toutefois, certains classiques dont la consultation directe demeure fort profitable. Les articles de revue n'ont été cités en bibliographie que dans des cas exceptionnels.

INSTRUMENTS DE TRAVAIL ET SOURCES

On ne donnera pas ici une présentation des diverses sources statistiques, qu'il suffise de renvoyer aux articles de F. Crouzet (64), et de M. Lévy-Leboyer (71).

On trouvera un riche choix de cartes dans l'*Atlas historique de la France contemporaine*, dirigé par R. Rémond (Paris, A. Colin, 1966).

Pour une chronique des événements, la collection de référence est, à partir de 1874, *l'Année politique*, d'André Daniel (pseudonyme d'A. Lebon). Elle reproduit de nombreux documents. Elle est favorable à l'opportunisme.

On utilisera aussi les *Tables* en cours de publication du quotidien *le Temps* (Paris, CNRS). Cette œuvre monumentale, dirigée par P. Albert, est arrivée à la fin du siècle.

Sur le personnel parlementaire, il faut toujours recourir au *Dictionnaire des parlementaires*, de A. Robert, E. Bourloton et G. Cougny (5 tomes, Paris, 1891), poursuivi pour les législatures à partir de 1889 par J. Jolly, 8 tomes, Paris, PUF, 1960-1977.

La troisième partie du *Dictionnaire biographique du mouvement ouvrier français*, dirigé par J. Maîtron, est consacrée à la période 1871-1914 (Paris, Éd. ouvrières).

L'encyclopédie *Catholicisme*, dirigée par G. Jacquemet, comporte de nombreuses notices biographiques sur les personnalités du catholicisme français ; en cours d'achèvement (Paris, Letouzey).

Il ne saurait être question de mentionner ici les très nombreuses publications de discours, de souvenirs ou de correspondances. Un grand nombre d'entre elles figurent dans la bibliographie de P. Sorlin (40), et dans celle de P. Barral (42).

On indiquera simplement quatre publications qui ont fait l'objet d'une édition critique :

a. Gambetta, *Lettres,* publiées par D. Halévy et É. Pillias, Paris, Grasset, 1938.

b. Charles de Lacombe, *Journal politique,* 2 t., Paris, A. Picard, 1907 et 1908 (essentiel sur l'Assemblée nationale).

c. Bernard Lavergne, *Les Deux Présidences de Jules Grévy, 1879-1887,* Paris, Fischbacher, 1966, notes et commentaires de J. Elleinstein.

d. Charles de Rémusat, *Mémoires de ma vie,* 5 t., Paris, Plon, 1967, publiés par Ch.-H. Pouthas.

ÉTUDES GÉNÉRALES

1. R. D. Anderson, *France 1870-1914. Politics and Society,* Routledge & Kegan, Londres, 2e édition (mise au point précise qui comporte une excellente bibliographie), 1984.

2. G. Chapman, *The Third Republic of France, the First Phase, 1871-1894,* Londres, Mac Millan, 1962.

3. J. Chastenet, *Histoire de la IIIe République,* Paris, Hachette.

I. *L'Enfance de la IIIe République, 1870-1879,* 1952.

II. *La République des républicains, 1879-1893,* 1954.

III. *La République triomphante, 1893-1906,* 1955.

4. G. Duby, *Histoire de la France* III, Paris, Larousse, 1972, contributions de J. Bouvier, G. Dupeux, P. Joutard.

5. G. Hanotaux, *Histoire de la France contemporaine (1871-1900).* Paris, Combet, 1908.

I. *Le Gouvernement de M. Thiers.*

II. *La Présidence du maréchal de Mac-Mahon. L'échec de la monarchie.*

III. *La Présidence du maréchal de Mac-Mahon. La Constitution de 1875.*

IV. *La République parlementaire.*

[FONDÉS SUR DE NOMBREUX TÉMOIGNAGES ORAUX ET MAINTES ARCHIVES PRIVÉES, CES OUVRAGES RESTENT ESSENTIELS POUR LA CONNAISSANCE DES DÉBUTS DU RÉGIME.]

6. J.-M. Mayeur, « La France bourgeoise devient laïque et républicaine », contribution au tome V de l'*Histoire du peuple français,* Paris, Nouvelle Librairie de France, 1964 (réédition, 1989).

6bis. P. Nora, *Les Lieux de mémoire.* I. *La République,* Paris, Gallimard, 1984.

6ter. C. Nicolet, *L'Idée républicaine en France,* essai d'histoire critique, Gallimard, 1982.

7. Ch. Seignobos, *Le Déclin de l'Empire et l'établissement de la IIIe République, 1859-1875,* Paris, Hachette, 1921.

8. Ch. Seignobos, *L'Évolution de la IIIe République, 1875-1914,* Paris, Hachette, 1921.

[LES NOS 7 ET 8 SONT LES TOMES VII ET VIII DE L'*HISTOIRE DE LA FRANCE CONTEMPORAINE,* DIRIGÉE PAR E. LAVISSE. CES DEUX VOLUMES DEMEURENT FONDAMENTAUX.]

9. C. Charle, *Histoire sociale de la France au XIXe siècle,* Paris, Seuil, 1991 (mise au point judicieuse, importante bibliographie).

SUR DIVERS PROBLÈMES

1. Relations internationales et expansion coloniale

10. H. Brunschwig, *Mythes et Réalités de l'impérialisme colonial français, 1871-1914,* Paris, A. Colin, 1960.

11. J. Ganiage, *L'Expansion coloniale de la France sous la IIIe République, 1871-1914,* Paris, Payot, 1968.

11bis. J. Meyer et *alii, Histoire de la France coloniale,* I. *Des origines à 1914,* Colin, 1991.

12. P. Renouvin, *Histoire des relations internationales,* Paris, Hachette.

VI. *Le XIXe siècle, de 1871 à 1914,* 1955.

12bis. P. Guillen, *L'Expansion (1881-1898),* Paris, Imprimerie Nationale, 1985.

2. Problèmes et forces politiques

13. M. Agulhon, *Marianne au combat. L'Imagerie et la Symbolique républicaine de 1789 à 1880,* Paris, Flammarion, 1979.

M. Agulhon, *Marianne au pouvoir. L'Imagerie et la Symbolique républicaine de 1880 à 1914,* Paris, Flammarion, 1989.

14. J.-J. Chevallier, *Histoire des institutions et des régimes politiques de la France de 1789 à nos jours,* Paris, Dalloz, 1986 (réédition).

15. A. Dansette, *Histoire des présidents de la République. De Louis-Napoléon Bonaparte à Georges Pompidou,* Paris, Plon, 1981.

16. C. Digeon, *La Crise allemande de la pensée française, 1870-1914,* Paris, PUF, 1959.

16bis. J. Estèbe, *Les Ministres de la République (1871-1914),* Paris, FNSP, 1982.

17. R. Girardet, *Le Nationalisme français, 1871-1914,* Le Seuil, « Points Histoire », 1983.

18. R. Girardet, *L'Idée coloniale en France,* Paris, La Table ronde, 1971.

18bis. P. Guiral, G. Thuillier, *La Vie quotidienne des députés en France de 1871 à 1914,* Paris, Hachette, 1980.

19. F. Goguel, *Géographie des élections françaises,* Paris, A. Colin, 1970 (nouvelle édition).

20. F. Goguel, *La Politique des partis sous la IIIe République,* Paris, Le Seuil, 1946.

21. J. Kayser, *Les Grandes Batailles du radicalisme, des origines aux portes du pouvoir, 1820-1901,* Paris, Rivière, 1962.

22. G. Lefranc, *Le Mouvement socialiste sous la IIIe République, 1875-1940,* Paris, Payot, 1963 ; rééd. 1977, 2 tomes.

22bis. J.-P. Machelon, *La République contre les libertés,* Paris, FNSP, 1976.

23. R. Rémond, *Les Droites en France,* Paris, Aubier, 1982 (nouvelle édition).

23bis. O. Rudelle, *La République absolue. Aux origines de l'instabilité constitutionnelle de la France républicaine,* Paris, Publications de la Sorbonne, 1982.

3. Questions religieuses

24. A. Dansette, *Histoire religieuse de la France contemporaine,* Paris, Flammarion, 1965 (nouvelle édition).

25. A. Latreille, R. Rémond, *Histoire du catholicisme en France,* III, Paris, Spes, 1962.

25bis. G. Cholvy et Y. M. Hilaire, *Histoire religieuse de la France contemporaine,* Toulouse, Privat, II, 1985, III, 1986.

4. Enseignement

26. A. Prost, *L'Enseignement en France, 1800-1967,* Paris, A. Colin, 1968.

26bis. Fr. Mayeur, *L'Enseignement secondaire des jeunes filles sous la IIIe République,* Paris, FNSP, 1977.

26ter. Fr. Mayeur, *Histoire générale de l'enseignement et de l'éducation en France,* Paris, Nouvelle Librairie de France, t. 3, 1981.

5. Armée

27. R. Girardet, *La Société militaire dans la France contemporaine,* Paris, Plon, 1963.

28. D. B. Ralston, *The Army of the Republic. The Place of the Military in the Political Evolution of France, 1871-1914,* Cambridge, Mass., 1967.

6. Monographies régionales

29. P. Barral, *Le Département de l'Isère sous la IIIe République, 1870-1940,* Paris, A. Colin, 1962.

30. P. Bois, *Paysans de l'Ouest,* Paris, Flammarion, 1971 (version abrégée de la thèse publiée en 1960).

30bis. A. Corbin, *Archaïsme et Modernité en Limousin au XIXe siècle, 1845-1880,* 2 vol., Paris, Marcel Rivière, 1975.

30ter. M. Denis, *Les Royalistes de la Mayenne et le Monde moderne, XIX-XXe siècles,* Paris, Klincksieck, 1977.

31. G. Dupeux, *Aspects de l'histoire sociale et politique du Loir-et-Cher, 1848-1914,* Paris, Mouton, 1962.

31bis. Raymond Huard, *Le Mouvement républicain en Bas-Languedoc, 1848-1881,* Paris, FNSP, 1982.

32. A. Siegfried, *Géographie électorale de l'Ardèche sous la IIIe République,* Paris, A. Colin, 1949.

33. A. Siegfried, *Tableau politique de la France de l'Ouest sous la IIIe République,* Paris, A. Colin, 1964 (réédition anastatique – un admirable classique).

34. R. Thabault, *1848-1914. L'ascension d'un peuple. Mon village. Ses hommes. Ses routes. Son école,* Paris, Delagrave, 1945 ; rééd. FNSP, 1982.

35. J. P. T. Bury, *Gambetta and the Making of the Third Republic,* Londres, Longman, 1973.

J. P. T. Bury, *Gambetta's Final Years. The Era of Difficulties, 1877-1882, ibid.,* 1982.

35bis. J. B. Duroselle, *Clemenceau,* Paris, Fayard, 1989.

36. H. Goldberg, *Jean Jaurès. La biographie du fondateur du parti socialiste,* Paris, Fayard, 1970.

37. J.-M. Mayeur, *Un prêtre démocrate, l'abbé Lemire, 1853-1928.* Paris, Casterman, 1968.

38. P. Miquel, *Poincaré,* Paris, Fayard, 1961.

39. C. Molette, *Albert de Mun,* Paris, Beauchesne, 1970.

39bis. P. Levillain, *Albert de Mun. Catholicisme romain et Catholicisme français du Syllabus au ralliement,* École française de Rome, 1983.

40. P. Sorlin, *Waldeck-Rousseau,* Paris, A. Colin, 1966.

41. M. Reclus, *Jules Ferry,* Paris, Flammarion, 1947.

41bis. F. Furet dir., *Jules Ferry, fondateur de la République,* Paris, EHESS, 1985.

SUR LES DIVERS CHAPITRES

1. La fin des notables

42. P. Barral, *Les Fondateurs de la IIIe République,* Paris, A. Colin, 1968.

43. F. Bédarida, « L'armée et la République : les opinions politiques des officiers français en 1876-1878 », *Revue historique,* juill.-sept. 1964, p. 119-164.

44. Duc de Castries, *Le Grand Refus du comte de Chambord,* Paris, Hachette, 1970.

[PÉNÉTRANT ET NEUF, GRACE AU RECOURS À DES ARCHIVES PRIVÉES.]

45. J. Gadille, *La Pensée et l'Action politique des évêques français au début de la IIIe République, 1870-1883,* 2 vol., Paris, Hachette, 1967.

46. M. C. A. Gimpl, *The « Correspondant » and the Founding of the French Third Republic,* Washington, 1959.

47. J. Gouault, *Comment la France est devenue républicaine. Les élections générales et partielles à l'Assemblée nationale, 1870-1875,* Paris, A. Colin, 1954.

48. D. Halévy, *La Fin des notables,* Paris, Le Livre de poche, 1972.

49. D. Halévy, *La République des ducs,* Paris, Le Livre de poche, 1972.

[LES NOS 48 ET 49 SONT DEUX CLASSIQUES HEUREUSEMENT RÉÉDITÉS.]

49bis. R. Hudemann, *Fraktionsbildung im französischen Parlament. Zur Entwicklung des Parteiensystems in der frühen Dritten Republik (1871-1875),* Munich, Artemis, 1979.

50. A. Lajusan, « A. Thiers et la fondation de la République, 1871-1877 », *Revue d'histoire moderne,* nov.-déc. 1932, p. 451-483, janv.-févr. 1933, p. 36-52.

50bis. R. Locke, *French Legitimist and the Politics of moral Order in the early Third Republic,* Princeton, 1974.

51. F. Pisani-Ferry, *Le Coup d'État manqué du 16 mai 1877,* Paris, Laffont, 1965.

52. R. Rémond, *La Vie politique en France depuis 1789,* Paris, A. Colin, II. *1848-1879,* 1969.

53. J. Rothney, *Bonapartism after Sedan*, New York, Cornell Univ. Press, 1969.

[IMPORTANTE ÉTUDE QUI DÉMONTRE LA PERSISTANCE DES TRADITIONS BONAPARTISTES.]

54. R. Schnerb, « La politique fiscale de Thiers », *Revue historique*, avr.-juin 1949, p. 186-213 ; oct.-déc. 1949, p. 184-220.

2. Économie et société

55. A. Armengaud, *La Population française au XIXe siècle*, Paris, PUF, 1971.

56. M. Augé-Laribé, *La Politique agricole de la France de 1880 à 1940*, Paris, PUF, 1950.

57. P. Barral, *Les Agrariens français, de Méline à Pisani*, Paris, A. Colin, 1968.

58. J. Bouvier, F. Furet, M. Gillet, *Le Mouvement du profit en France au XIXe siècle. Matériaux et études*, Paris, Mouton, 1965.

59. J. Bouvier, *Naissance d'une banque : le Crédit lyonnais*, Paris, Flammarion, 1968 (version abrégée de la thèse publiée en 1961).

60. J. Bouvier, *Études sur le krach de l'Union générale*, Paris, PUF, 1960.

61. R. Cameron, *La France et le Développement économique de l'Europe*, Paris, Le Seuil, 1971.

62. F. Caron, *Histoire de l'exploitation d'un grand réseau ; la Compagnie du chemin de fer du Nord, 1846-1937*, Paris, Mouton, 1973.

62bis. C. Charle, *Les Élites de la République (1880-1900)*, Paris, Fayard, 1987.

63. F. Codaccioni, *Lille, 1850-1914. Contribution à une étude des structures sociales*, Université de Lille, 1971.

64. F. Crouzet, « Essai de construction d'un indice de la production industrielle française au XIXe siècle », *Annales*, janv.-févr. 1970, p. 56-99.

65. F. Crouzet, « Encore la croissance économique française au XIXe siècle », *Revue du Nord*, juill.-sept. 1972, p. 271-289.

[MISE AU POINT LUMINEUSE, QUI DONNE TOUTES LES RÉFÉRENCES BIBLIOGRAPHIQUES INDISPENSABLES.]

66. M. Gillet, « Le bassin houiller du Nord et du Pas-de-Calais de 1815 à 1914, étude économique et sociale », *Revue du Nord,* juill.-sept. 1971, p. 509-523.

[PRÉSENTATION DE THÈSE.]

67. Y. Gonjo, « Le plan Freycinet, 1878-1882 : un aspect de la "grande dépression économique" en France », *Revue historique,* juill.-sept. 1972, p. 49-79.

68. J. Lambert-Dansette, *Quelques familles du patronat textile de Lille-Armentières, 1789-1914,* Lille, Raoust, 1954.

69. G. Lefranc, *Le Mouvement syndical sous la IIIe République,* Paris, Payot, 1967.

70. E. Levasseur, *Questions ouvrières et industrielles en France sous la IIIe République,* Paris, Rousseau, 1907.

[DEMEURE UN LIVRE FONDAMENTAL.]

71. M. Lévy-Leboyer, « La croissance économique en France au XIXe siècle. Résultats préliminaires », *Annales,* juill.-août 1968, p. 788-807.

72. M. Lévy-Leboyer, « La "décélération" de l'économie française dans la seconde moitié du XIXe siècle », *Revue d'histoire économique et sociale,* 4, 1971, p. 485-507.

73. J. Lhomme, *La Grande Bourgeoisie au pouvoir, 1830-1880,* Paris, PUF, 1960.

74. G. P. Palmade, *Capitalisme et Capitalistes français au XIXe siècle,* Paris, A. Colin, 1961.

75. Marguerite Perrot, *Le Mode de vie des familles bourgeoises,* Paris, A. Colin, 1961.

75bis. Michelle Perrot, *Les Ouvriers en grève, France : 1871-1890,* 2 vol., Paris, Mouton, 1974 ; rééd. abrégée, *Jeunesse de la grève,* Paris, Le Seuil, « L'Univers historique », 1984.

76. J. Rougerie, « Remarques sur l'histoire des salaires à Paris au XIXe siècle », *Le Mouvement social,* avr.-juin 1968.

77. R. Trempé, *Les Mineurs de Carmaux, 1848-1914,* 2 vol., Paris, Éd. ouvrières, 1971.

78. A. Siegfried, *Mes souvenirs de la IIIe République. Mon père et son temps. Jules Siegfried, 1836-1922,* Paris, PUF, 1952.

[ESQUISSE PÉNÉTRANTE.]

3. Le temps de Ferry

79. D. Brötel, *Franzosischer Imperialismus in Vietnam. Die Koloniale Expansion und Errichtung des Protektorates Annam-Tongking, 1880-1885*, Fribourg, 1971.

80. L. Caspéran, *Histoire contemporaine de la laïcité française*, 3 vol., Paris, 1957-1961.

81. J. Dietz, « Jules Ferry et les traditions républicaines », *Revue politique et parlementaire*, 1934-1936.

[SÉRIE D'ARTICLES DE GRANDE QUALITÉ.]

82. J. Ganiage, *Les Origines du protectorat français en Tunisie*, Paris, PUF, 1959.

83. C.-A. Julien, « Jules Ferry », dans les *Politiques d'expansion impérialistes*, Paris, PUF, p. 11-72.

84. A. Prost, *Vocabulaire des proclamations électorales de 1881, 1885 et 1889*, Paris, PUF, 1974.

85. J. Reinach, *Le Ministère Gambetta – Histoire et doctrine (14 novembre 1881-26 janvier 1882)*, Paris, Charpentier, 1884.

[DEMEURE ESSENTIEL ; UN GRAND LIVRE D'HISTOIRE IMMÉDIATE.]

86. L. de Vaucelles, *« Le Nouvelliste » de Lyon et la défense religieuse 1879-1889*, Paris, Les Belles Lettres, 1971.

4. Croyances et cultures

87. P. Albert et *alii*, *Histoire générale de la presse française*.

III. *De 1871 à 1940*, Paris, PUF, 1972.

88. P. Barbier et F. Vernillat, *Histoire de France par les chansons*, Paris, Gallimard, 1961.

VIII. *La IIIe République de 1871 à 1918*.

89. G. Bonheur, *La République nous appelle. L'album de famille de Marianne*, Paris, Laffont, 1965.

G. Bonheur, *Qui a cassé le vase de Soissons ? L'album de famille de tous les Français*, Paris, 1963 ; Paris, Gallimard, Folio n° 730.

[DEUX INTRODUCTIONS PÉNÉTRANTES AUX VALEURS DE L'ÉCOLE PRIMAIRE.]

90. R. F. Byrnes, *Antisemitism in modern France. I. The prolog to the Dreyfus Affair,* New Brunswick, 1950.

91. P. Gerbod, *La Condition universitaire en France au XIXe siècle,* Paris, PUF, 1965.

92. M. J. Headings, *French Freemasonry under the Third Republic,* Baltimore, 1949.

92bis. Y.-M. Hilaire, *Une chrétienté au XXe siècle. La Vie religieuse des populations du diocèse d'Arras (1840-1914),* Presses de l'université de Lille, 1977, 2 t.

93. J. Kayser, *La Presse de province sous la IIIe République,* Paris, A. Colin, 1958.

94. R. Griffiths, *Révolution à rebours. Le renouveau catholique dans la littérature en France de 1870 à 1914,* Paris, Desclée de Brouwer, 1971.

95. G. Le Bras, *Études de sociologie religieuse,* 2 vol., Paris, PUF, 1955, 1956.

95bis. H. Lerner, *La Dépêche. Journal de la Démocratie. Contribution à l'histoire du Radicalisme en France sous la IIIe République,* Toulouse, 2 t., 1978.

96. J. Lethève, *Impressionnistes et Symbolistes devant la presse,* Paris, A. Colin, 1959.

97. E.-G. Léonard, *Le Protestant français,* Paris, PUF, 1953.

98. D. Ligou, *Frédéric Desmons et la Franc-maçonnerie sous la IIIe République,* Paris, Gedalge, 1966.

99. C. Marcilhacy, *Le Diocèse d'Orléans sous l'épiscopat de Mgr Dupanloup,* Paris, Plon, 1962.

100. M. Marrus, *Les Juifs de France à l'époque de l'affaire Dreyfus,* Paris, Calmann-Lévy, 1972.

101. B. Ménager, *La laïcisation des écoles communales dans le département du Nord, 1879-1899,* Université de Lille, 1971.

102. C. Molette, *L'Association catholique de la jeunesse française, 1886-1907,* Paris, A. Colin, 1968.

103. M. Montuclard, *Conscience religieuse et Démocratie. La deuxième démocratie chrétienne en France, 1891-1902,* Paris, Le Seuil, 1965.

104. J. Ozouf, *Nous les maîtres d'école,* Paris, Julliard, 1966.

105. M. Ozouf, *L'École, l'Église et la République, 1871-1914,* Paris, A. Colin, 1963.

106. E. Poulat, *Le « journal d'un prêtre d'après-demain » de l'abbé Calippe*, Paris, Casterman, 1961.

107. R. Rémond, *Les Deux Congrès ecclésiastiques de Reims et de Bourges, 1896-1900*, Paris, Sirey, 1964.

108. D. Robert et S. Mours, *Le Protestantisme en France du XVIIIe siècle à nos jours*, Librairie protestante, Paris, 1972.

109. P. Sorlin, *« La Croix » et les Juifs*, Paris, Grasset, 1968.

110. A. Thibaudet, *Histoire de la littérature française de 1789 à nos jours*, Paris, Gallimard, 1936.

5. La République face au nationalisme et au socialisme

111. A. Dansette, *Le Boulangisme*, Paris, Fayard, 1946.

112. J. Julliard, *Pelloutier et les Origines du syndicalisme d'action directe*, Paris, Le Seuil, 1971.

113. J. Néré, *La Crise industrielle de 1882 et le Mouvement boulangiste*, Paris, 1959 (thèse dactylographiée).

114. J. Néré, *Le Boulangisme et la Presse*, Paris, A. Colin, 1964.

115. D. Stafford, *From Anarchism to Reformism. A Study of the political Activities of Paul Brousse within the First International and the French socialist Movement 1870-1890*, Londres, Weidenfeld & Nicolson, 1971.

116. F. H. Seager, *The Boulanger affair, Political Crossroad of France, 1886-1889*, New York, Cornell Univ. Press, 1968.

117. Z. Sternhell, *Maurice Barrès et le Nationalisme français*, Paris, A. Colin, 1972.

117bis. Z. Sternhell, *La Droite révolutionnaire, 1885-1914. Les origines françaises du fascisme*, Paris, Le Seuil, « L'Univers historique », 1978 ; « Points Histoire », 1984.

118. C. Willard, *Le Mouvement socialiste en France, 1893-1905. Les guesdistes*, Paris, Éd. sociales, 1965.

6. La République modérée

119. J. Bouvier, *Les Deux Scandales de Panama*, Paris, Julliard, 1964.

120. M. Dommanget, *La Chevalerie du travail française*, Lausanne, Rencontre, 1967.

121. H. Dubief, *Le Syndicalisme révolutionnaire,* Paris, A. Colin, 1969.

122. R. Girault, *Emprunts russes et Investissements français en Russie, 1887-1914,* Paris, A. Colin, 1973.

123. G. Lachapelle, *Le Ministère Méline. Deux années de politique intérieure et extérieure, 1896-1898,* Paris, 1928.

[DÛ À UN PROCHE COLLABORATEUR DE MÉLINE.]

124. X. de Montclos, *Le Toast d'Alger. Documents,* Paris, de Boccard, 1966.

125. J. Maîtron, *Histoire du mouvement anarchiste en France,* Paris, Sudel, 1951.

126. A. Sedgwick, *The Ralliement in French politics,* Cambridge, Mass., 1965.

COMPLÉMENTS BIBLIOGRAPHIQUES

Les études se multiplient sur cette période, particulièrement sur l'histoire culturelle, l'histoire des représentations, l'histoire politique. On en prendra conscience en se reportant à la bibliographie qui figure dans :

M. Leymarie, *De la Belle Époque à la Grande Guerre, 1893-1918. Le triomphe de la République*, Paris, Le Livre de poche, 1999.

Plusieurs ouvrages marquent un retour d'intérêt vers les Républicains de gouvernement :

P. Ardaillou, *Les Républicains du Havre au* XIX*e siècle (1815-1889),* Publications des Universités de Rouen et du Havre, 1999.

J. Garrigues, *La République des hommes d'affaires, 1870-1890*, Paris, Aubier, 1997.

J. Grévy, *La République des opportunistes, 1870-1885*, Paris, Perrin, 1998.

Dans la floraison de biographies, on retiendra :

P. Baquiast, *Une dynastie de la bourgeoisie républicaine. Les Pelletan.* Paris, L'Harmattan, 1998.

P. Harismendy, *Sady Carnot. L'ingénieur de la République*, Paris, Perrin, 1995.

B. Joly, *Déroulède. L'inventeur du nationalisme français*, Paris, Perrin, 1998.

Index

Table

COMPOSITION : FIRMIN-DIDOT AU MESNIL
IMPRESSION : HÉRISSEY À ÉVREUX (11-99)
DÉPÔT LÉGAL 4e TRIM. 1973. N° 3276-10 (85595)

Collection Points

SÉRIE HISTOIRE

DERNIERS TITRES PARUS

H135. Le Syndrome de Vichy, *par Henry Rousso*
H136. Chronique des années soixante, *par Michel Winock*
H137. La Société anglaise, *par François Bédarida*
H138. L'Abîme 1939-1944. La politique étrangère de la France
par Jean-Baptiste Duroselle
H139. La Culture des apparences, *par Daniel Roche*
H140. Amour et Sexualité en Occident
par la revue « L'Histoire »
H141. Le Corps féminin, *par Philippe Perrot*
H142. Les Galériens, *par André Zysberg*
H143. Histoire de l'antisémitisme 1. L'âge de la foi
par Léon Poliakov
H144. Histoire de l'antisémitisme 2. L'âge de la science
par Léon Poliakov
H145. L'Épuration française (1944-1949), *par Peter Novick*
H146. L'Amérique latine au XXe siècle (1889-1929)
par Leslie Manigat
H147. Les Fascismes, *par Pierre Milza*
H148. Histoire sociale de la France au XIXe siècle
par Christophe Charle
H149. L'Allemagne de Hitler, *par la revue « L'Histoire »*
H150. Les Révolutions d'Amérique latine
par Pierre Vayssière
H151. Le Capitalisme « sauvage » aux États-Unis (1860-1900)
par Marianne Debouzy
H152. Concordances des temps
par Jean-Noël Jeanneney
H153. Diplomatie et Outil militaire
par Jean Doise et Maurice Vaïsse
H154. Histoire des démocraties populaires
1. L'ère de Staline, *par François Fejtö*
H155. Histoire des démocraties populaires
2. Après Staline, *par François Fejtö*
H156. La Vie fragile, *par Arlette Farge*
H157. Histoire de l'Europe, *sous la direction de Jean Carpentier et François Lebrun*

H158. L'État SS, *par Eugen Kogon*
H159. L'Aventure de l'Encyclopédie, *par Robert Darnton*
H160. Histoire générale du XXe siècle
4. Crises et mutations de 1973 à nos jours
par Bernard Droz et Anthony Rowley
H161. Le Creuset français, *par Gérard Noiriel*
H162. Le Socialisme en France et en Europe, XIXe-XXe siècle
par Michel Winock
H163. 14-18 : Mourir pour la patrie
par la revue « L'Histoire »
H164. La Guerre de Cent Ans vue par ceux qui l'ont vécue
par Michel Mollat du Jourdin
H165. L'École, l'Église et la République, *par Mona Ozouf*
H166. Histoire de la France rurale
1. La formation des campagnes françaises
(des origines à 1340)
sous la direction de Georges Duby et Armand Wallon
H167. Histoire de la France rurale
2. L'âge classique des paysans (de 1340 à 1789)
sous la direction de Georges Duby et Armand Wallon
H168. Histoire de la France rurale
3. Apogée et crise de la civilisation paysanne
(de 1789 à 1914)
sous la direction de Georges Duby et Armand Wallon
H169. Histoire de la France rurale
4. La fin de la France paysanne (depuis 1914)
sous la direction de Georges Duby et Armand Wallon
H170. Initiation à l'Orient ancien, *par la revue « L'Histoire »*
H171. La Vie élégante, *par Anne Martin-Fugier*
H172. L'État en France de 1789 à nos jours
par Pierre Rosanvallon
H173. Requiem pour un empire défunt, *par François Fejtö*
H174. Les animaux ont une histoire, *par Robert Delort*
H175. Histoire des peuples arabes, *par Albert Hourani*
H176. Paris, histoire d'une ville
par Bernard Marchand
H177. Le Japon au XXe siècle, *par Jacques Gravereau*
H178. L'Algérie des Français, *par la revue « L'Histoire »*
H179. L'URSS de la Révolution à la mort de Staline, 1917-1953
par Hélène Carrère d'Encausse
H180. Histoire médiévale de la Péninsule ibérique
par Adeline Rucquoi
H181. Les Fous de la République, *par Pierre Birnbaum*
H182. Introduction à la préhistoire, *par Gabriel Camps*

H183. L'Homme médiéval
collectif sous la direction de Jacques Le Goff
H184. La Spiritualité du Moyen Age occidental (VIIIe-XIIIe siècle)
par André Vauchez
H185. Moines et Religieux au Moyen Age
par la revue « L'Histoire »
H186. Histoire de l'extrême droite en France
ouvrage collectif
H187. Le Temps de la guerre froide, *par la revue « L'Histoire »*
H188. La Chine, tome 1 (1949-1971)
par Jean-Luc Domenach et Philippe Richer
H189. La Chine, tome 2 (1971-1994)
par Jean-Luc Domenach et Philippe Richer
H190. Hitler et les Juifs, *par Philippe Burrin*
H192. La Mésopotamie, *par Georges Roux*
H193. Se soigner autrefois, *par François Lebrun*
H194. Familles, *par Jean-Louis Flandrin*
H195. Éducation et Culture dans l'Occident barbare (VIe-VIIIe siècle)
par Pierre Riché
H196. Le Pain et le Cirque, *par Paul Veyne*
H197. La Droite depuis 1789, *par la revue « L'Histoire »*
H198. Histoire des nations et du nationalisme en Europe
par Guy Hermet
H199. Pour une histoire politique, *collectif*
sous la direction de René Rémond
H200. « Esprit ». Des intellectuels dans la cité (1930-1950)
par Michel Winock

H201. Les Origines franques (V^e-IXe siècle)
par Stéphane Lebecq
H202. L'Héritage des Charles (de la mort de Charlemagne
aux environs de l'an mil), *par Laurent Theis*
H203. L'Ordre seigneurial (XIe-XIIe siècle)
par Dominique Barthélemy
H204. Temps d'équilibres, Temps de ruptures
par Monique Bourin-Derruau
H205. Temps de crises, Temps d'espoirs, *par Alain Demurger*
H206. La France et l'Occident médiéval
de Charlemagne à Charles VIII
par Robert Delort (à paraître)
H207. Royauté, Renaissance et Réforme (1483-1559)
par Janine Garrisson
H208. Guerre civile et Compromis (1559-1598)
par Janine Garrisson

H209. La Naissance dramatique de l'absolutisme (1598-1661) *par Yves-Marie Bercé*
H210. La Puissance et la Guerre (1661-1715) *par François Lebrun*
H211. L'État et les Lumières (1715-1783) *par André Zysberg* (à paraître)

H212. La Grèce préclassique, *par Jean-Claude Poursat*
H213. La Grèce au Vᵉ siècle, *par Edmond Lévy*
H214. Le IVᵉ Siècle grec, *par Pierre Carlier*
H215. Le Monde hellénistique (323-188) *par Pierre Cabanes*
H216. Les Grecs (188-31), *par Claude Vial*
H219. Le Haut-Empire romain en Occident d'Auguste aux Sévères, *par Patrick Le Roux*
H220. Le Haut-Empire romain. Les provinces de Méditerranée orientale, d'Auguste aux Sévères, *par Maurice Sartre*
H221. L'Empire romain en mutation, des Sévères à Constantin (192-337), *par Jean-Michel Carrié et Aline Rousselle*
H225. Douze Leçons sur l'histoire, *par Antoine Prost*
H226. Comment on écrit l'histoire, *par Paul Veyne*
H227. Les Crises du catholicisme en France *par René Rémond*
H228. Les Arméniens, *par Yves Ternon*
H229. Histoire des colonisations, *par Marc Ferro*
H230. Les Catholiques français sous l'Occupation *par Jacques Duquesne*
H231. L'Égypte ancienne, *présentation par Pierre Grandet*
H232. Histoire des Juifs de France, *par Esther Benbassa*
H233. Le Goût de l'archive, *par Arlette Farge*
H234. Économie et Société en Grèce ancienne *par Moses I. Finley*
H235. La France de la monarchie absolue 1610-1675 *par la revue « L'Histoire »*
H236. Ravensbrück, *par Germaine Tillion*
H237. La Fin des démocraties populaires, *par François Fejtö et Ewa Kulesza-Mietkowski*
H238. Les Juifs pendant l'Occupation, *par André Kaspi*
H239. La France à l'heure allemande (1940-1944) *par Philippe Burrin*
H240. La Société industrielle en France (1814-1914) *par Jean-Pierre Daviet*
H241. La France industrielle, *par la revue « L'Histoire »*

H242. Éducation, société et politiques. Une histoire de l'enseignement en France de 1945 à nos jours. *par Antoine Prost*
H243. Art et Société au Moyen Age, *par Georges Duby*
H244. L'Expédition d'Égypte 1798-1801 *par Henry Laurens*
H245. L'Affaire Dreyfus, *collectif Histoire*
H246. La Société allemande sous le IIIe Reich *par Pierre Ayçoberry*
H247. La Ville en France au Moyen Age *par André Chédeville, Jacques Le Goff et Jacques Rossiaud*
H248. Histoire de l'industrie en France du XVIe siècle à nos jours, *par Denis Woronoff*
H249. La Ville des temps modernes *sous la direction d'Emmanuel Le Roy Ladurie*
H250. Contre-Révolution, Révolution et Nation *par Jean-Clément Martin*
H251. Israël. De Moïse aux accords d'Oslo *par la revue « L'Histoire »*
H252. Une histoire des médias des origines à nos jours *par Jean-Noël Jeanneney*
H253. Les Prêtres de l'ancienne Égypte, *par Serge Sauneron*
H254. Histoire de l'Allemagne, des origines à nos jours *par Joseph Rovan*
H255. La Ville de l'âge industriel *sous la direction de Maurice Agulhon*
H256. La France politique, XIXe-XXe siècle *par Michel Winock*
H257. La Tragédie soviétique, *par Martin Malia*
H258. Histoire des pratiques de santé *par Georges Vigarello*
H259. Les Historiens et le Temps, *par Jean Leduc*
H260. Histoire de la vie privée, tome 1 *par Philippe Aries et Georges Duby*
H261. Histoire de la vie privée, tome 2 *par Philippe Aries et Georges Duby*
H262. Histoire de la vie privée, tome 3 *par Philippe Aries et Georges Duby*
H263. Histoire de la vie privée, tome 4 *par Philippe Aries et Georges Duby*
H264. Histoire de la vie privée, tome 5 *par Philippe Aries et Georges Duby*
H265. Problèmes de la guerre en Grèce ancienne *sous la direction de Jean-Pierre Vernant*